작은경전②

아함경

아 함 경

(阿含經)

인생의 지침 ● 돈 연 옮 김

민족사

일러두기

1. 민족사판 《아함경》은 팔리장경(PTS本)의 5부 아함 중에서 교훈적인 경전을 선별하여 번역하였다.
2. 번역은 경전의 장중한 가르침을 살리면서도 누구나 쉽게 이해할 수 있도록 평이한 문체를 사용하고자 노력하였다.
3. 각 경전에 삽입되어 있는 소제목과 역주, 해설은 내용과 구성에 따라 독자들의 편의를 위하여 역자가 붙인 것이다.

차　례

1. 싱갈라를 가르치다
(教誡싱갈라經)

6방에 예배하는 싱갈라

이와 같이 나는 들었다.

어느 때 세존께서는 라자그리하(왕사성)의 대나무숲 칼란다카니바파에 머물고 계셨다.

어느 날 대부호의 아들인 싱갈라는 이른 아침, 왕사성을 나와 머리와 옷을 단정히 하고 합장한 뒤 동, 서, 남, 북, 상, 하의 여섯 방위에 예배하고 있었다.

그때 세존께서는 이른 아침, 옷과 발우를 손에 들

고 탁발하러 가시는 길에 싱갈라가 단정한 모습으로 여섯 방위에 절하고 있는 것을 보시게 되었다.

세존께서는 싱갈라에게 물으셨다.

"대부호의 아들이여! 그대는 어찌하여 이른 아침, 이곳에서 절하고 있는가?"

"어진 이시여! 제 아버지가 임종할 때에 저에게 '아들아! 너는 날마다 여섯 방위에 예배드려야 한다'라고 유언하셨습니다. 그런 까닭에 저는 아버지의 말씀을 받들고 존경하는 마음에서 이렇게 아침 일찍 단정하게 차려 입고 동서남북상하의 여섯 방위에 절하고 있는 것입니다."

"대부호의 아들이여! 성현의 가르침에는 이런 방법으로 여섯 방위에 예배해야 한다는 것은 없느니라."

"세존이시여! 그렇다면 성현의 가르침에는 어떤 방법으로 예배해야 하는 것입니까? 부디 저에게 그것을 가르쳐 주소서."

"그렇다면 잘 듣고 주의 깊게 생각하라. 내가

그것을 설하리라."

"그리하겠나이다, 세존이시여!"

싱갈라가 대답하자 세존께서는 다음과 같이 말씀하셨다.

"대부호의 아들이여! 성스러운 제자가 네 가지 행위의 더러움을 버리고 나아가 네 가지 악한 일을 하지 않으며, 또 재산을 잃는 여섯 가지 문으로 나아가지 않는다면 그는 이와 같은 열네 가지의 악행으로부터 멀어지게 된다. 이것이야말로 방위를 지키며, 이 세상과 저 세상의 두 세계를 이겨내기 위해 수행하는 사람이라 할 수 있다. 그는 이 세상과 저 세상의 일을 해결하였으며 육체가 멸한 후에 좋은 하늘에 태어나느니라."

네 가지 행위의 더러움

"그러면 그가 버려야 할 네 가지 행위의 더러움이란 무엇인가?

싱갈라여! 중생을 죽이는 행위, 주지 않는 것을 빼앗는 행위, 애욕에 의한 삿된 행위, 거짓말하는 행위가 그것이다. 그는 이 네 가지 행위의 더러움을 버리고 떠나야 한다.”

이어 스승이신 세존께서는 계속해서 다음과 같이 말씀하셨다.

“살생과 도둑질, 거짓말과 타인의 아내를 범하는 일, 이러한 일들은 현자들이 칭찬하지 않는다.”

네 가지 악한 일

“싱갈라여! 다음 네 가지 악한 일을 하지 않는 것은 어떤 것인가?

탐욕에 이끌려 그릇된 길을 걷는 사람, 노여움에 이끌려 그릇된 길을 걷는 사람, 어리석음에 이끌려 그릇된 길을 걷는 사람, 그리고 겁에 질려 그릇된 길을 걷는 사람은 악을 행하기 쉽다.

그러므로 싱갈라여! 성스러운 제자는 탐욕에

이끌려 그릇된 길을 걸어서는 안 된다. 노여움에
이끌려, 어리석음에 이끌려, 또한 겁에 질려 그릇
된 길을 걸어서는 안 된다. 이러한 네 가지 방식
으로 악한 일을 해서는 안 되는 것이다.”
　이렇게 말씀하신 후에 세존께서는 다음과 같은
시를 읊으셨다.

　탐욕에 이끌려, 노여움에 이끌려, 두려움에 이끌려,
　또한 어리석음에 이끌려 법을 깨뜨리는 자,
　그는 명성을 잃어가리니
　마치 달이 이지러져 그믐이 되는 것과 같으리.

　탐욕에 이끌려, 노여움에 이끌려, 두려움에 이끌려,
　또한 어리석음에 이끌려 법을 깨뜨리지 않는 자,
　그의 명성은 날로 커져가리니
　마치 달이 차올라 보름이 되는 것과 같으리.

재산을 잃는 여섯 가지 문

"싱갈라여! 재산을 잃게 하는 여섯 가지의 문이란 어떤 것인가?

게으름의 원인이 되는 술과 같은 것에 빠져서 지내는 일은 재산을 잃게 되는 문이다. 아무런 일도 없이 때 아닌 때에 거리를 돌아다니는 것은 재산을 잃게 되는 문이다. 구경거리나 도박 따위에 빠져서, 나쁜 벗과의 교제에 빠져서, 나태함에 빠져서 지내는 일 역시 재산을 잃게 되는 문이다.

싱갈라여! 술은 게으름의 원인이 되는 것이니 술과 같은 것에 빠져 지내면 다음과 같은 여섯 가지의 과오가 생긴다.

지금 당장 재산의 손실을 입게 되며, 다툼이 잦아지며, 쉽게 병에 걸리며, 악평을 듣게 되며, 벌거숭이가 되어 치부를 드러내게 되며, 지혜의 힘이 약해지는 것이다.

이러한 여섯 가지의 과오는 술이나 게으름의 원인이 되는 것에 빠져 지낼 때에 생기는 것이다.

아무런 일도 없이 거리를 돌아다니는 사람에게
는 다음과 같은 여섯 가지의 과오가 생긴다.

스스로를 지키지 못하고 방어할 수도 없게 되
며, 자신의 아내와 자식도 보호할 수 없게 된다.
또 재산을 지키지도 못하게 되며, 악한 일로 의
심을 받게 된다. 그리고 항상 놀라고 두려워하며
또한 허망한 것을 좋아한다.

이러한 여섯 가지의 과오는 아무 일도 없이 때
아닌 때에 거리를 돌아다니는 까닭에 일어나는
것이다.

구경거리에 정신이 팔려 있는 사람에게는 다음과
같은 여섯 가지의 과오가 생긴다.

어디에 춤판이 벌어지고 있는가, 어디에 노랫
소리가 있는가, 어디에 음악이 있는가, 어디에 이
야깃거리가 있는가, 어디에서 장고 치고 북 치는
가, 어디에서 나팔불고 피리 부는가?

이러한 여섯 가지의 과오는 구경거리에 정신이
팔려 지내는 까닭에 일어나는 것이다.

　도박은 게으름의 원인이 되는 것이니 도박에 빠져서 지내는 사람에게는 다음과 같은 여섯 가지의 과오가 일어난다..

　도박에서 이긴 사람은 미움을 받게 되고, 진 사람은 마음이 슬프다. 또한 재산의 손실을 입으며, 소송을 해도 그의 말은 신뢰감을 주지 못하며, 친구들에게도 경멸받는다. 또 도박하는 남자는 아내를 거느릴 자격이 없다고 하여 상대로부터 따돌림을 받는다.

　이러한 여섯 가지 과오는 도박과 같은 게으름의 원인이 되는 것에 빠져 지낼 때에 일어나는 것이다.

　나쁜 친구와 어울리는 사람에게는 다음과 같은 여섯 가지의 과오가 일어난다.

　술주정, 폭음, 과식, 사기꾼, 거짓말쟁이, 폭력을 휘두르는 사람, 이것이 그의 친구가 되는 무리들이다.

　이러한 여섯 가지의 과오는 나쁜 친구를 사귀

는 까닭에 일어나는 것이다.

게으름에 빠진 사람에게는 다음과 같은 여섯 가지 과오가 일어난다.

'춥다'고 하면서 일하지 않고 '덥다'고 하면서 일하지 않고 '너무 이르다'고 하면서 일하지 않는다. 또 '너무 늦었다'고 하면서 일하지 않고 '배고 프다'고 하면서 일하지 않고 '배부르다'고 하면서 일하지 않는다.

해야 할 일이 많은데도 이러고 있는 사람에게는 없던 재산이 갑자기 생길 리 없고 이미 생긴 재산 도 없어지게 될 것이다.

싱갈라여! 이것이 게으름에 빠진 사람에게 생 기는 여섯 가지 과오이다."

이렇게 말씀하신 후 세존께서는 다음과 같이 시를 읊으셨다.

술친구가 있다.
'여보게, 여보게'라고 말한다.

그러나 어려운 일이 있을 때 친구가 되어 주는 사람
그가 진정한 친구이다.

해가 하늘 높이 떠오를 때까지 누워있거나
타인의 아내와 교제하는 자
싸움에 정신이 팔려 다니는 자
무익한 일에 빠져 지내는 자

나쁜 친구, 거센 욕망
이러한 여섯 가지는 사람을 파멸시킨다.
나쁜 친구, 나쁜 무리, 악행을 저지르는 사람
그러한 사람은 현세와 내세에서 파멸한다.

도박과 여자, 술, 춤과 노래, 늦잠
빈둥빈둥 거리를 돌아다니는 자
탐욕스런 자
이러한 여섯 가지는 사람을 파멸시킨다.

술 마시고 도박하며

남의 아내와 사귀고
천한 사람과 어울리며
올바른 사람과 사귀지 않는 자는
점차 달이 이지러져 그믐이 되듯이 스러지고 만다.

재산도 사라져 무일푼인 채
술 마시기만 좋아하는 사람은
물에 빠지듯 빚더미에 빠지고 만다.
이러한 사람은 순식간에
자기의 집을 몰락시키고 말 것이다.

낮에는 잠자고
밤에는 일어나 놀러 다니며
항상 술에 취해 사는 사람
이러한 사람은 가문을 일으킬 수가 없다.

추워서, 더워서, 늦어서라는 이유로
해야 할 일을 하지 않는 사람
이러한 사람에게는 이익이 새나간다.

춥고 더움을 조금도 개의치 않고
사람이 해야 할 일을 하는 사람은
안락함으로부터 멀어지지 않는다.

사귈 만한 사람

"싱갈라여! 다음의 네 종류의 사람은 자신에게
해로운 사람으로서 사귈 만한 자가 못된다.

즉 무엇이건 빼앗아 가는 사람은 해가 되는 사
람으로서 사귈 만한 사람이 못된다. 말만 앞세우
는 사람, 아첨하는 사람, 좋지 않은 장소에 출입
하는 사람은 해가 되는 사람으로서 사귈 만한 사
람이 못 된다.

이러한 네 종류의 사람은 자신에게 해가 되는
사람으로 결코 친구가 될 수 없다.

무엇이건 빼앗아 가는 사람은 다음의 네 가지 이
유 때문에 해가 되는 사람으로 친구가 될 수 없다.

그는 무엇이건 빼앗아 간다. 적은 것을 베풀고 큰

것을 바란다. 상대방이 자신보다 힘이 클 때에만 같이 움직인다. 또 자신에게 이익 되는 일만 한다.

이러한 네 가지 이유 때문에 무엇이건 빼앗아 가는 사람은 적이 되는 사람으로 결코 친구가 될 수 없는 사람임을 알아야 한다.

말만 앞세우는 사람은 다음의 네 가지 이유 때문에 적이 되는 사람으로 친구가 될 수 없다는 것을 알아야 한다.

그는 과거의 일을 빌미삼아 우정을 가장한다. 미래의 일을 꾀하며 우정을 가장한다. 그는 하찮은 일로 환심을 사려하고 무슨 일이 일어나면 형편이 좋지 않다고 말하여 도움주기를 거절한다.

이러한 네 가지 이유 때문에 말만 앞세우는 사람은 적이 되는 사람으로 결코 친구가 될 수 없다는 것을 알아야 한다.

아첨하는 사람은 다음의 네 가지 이유 때문에 적이 되는 사람으로 친구가 될 수 없는 사람이라는 것을 알아야 한다.

　그는 상대방의 나쁜 점에는 동의하고 좋은 점에는 동의하지 않는다. 타인의 면전에서는 그를 칭찬하고 등 뒤에서는 그를 헐뜯는다.

　이러한 네 가지 이유 때문에 아첨하는 사람은 적이 되는 사람으로 결코 친구가 될 수 없다는 것을 알아야 한다.

　좋지 않은 장소에 출입하는 사람은 다음의 네 가지 이유 때문에 적이 되는 사람으로 친구가 될 수 없는 사람이라는 것을 알아야 한다.

　그는 술이나 게으름에 빠져 지낼 때에 사귄 친구들이다. 또 빈둥빈둥 거리를 돌아다닐 때 사귀던 친구들이다. 이런저런 모임에서 사귀던 친구들이다. 도박 따위의 게으름의 원인이 되는 것에 빠져 지낼 때 사귀던 친구들이다.

　이러한 네 가지 이유 때문에 좋지 않은 장소에 출입하는 무리들은 적이 되는 사람으로 결코 친구가 될 수 없는 사람이라는 것을 알아야 한다.”

　이렇게 말씀하신 뒤 존귀한 스승이신 세존께서

는 다음과 같이 시를 읊으셨다.

무엇이든 빼앗아 가는 친구
말만 앞세우는 친구
아첨하는 친구
좋지 못한 장소에 출입하는 친구들
이들은 적이 되는 네 종류의 사람이다.
마치 험한 길을 피해가듯이
멀리 피하지 않으면 안 된다.

어떤 이가 진정한 친구인가

"싱갈라여! 다음의 네 종류의 사람을 진정한
친구로 알아야 한다.

이끌어 주는 사람이 진정한 친구이다. 또 괴로
울 때나 즐거울 때나 변함없는 사람이 진정한 친
구다. 상대방의 입장을 생각한 뒤 말을 건네는
사람이 진정한 친구다. 측은한 마음을 갖는 사람

이 진정한 친구다.

위와 같은 네 종류의 사람을 진정한 친구로 알아야 한다.

이끌어 주는 사람은 다음의 네 가지 이유 때문에 진정한 친구로 알아야 한다.

그는 친구가 게으름에 빠지는 것을 지켜 준다. 게으른 친구의 재산을 지켜 준다. 겁에 질린 사람의 의지처가 되어 준다. 무엇인가 해야 할 일이 있을 때에는 상대방 재산의 두 배를 내놓는다.

이러한 네 가지 이유 때문에 이끌어 주는 사람을 진정한 친구로 알아야 한다.

괴로울 때나 즐거울 때나 변함없는 사람을 다음의 네 가지 이유 때문에 진정한 친구로 알아야 한다.

그는 친구에게 비밀이 없다. 또 친구의 비밀을 숨겨 준다. 어려움에 처해 있을 때에도 친구를 버리지 않는다. 친구를 위하여 목숨을 아끼지 않는다.

이러한 네 가지 이유 때문에 괴로울 때나 즐거울

때나 변함없는 사람을 진정한 친구로 알아야 한다.
　상대방을 생각해서 말을 건네는 사람을 다음의 네 가지 이유 때문에 진정한 친구로 알아야 한다.
　그는 악을 막아 준다. 또 친구를 선으로 이끈다. 아직 듣지 못한 것을 듣게 해 주며, 하늘에 이르는 길을 가르쳐 준다.
　이러한 네 가지 이유 때문에 상대방을 생각해서 말을 건네는 사람을 진정한 친구로 알아야 한다.
　측은한 마음을 갖는 사람을 다음의 네 가지 이유 때문에 진정한 친구로 알아야 한다.
　그는 친구의 몰락을 즐거워하지 않는다. 또 친구가 잘 되는 것을 기뻐한다. 친구의 험담을 막아 주며, 자기의 친구를 다른 사람이 칭찬할 때에는 그 이상으로 칭찬한다.
　이러한 네 가지 이유 때문에 측은한 마음을 갖는 사람을 진정한 친구로 알아야 한다.”
　이렇게 말씀하신 세존께서는 다음과 같이 시를 읊으셨다.

이끌어 주는 친구
즐거울 때나 괴로울 때나 변함없는 친구
상대방을 생각해서 말을 건네는 친구
측은한 마음을 갖는 친구

이들은 네 종류의 친구로서
어머니가 아이를 사랑으로 돌보듯이
현명한 사람은 알아서
그들에게 온갖 정성을 기울인다.

계율을 지키는 현명한 사람은 타오르는 불처럼 빛나니
꿀을 모으는 벌처럼 노력한다면
재산은 자연스레 모이게 된다.
마치 개밋둑이 점점 높이 쌓여가듯이.

이렇게 재산을 모아서
가정에 충분한 이익을 가져오는 가장이 된다.
그리고 재산을 4등분으로 나누어라.
그리하면 친구를 결속할 수 있다.

그 가운데 4분의 1은 자신을 위해 써라.
4분의 2는 일을 위해 써라.
나머지 4분의 1은 저축하여라.
어려움을 당할 때 반드시 쓸모 있으리라.

성스러운 제자의 여섯 방위 예배

"그렇다면 성스러운 제자는 어떻게 여섯 방위
(方位)에 예배하여야 하는가?
여섯 가지 방위는 다음의 의미를 지닌다.
동쪽은 부모님이고, 남쪽은 스승이고, 서쪽은
아내와 자식이고, 북쪽은 친구와 동료이며, 아래
는 하인이나 고용인이다. 그리고 위는 수행자라
고 생각하여야 한다.
다음의 다섯 가지 방법으로 자식은 동쪽에 해
당하는 부모님께 봉사하여야 한다.
즉 부모님의 보살핌으로 자랐기 때문에 자식은
부모를 모셔야 하며, 부모님이 시키는 심부름을

하여야 하며, 가계를 지켜 나가고 집안의 어른자리를 이으며, 적당한 때를 골라 조상님께 제사를 올려야 한다.

이러한 다섯 가지의 방법으로 자식은 동쪽에 해당하는 부모님께 봉사해야 한다.

또한 동쪽에 해당하는 부모는 다음의 다섯 가지 방법으로 자식을 사랑해야 한다.

악으로부터 보호하고 선으로 인도하며, 학업을 배우게 하고 적당한 배우자와 혼인시키며, 시기를 맞추어 가장의 자리를 물려주어라.

자식은 이러한 다섯 가지 방법으로 동쪽에 해당하는 부모님께 봉사해야 하고 부모는 이러한 다섯 가지 방법으로 자식을 사랑해야 한다.

이렇게 하면 동쪽은 지켜질 것이며, 편안해지고 근심이 없어지게 될 것이다.

제자는 남쪽에 해당하는 스승에게, 다음의 다섯 가지 방법으로 봉사해야 한다.

자리에서 일어나 예를 올리고 가까이에서 모시

며, 열심히 말씀을 듣고 노력하라. 또 시중을 들
고 공손한 태도로 학업을 배워라.
　이러한 다섯 가지 방법으로 제자는 남쪽에 해
당하는 스승에게 봉사해야 한다.
　또한 남쪽에 해당하는 스승은 다음과 같은 다
섯 가지 방법으로 제자를 사랑해야 한다.
　잘 가르치고 지도하며, 이해한 것을 잊어버리
지 않도록 기억시켜 주며, 모든 학업의 지식을
설명해 준다. 친구나 동료들과의 모임에서 제자
에 대한 칭찬을 아끼지 않으며, 어느 곳에서라도
존경과 이익을 받도록 보호해 준다.
　제자는 이러한 다섯 가지 방법으로 남쪽에 해
당하는 스승에게 봉사하며, 스승은 이러한 다섯
가지 방법으로 제자를 사랑해야 한다.
　이렇게 하면 남쪽은 지켜질 것이며, 편안해지
고 근심이 없어지게 될 것이다.
　남편은 서쪽에 해당하는 아내에게 다음의 다섯
가지 방법으로 봉사해야 한다.

경의를 표할 것이며 경멸해서는 안 된다. 또 스스로 잘못된 길로 가지 말아야 하며, 가정의 주권을 위임할 것이며, 장식품을 선물해야 한다. 또한 경제적인 부분을 책임져야 한다.

이러한 다섯 가지의 방법으로 남편은 서쪽에 해당하는 아내에게 봉사해야 한다.

또한 서쪽에 해당하는 아내는 다음의 다섯 가지 방법으로 남편을 사랑해야 한다.

일을 잘 처리해야 하며, 권속을 잘 거느리고, 길을 잘못 들지 말 것이며, 모여 있는 재산을 지킨다. 그리고 모든 일을 진지하고 능숙하게 대하라.

남편은 이러한 다섯 가지 방법으로 서쪽에 해당하는 아내를 사랑해야 하며, 아내 역시 다섯 가지 방법으로 남편을 사랑해야 한다.

이렇게 하면 서쪽은 지켜질 것이며, 편안해지고 근심이 없어지게 될 것이다.

양가의 자손은 북쪽에 해당하는 친구와 동료들에게 다음의 다섯 가지 방법으로 대해야 한다.

보시를 하고, 상냥하고 부드러운 말을 쓰며, 남을 위해 노력하고, 힘을 한 데 모으며, 그리고 정직으로써 양가의 자손은 북쪽에 해당하는 친구와 동료에게 봉사해야 한다.

또한 북쪽에 해당하는 친구와 동료는 다음의 다섯 가지 방법으로 양가의 자손을 사랑해야 한다.

친구가 술에 취해 방심하고 있을 때는 지켜 준다. 또 방만하고 있는 친구의 재산을 지켜 준다. 두려울 때는 친구의 의지처가 되어 준다. 어려움에 처해 있을 때에도 그를 저버리지 않는다. 그의 자손들도 존중한다.

양가의 자손은 이러한 다섯 가지 방법으로 북쪽에 해당하는 친구와 동료에게 봉사하고, 또한 친구와 동료는 이러한 다섯 가지 방법으로 양가의 자손을 사랑해야 한다.

이렇게 하면 북쪽은 지켜질 것이며, 편안해지고 근심이 없어지게 될 것이다.

주인은 아래쪽에 해당하는 하인이나 고용인에

게 다음의 다섯 가지 방법으로 봉사해야 한다.

힘에 맞게 해야 할 일을 나누어 주며, 음식과 급료를 준다. 병에 걸렸을 때에는 간호해 주며, 맛있는 음식을 나누어 준다. 적절한 때에 쉬게 해 준다.

또한 아래쪽에 해당하는 하인과 고용인은 다음의 다섯 가지 방법으로 주인을 사랑해야 한다.

주인보다 일찍 일어나야 한다. 주인보다 늦게 잠자리에 들어야 한다. 그리고 주어진 것만을 가져야 하며, 일생 동안 힘써 일할 것이며, 주인의 명예와 칭찬을 널리 퍼뜨린다.

주인은 이러한 다섯 가지 방법으로 아래쪽에 해당하는 하인이나 고용인에게 봉사하여야 하며, 하인이나 고용인 역시 이러한 다섯 가지 방법으로 주인을 사랑해야 한다.

이렇게 하면 아래쪽은 지켜질 것이며, 편안해지고 근심이 없어지게 될 것이다.

양가의 자손은 위쪽에 해당하는 수행자에게 다음의 다섯 가지 방법으로 봉사해야 한다.

친절한 행동과, 친절한 말씨와, 친절한 마음가짐으로 대하며, 문을 닫지 않으며 재물을 공급해야 한다.

이러한 다섯 가지 방법으로 양가의 자손은 위쪽에 해당하는 수행자에게 봉사해야 한다.

또한 위쪽에 해당하는 수행자는 다음의 다섯 가지 방법으로 양가의 자손을 사랑해야 한다.

악을 막아주고 선으로 인도한다. 선한 마음으로 불쌍히 여긴다. 아직 듣지 못한 것을 들려 준다. 이미 들은 내용을 손질해 준다. 하늘에 이르는 길을 가르친다.

양가의 자손은 이러한 다섯 가지 방법으로 위쪽에 해당하는 수행자에게 봉사하며, 또한 수행자는 이러한 다섯 가지 방법으로 양가의 자손을 사랑한다.

이렇게 하면 위쪽은 지켜질 것이며, 편안해지고 근심이 없어지게 될 것이다.”

이렇게 말씀하신 후, 세존께서는 다음과 같이

시를 읊으셨다.

부모는 동쪽이고 스승은 남쪽이며
아내는 서쪽이고 친구는 북쪽이다.
하인과 고용인은 아래쪽, 수행자는 위쪽이다.
한 가문을 이끌어 가는 가장(家長)은
이렇게 여섯 방위에 예배해야 한다.

현명한 사람은 계를 지키고
그 말이 부드럽고 분명하며
겸손한 생활을 하고
무엇이든 이해하며 조심스러운 사람
이러한 사람은 명성을 얻는다.

용감하고 부지런하며
어려움에 처해서도 흔들림이 없고
행동함에 있어 실수가 없고 총명하며
이러한 사람은 명성을 얻는다.

잘 다독거려 친구로 삼고
친절하고 탐욕스럽지 않으며
화합하여 이끄는 사람
이러한 사람은 명성을 얻는다.

다른 사람을 위해 일하고 보시하며
갖가지 일에 알맞게 협동하는 일,
이러한 것은 이 세상의 덕목이니
어떠한 곳에서도 아라한과 같이 되어라.
이것은 마치 구르는 수레의 쐐기와도 같은 것이다.

이러한 덕목을 행하지 않는다면
어머니는 자식으로부터 존경도 부양도 받지 못하며,
아버지 또한 자식으로부터 존경과 부양을 받지 못한다.
현명한 사람은 이 덕목을 잘 관찰하기 때문에
위대해지며 칭찬을 얻을 수 있는 것이다.

싱갈라의 귀의

이렇게 세존께서 말씀하시자 싱갈라는 세존을 향해 다음과 같이 말씀드렸다.

"훌륭하십니다. 세존이시여! 참으로 훌륭하십니다. 마치 넘어진 것을 일으켜 세우고, 가려져 있는 것을 밝게 드러내며 길 잃은 자에게 길을 가리키는 것과 같이 '눈 있는 자는 반드시 진실을 보게 되리라.'

이러한 말씀과 같이 어둠 속에 등불을 내주셨습니다. 세존께서는 갖가지 방법으로 법을 설하셨습니다. 세존께 귀의합니다. 가르침과 비구대중에게 귀의합니다.

세존께서! 귀의하오니 지금부터 목숨이 다하는 날까지 저를 재가신자(우바새)로서 변치 않도록 지켜 주소서."

2. 우팔리의 귀의
(우팔리經)

세존과 디가타파싱의 문답

이와 같이 나는 들었다.

어느 때 세존께서는 나란다에 있는 팝팔리카 망고숲에 머물고 계셨다.

같은 때에 나란다에는 자이나교단의 우두머리인 나타풋타[1]가 많은 신자들과 함께 머물고 있었다.

그런데 자이나교단에 속한 디가타파싱(오래도록 고행한 사람이란 뜻)이라는 사람이 나란다에서 탁발을 하다가 망고숲의 세존이 계신 곳으로 가게 되었다. 가까이 다가가 세존과 인사를 나눈 다음 디가타파싱이 한쪽에 물러서자 세존께서는 말씀을 건네셨다.

"타파싱이여! 자리가 마련되어 있으니 앉고 싶으면 앉아도 좋다."

이렇게 말씀하시자 자이나교도인 디가타파싱은 다리가 하나인 낮은 의자를 골라서 한쪽에 앉았다.

한쪽에 앉은 디가타파싱에게 세존께서 이렇게 말씀하셨다.

"타파싱이여! 자이나교단의 우두머리인 나타풋타는 몇 가지 행위에 의해서 악한 행이 이루어지고 악한 행이 진행된다고 가르치고 있는가?"

"고타마시여! 자이나교단의 우두머리인 나타풋타는 '행위'라는 말로 가르치지 않습니다. '죄'라는 말로 가르치고 있으며 이 말은 그의 상용어입니다."

"타파싱이여! 나타풋타는 몇 가지의 죄에 의해서 악한 행이 이루어지고 악한 행이 진행된다고 가르치고 있는가?"

“고타마시여! 악한 행을 진행하는 데 있어 나
타풋타는 세 가지 죄를 가르치고 있습니다. 다시
말하면 몸의 죄, 입의 죄, 뜻의 죄(身·口·意)가
그것입니다.”

“타파싱이여! 몸의 죄, 입의 죄, 뜻의 죄는 각
기 별개의 것인가?”

“그것은 각기 별개의 것입니다.”

“그러면 나타풋타는 이와 같이 구별되는 세 가
지의 죄 가운데 어느 죄가 가장 무겁다고 가르치
고 있는가?”

“몸의 죄가 가장 무겁다고 가르치고 있습니다. 입
의 죄나 뜻의 죄는 몸의 죄만큼 무겁지 않습니다.”

“타파싱이여! 그대는 ‘몸의 죄’라고 대답했는가?”

“저는 ‘몸의 죄’라고 답했습니다.”

“그대는 ‘몸의 죄’라고 답했는가?”

“저는 ‘몸의 죄’라고 답했습니다.”

“그대는 ‘몸의 죄’라고 답했는가?”

“저는 ‘몸의 죄’라고 답했습니다.”

　이렇게 세존께서는 자이나교도인 디가타파싱에게 세 번씩이나 확인하셨다.

　그러자 이번에는 디가타파싱이 세존께 다음과 같이 말하였다.

　"고타마시여! 당신은 몇 가지의 죄에 의해서 악한 행이 이루어지고 악한 행이 진행된다고 가르치십니까?"

　"타파싱이여! 여래는 '죄'라는 말로 가르치지 않는다. '행위'라는 말로 가르치고 있으며, 이것이 여래의 상용어이다."

　"고타마시여! 그러면 몇 가지의 행위에 의해서 악한 행이 이루어지고 악한 행이 진행된다고 가르치십니까?"

　"악한 행을 하고 악한 행이 진행되는 데 있어 나는 세 가지의 행위를 가르치고 있다. 다시 말하면 몸의 행위, 입의 행위, 뜻의 행위가 그것이다."

　"그 세 가지는 각기 별개의 것입니까?"

　"각기 별개의 것이다."

“고타마께서는 그와 같이 별개의 것으로 구분되는 세 가지 행위 가운데 어느 행위가 가장 무겁다고 가르치십니까?”

“타파싱이여! 뜻의 행위가 가장 무겁다고 가르친다. 악한 행을 하는 데 있어 뜻의 행위가 가장 무겁고 비난받을 만한 것이다.”

“고타마시여! 당신은 ‘뜻의 행위’라고 말씀하셨습니까?”

“나는 ‘뜻의 행위’라고 말하였다.”

“당신은 ‘뜻의 행위’라고 말씀하셨습니까?”

“나는 ‘뜻의 행위’라고 말하였다.”

“당신은 ‘뜻의 행위’라고 말씀하셨습니까?”

“나는 ‘뜻의 행위’라고 말하였다.”

이렇게 자이나교도인 디가타파싱은 세존께 세 번 확인한 후에 자리에서 일어나 자이나교단의 우두머리인 나타풋타가 살고 있는 곳으로 갔다.

마침 그때 나타풋타는 우팔리를 비롯한 어리석은 재가신자 무리들과 함께 앉아 있었다.

나타풋타는 디가타파싱이 다가오자 그에게 물었다.

"타파싱이여! 그대는 아침 일찍 어디를 다녀오는가?"

"존귀하신 스승이시여! 저는 사문 고타마에게 다녀오는 길입니다."

"그대는 사문 고타마와 무엇을 이야기하였는가?"

그러자 디가타파싱은 조금 전에 사문 고타마와 나누었던 이야기를 빠짐없이 자기의 스승인 나타풋타에게 말하였다.

"타파싱이여! 바로 그렇다. 그대는 스승의 가르침을 올바르게 이해한 학식 있는 제자처럼 사문 고타마에게 잘 말하였다. 왜냐하면 대단치 않은 뜻의 죄가 어찌 몸의 죄를 능가할 수 있단 말인가? 몸의 죄야말로 악한 행에 있어 가장 중요한 것이다. 입의 죄와 뜻의 죄가 어찌 몸의 죄를 넘볼 수 있단 말인가? 당치도 않다."

세존을 논파하기 위해 가는 우팔리

이 말을 듣자 재가신자이며 한 집안의 가장인 우팔리가 나타풋타에게 말하였다.

"존귀하신 스승이시여! 타파싱은 옳았습니다. 스승의 가르침을 정확히 이해하고 있는 학식 있는 제자처럼 현명한 타파싱은 사문 고타마에게 정확히 대답하였습니다. 몸의 죄야말로 가장 무겁고 중요한 것이니 어찌 입의 죄와 뜻의 죄가 몸의 죄를 능가할 수 있단 말입니까?

이제 저는 가겠습니다. 존귀하신 스승이시여! 이 논제에 대하여 사문 고타마를 논파하러 가겠습니다.

만일의 경우 사문 고타마가 현명한 타파싱에게 한 것처럼 저에게도 끝까지 우긴다면, 저는 마치 힘센 남자가 양의 털을 잡아당기거나 바짝 끌어당기거나 혹은 질질 끌고 다니듯 사문 고타마와 논쟁을 해서 그의 생각을 마음껏 끌고 당기어 깨어버리겠습니다.

또한 술 만드는 힘센 남자가 커다란 술포대를 깊은 호수에 던져 놓고 그 끝을 쥐고 잡아당기거나 끌어당기듯이 저는 사문 고타마의 생각을 마음껏 끌었다 당겼다 하겠습니다.

또한 술 만드는 사람의 하인이 털로 만든 체의 끝을 잡고 툭툭 털어 버리듯 사문 고타마의 생각을 마음껏 털어 버리겠습니다.

또한 60년 된 코끼리가 깊은 연못에 들어가 마음껏 물장구를 치며 수영을 즐기듯, 저는 논쟁으로 사문 고타마의 생각을 마음껏 희롱하고 오겠습니다.

자아, 존귀하신 스승이시여! 저는 가서 이 논제에 대해 사문 고타마를 논파해 버리겠습니다.”

“우팔리여! 어서 가서 사문 고타마를 논파하라.

왜냐하면 사문 고타마를 논파할 사람은 나 아니면 디가타파싱, 아니면 그대뿐이기 때문이다.”

이 말을 듣자 디가타파싱은 나타풋타에게 이렇게 말하였다.

“존귀하신 스승이시여! 재가신자인 우팔리가

사문 고타마를 논파하러 간다는 것이 마음에 들지 않습니다.

사문 고타마는 사람을 혼미하게 만드는 힘을 가지고 있으며 사람을 유혹하는 마술을 가지고 있다고 합니다. 그 마술에 걸려들어 다른 스승의 제자들이 많이 유혹당했기 때문입니다."

"타파싱이여! 재가신자인 우팔리가 사문 고타마의 제자가 된다니 참으로 어리석은 생각이구나. 당치도 않다. 오히려 사문 고타마가 우팔리의 제자가 된다면 모를까.

우팔리여! 어서 가라. 사문 고타마를 논파하라. 그대와 나, 혹은 여기의 디가타파싱만이 그를 논파할 수 있을 것이기 때문이다."

거듭거듭 디가타파싱이 나타풋타에게 우팔리를 보내지 말 것을 간청했지만 우팔리는 끝내 세존이 계신 곳으로 향해 출발하였다.

재가신자인 우팔리는 세존이 계신 곳에 당도하자 절을 하고 한쪽에 앉았다.

한쪽에 앉은 우팔리는 세존께 말했다.

세존과 우팔리의 문답

"존귀하신 이여! 자이나교도인 디가타파싱이 이곳에 왔었습니까?"

"재가신자이며 가장인 우팔리여! 그는(디가타파싱) 이곳에 왔었다."

"당신과 그는 어떤 이야기를 주고받았습니까?"

그러자 세존께서 자이나교도인 디가타파싱과 나누었던 이야기를 우팔리에게 모두 이야기하셨다. 다 듣고 나자 우팔리는 세존께 말했다.

"존귀하신 이여! 타파싱이 옳았습니다. 스승의 가르침을 정확히 이해하고 있는 학식 있는 제자들이 그러하듯 자이나교도인 디가타파싱은 세존께 잘 말하였습니다.

보잘 것 없는 뜻의 죄가 어찌 몸의 죄와 비교되겠습니까? 악한 행을 함에 있어 몸의 죄야말로 가장 중대하고 무거우며 입의 죄나 뜻의 죄는 비할 바가 못 된다고 하겠습니다."

"우팔리여! 만약 그대가 진실에 근거를 두고 말할 작정이라면 이제 우리는 대화를 나누어도 좋으리라."

"존귀하신 이여! 저는 진실에 의거해서 말합니다. 이제 우리는 대화를 나누어도 좋을 것입니다."

"우팔리여! 이것을 어떻게 생각하는가? 예를 들면 이 세상에서 자이나교도가 병이 들어 몹시 고통에 시달리면서도 자이나교의 규율에 따라 차가운 물을 거절하고 뜨거운 것만을 찾다가 끝내 차가운 물을 마시지도 못한 채 세상을 떠났다고 하자.

우팔리여! 자이나교단의 우두머리인 나타풋타는 그가 어디에 태어난다고 가르치는가?"

"마노샷타, 다시 말하면 마음이 집착하고 있는 자라는 이름의 신들이 살고 있는 곳입니다.

그는 그 신들이 살고 있는 곳에 모습을 바꾸어

태어납니다. 왜냐하면 그는 실로 마음이 그 규칙
에 얽매여진 채 죽었기 때문입니다.”

“보아라, 우팔리여! 잘 생각하라. 주의 깊게 생
각한 후에 답을 하라. 그대의 말은 앞뒤가 일관
되지 않았다. 그대는 앞서 말하지 않았는가? 진
실에 의거해서 말하겠노라고 말이다.”

“존귀하신 이여! 세존께서 설령 그렇게 말씀하
신다 해도 몸의 죄는 악행을 저질렀을 경우 입이
나 뜻의 죄보다 더 막중한 것입니다.”

“그러면 우팔리여! 다음의 일을 어떻게 생각하
는가? 예를 들면 지금 어떤 자이나교도가 자이나
교의 네 가지 억제[2]에 얽매여 있다.

즉 그들은 모든 물 – 모든 악을 그만두며, 모든
악을 그만두는 데에 전념하며, 모든 악을 제지함
으로써 그 악을 떨쳐내며, 모든 악을 제지하는
것이 온 몸에 두루 퍼져 있어, 그가 앞뒤로 움직
일 때 수많은 작은 생물을 죽인다고 하자.

이때 자이나교단의 우두머리인 나타풋타는 그

에 대하여 어떤 결과를 제시하고 있는가?”

“자이나교단의 우두머리인 나타풋타는 의식하지 못한 채 저질러진 일을 커다란 죄악이라고는 가르치지 않으셨습니다.”

“만약 의식하였다면?”

“커다란 죄악이 됩니다.”

“우팔리여! 나타풋타는 그 의식을 무엇에 의거해 제시하고 있는가?”

“뜻의 죄에 의거해서입니다.”

“보아라, 우팔리여! 주의 깊게 생각해서 답하라고 하지 않았느냐. 그대의 말은 앞뒤가 일치하지 않았다. 그대는 앞서 말하지 않았느냐. 진실에 의거해서 말하겠노라고 말이다.”

“존귀하신 이여! 세존께서 설령 그렇게 말씀하신다 해도 몸의 죄는 악을 저질렀을 경우 입이나 뜻의 죄보다 더 막중한 것입니다.”

“우팔리여! 어떻게 생각하는가? 이 나란다의 거리는 풍요롭고 부유하며 사람들이 매우 많이 오가고 있는가?”

“그렇습니다. 이 나란다 거리는 부유하고 번잡합니다.”

“이것을 어떻게 생각하는가?

예를 들면 여기에 어떤 남자가 칼을 빼어 들고 마구 휘두르며 달려오면서 ‘나는 이 나란다 거리에 살고 있는 모든 생물을 살육(殺戮)해서 한순간에 산처럼 높은 살덩이로, 한 점의 살덩이로 만들어 놓으리라’라고 말한다고 하자.

우팔리여! 그대는 그 남자가 이 나란다 거리에 살고 있는 모든 생물을 한순간에 산처럼 높은 살덩이로, 한 점의 살덩이로 만들 수 있다고 생각하는가?”

“열 사람의 남자가 그런다고 해도, 아니 스무 사람, 서른 사람, 마흔 사람, 쉰 사람의 남자가 그런 생각을 한다 해도, 일순간에 그렇게 만들 수는 없습니다. 하물며 힘없는 단 한 명의 남자가 어떻게 그보다 잘 해낼 수가 있겠습니까?”

“우팔리여 어떻게 생각하는가?

　예를 들면 여기에 신통력을 지니고 마음의 조절이 가능한 어떤 사문이나 바라문이 와서 '나는 이 나란다 거리를 단 한 번의 마음의 분노로써 잿덩이로 만들어 버릴 수 있다'라고 말한다면 그대는 정말 그렇게 되리라고 생각하는가?"

　"이 나란다 거리가 열 개, 스무 개, 서른 개, 마흔 개 아니 쉰 개가 있다 할지라도, 신통력을 지니고 마음의 조절이 가능한 사문이나 바라문은, 단 한 번의 마음의 분노로써 거리는 충분히 잿덩이로 변할 수 있습니다. 그런데 힘없는 단 하나의 거리쯤이야 잿덩이로 만드는 것이 어렵겠습니까?"

　"보아라, 우팔리여! 주의 깊게 생각하고 답하라고 하지 않았느냐. 그대의 말은 앞뒤가 일치하지 않는다. 그대는 진실에 의거해서 말하겠노라고 하지 않았느냐."

　"세존께서 아무리 그렇게 말씀하신다 해도 몸의 죄가 입이나 뜻의 죄보다 더 막중한 것은 틀림없습니다."

"이것을 어떻게 생각하는가? 단다카숲, 칼링가 숲, 멧쟈숲을 아는가? 다시 말하면 마탕가숲[3]은 도시였다가 지금은 숲이 되었다. 그대는 이야기를 들어본 적이 있는가?"

"네, 들어보았습니다."

"우팔리여! 그렇다면 이 숲들은 누구에 의해서 도시였다가 숲으로 되었다고 들었는가?"

"존귀하신 이여! 성선들의 마음의 분노로 인하여 일찍이 도시에서 숲으로 변해버렸다고 들었습니다."

"보아라, 우팔리여! 주의 깊게 생각하고 답하라고 하지 않았느냐. 그대의 말은 앞뒤가 일치하지 않는다. 그대는 진실에 의거해서 말하겠노라고 하지 않았느냐."

우팔리의 귀의

"존귀하신 스승이시여! 저는 세존께서 말씀하

신 제일 처음의 비유만으로도 이미 흡족하였습니다. 지금 제가 세존과 맞서 계속 논쟁한 까닭은 오직 세존으로부터 갖가지 질문과 답을 듣고 싶었기 때문입니다.

존귀하신 스승이시여! 훌륭하고 또 훌륭하옵니다. 마치 넘어진 사람을 일으켜 세우고, 가려진 것을 드러내며 길 잃은 사람에게 길을 가리키고, 눈 있는 사람에게 대상을 볼 수 있게 하기 위해 어둠 속에서 등불을 내거는 것처럼, 세존은 갖가지 방법으로 가르침을 밝혀 주셨습니다.

이제 저는 세존께 귀의합니다. 그 가르침과 비구승단에게 귀의합니다. 세존께서는 부디 저를 오늘부터 목숨 있는 날까지 귀의한 재가신자(우바새)로 거두어 주소서."

"잘 생각하여라. 우팔리여! 잘 생각한다는 것은 그대 같은 저명한 사람에게야말로 어울리는 일이 아니겠는가?"

"세존이시여! 세존께서 저에게 잘 생각하라고

말씀하신 것에 의해서라도 저는 더욱더 세존께 커다란 환희와 만족을 느끼고 있습니다.

그 까닭은 다른 교도의 사람들은 저를 제자로 삼게 되면, 나란다의 거리에 '재가신자 우팔리가 우리들의 제자가 되었다'라는 깃발을 걸어두고 오래도록 펄럭일 것이 틀림없기 때문입니다. 그렇지만 세존께서는 저에게 잘 생각하라고 말씀하셨습니다.

존귀하신 스승이시여! 저는 다시 한번 세존께 귀의합니다. 그 가르침과 비구승단에도 귀의합니다. 세존께서는 부디 저를 오늘부터 목숨이 다하는 날까지 귀의한 재가신자로 거두어 주소서."

"재가신자여! 그대의 일가는 오래도록 자이나 교도들에게 샘물같이 끊이지 않는 만족을 주어 왔다. 그러므로 그들이 그대들에게 다가올 때면 평소와 다름없이 보시해야 한다."

"존귀하신 스승이시여! 지금 세존의 말씀에 의해서라도 저는 더욱더 세존께 환희와 만족을 느낍니다.

존귀하신 스승이시여! 저는 언제나 사문 고타마는 '내게만 보시하라. 다른 사람에게는 보시하지 말라. 내 제자들에게만 보시하라. 다른 사람의 제자에게는 보시하지 말라. 내게 보시한 것만이 커다란 복이 있을 것이다. 다른 사람에게 한 보시는 커다란 복을 가져오지 않는다. 내 제자들에게 보시한 것만이 커다란 복을 가져올 것이다. 다른 사람의 제자에게 한 보시는 커다란 복을 가져오지 않을 것이다'라고 말씀하셨다고 들었습니다.

그러나 세존께서는 저에게 자이나교도들에게도 보시하라고 권하셨습니다. 존귀하신 스승이시여! 어쨌든 그럴 기회는 올 것입니다.

존귀하신 스승이시여! 저는 다시 한번 세존께 귀의합니다. 그 가르침과 비구승단에게도 귀의합니다. 세존께서는 부디 저를 오늘부터 목숨이 다하는 날까지 귀의한 재가신자로 거두어 주소서."

그러자 세존은 재가신자이며 한 집안의 가장인 우팔리에게 차례대로 설법하셨다.

즉 보시에 대해서, 계율에 대해서, 하늘에 태어
나는 것에 대해서, 욕망의 해로움과 공허함과 더
러움에 대해서, 욕계(欲界)를 벗어남으로써 생기
는 과보에 대해서 설법하셨다.

세존은 우팔리의 마음이 부드러워지고 편견이
없어지고 기쁨이 샘솟으며 믿음이 깊어짐을 아시
고서, 깨달음에 도달한 사람들(부처)이 찬양하시
는 네 가지의 진리(四聖諦), 다시 말하면 괴로움
(苦)과 괴로움의 집기(集起)와 괴로움의 소멸(滅)
과 괴로움의 소멸에 이르는 길(道)을 설하였다.

마치 눈부시게 새하얀 헝겊이 염료를 잘 빨아
들이듯 재가신자이며 한 집안의 가장인 우팔리
에게는 그곳에 앉아 있는 동안에 티끌 하나 없는
깨끗한 진리를 꿰뚫어 보는 눈이 생겼다.

다시 말하면 '중생은 누구나 할 것 없이 모두 소
멸하지 않을 수 없다'는 깨달음이 생겼던 것이다.

이제 우팔리는 세존의 가르침을 보고 닦고 알
고 가르침 속으로 깊이 들어가 스승의 가르침에

대해 의심을 품지 않게 되었고, 질문하지 않게
되었으며 완전한 자신을 얻어 다른 사람에게 기
대지 않게 되었다.

그리하여 세존께 말씀드렸다.

"존귀하신 스승이시여! 이제 돌아가고자 하나
이다. 해야 할 일이 많이 있기 때문입니다."

"우팔리여! 그대가 하고 싶은 대로 하라."

우팔리, 자이나교도에게 문을 열지 않다

그러자 우팔리는 세존의 말씀에 크게 기뻐하며
자리에서 일어나 세존께 절을 하고 오른쪽으로
돌고 나서 자신의 집으로 돌아왔다.

그리고 나서 문지기에게 말하였다.

"오늘부터 나는 자이나교도의 남녀에 대해서는
문을 열어 주지 않을 것이다. 그러나 세존의 비
구, 비구니, 우바새와 우바이들에 대해서는 문을
열어줄 것이다. 만약 자이나교도 가운데 누구라

도 다가온다면 너는 이렇게 말해야 할 것이다.

'멈추시오. 들어가지 마시오. 주인 우팔리는 오늘부터 사문 고타마의 제자가 되었소. 자이나교도의 남녀에 대해서는 문을 열지 못하게 하셨소. 만약 당신이 먹을 것을 구하러 오셨다면 그곳에서 기다리도록 하시오. 그러면 먹을 것을 가져다 주겠소'라고 말해야 한다."

"그리하겠나이다, 주인이시여!"

문지기는 우팔리에게 답하였다.

자이나교도인 디가타파싱은 재가신자인 우팔리가 정말로 사문 고타마의 제자가 되었다는 말을 들었다.

그래서 그는 교단의 우두머리인 나타풋타에게 달려갔다.

"존귀하신 이여! 저는 우팔리가 정말로 사문 고타마의 제자가 되었다고 들었습니다."

"타파싱이여! 그럴 리가 없다. 당치도 않다. 오히려 사문 고타마가 우팔리의 제자가 되었으면

모를까.”

디가타파싱이 몇 번이나 나타풋타에게 사실을 알려도 그는 도무지 믿으려 하지 않았다.

그러다 마침내 디가타파싱이 말하였다.

“그렇다면 제가 가서 우팔리가 정말로 사문 고타마의 제자가 되었는지를 확인하고 오겠습니다.”

“어서 가서 확인해보라.”

그리하여 디가타파싱은 우팔리가 사는 집으로 달려갔다. 문지기는 디가타파싱이 다가오는 모습을 보자 주인이 가르쳐 준 대로 그의 앞을 가로막으며 그대로 말하였다.

“그대가 먹을 것을 원한다면 이 자리에서 기다리시오. 이곳으로 먹을 것을 가져다 주겠소.”

그러자 디가타파싱은 “아니, 나는 먹을 것이 필요해서 온 것이 아니다”라고 말하면서 그곳에서 몸을 돌려 스승인 나타풋타에게 돌아갔다.

돌아가서 문지기의 말과 태도를 자세하게 전하며 말하였다.

"우팔리는 사문 고타마의 마술에 걸린 것이 틀림없습니다."

"그럴 리가 없다. 당치도 않다. 오히려 사문 고타마가 우팔리의 제자가 되었으면 모를까."

두 번, 세 번…. 디가타파싱은 나타풋타에게 말하였다.

"우팔리는 사문 고타마의 제자가 된 것이 틀림없습니다. 존귀하신 이여! 왜 앞서 저의 말을 듣지 않으셨습니까? 저는 '우팔리가 사문 고타마를 논파하러 간다는 것이 마음에 들지 않습니다. 사문 고타마는 사람을 유혹하는 마술을 갖고 있어 다른 사람의 제자들을 마술로 유혹하고 있습니다'라고 간원하였습니다.

존귀하신 이여! 우팔리는 사문 고타마의 마술에 걸려든 것이 틀림없습니다."

"내가 가리라. 내가 가서 우팔리가 사문 고타마의 제자가 되었는지 아닌지를 직접 확인해 보리라."

나타풋타, 우팔리를 찾아가다

그리하여 자이나교단의 우두머리인 나타풋타는 자이나교도들을 이끌고 재가신자인 우팔리의 집을 찾아갔다.

문지기는 나타풋타가 자이나교도들을 이끌고 다가오는 것을 보고 이렇게 말했다.

"여러분, 멈추시오. 들어가서는 안 됩니다. 오늘부터 주인 우팔리님은 사문 고타마의 제자가 되었습니다. 그리고 모든 자이나교도들의 출입을 금하셨습니다. 만약 여러분들이 먹을 것을 원한다면 이곳에서 기다리십시오. 이곳으로 먹을 것을 가져다 드리겠습니다."

"문지기여! 정 그렇다면 그대는 주인에게 가서 이렇게 전하라.

'자이나교단의 우두머리인 나타풋타가 자이나교도들과 함께 문 밖에 서 있습니다. 그는 주인님을 만나고 싶어합니다'라고 말이다."

"그렇게 하겠습니다."

문지기는 주인인 우팔리에게 달려가 나타풋타의 말을 전하였다. 우팔리는 문지기에게 말했다.

"그렇다면 중앙에 문이 있는 접대실에 자리를 마련하도록 하라."

문지기가 큰 방에 자리를 마련한 뒤 나타풋타에게 달려가 큰 방으로 들도록 안내하였다.

그러자 자이나교단의 우두머리인 나타풋타는 교단의 무리들과 함께 중앙에 문이 있는 큰 방으로 갔다.

그런데 예전에 우팔리는 자이나교단의 우두머리인 나타풋타가 다가오면 즉시 자리에서 일어나 맞으며 가장 좋고 훌륭하고 제일 높은 좌석을 윗옷으로 털어내며 나타풋타를 그 자리에 앉혔던 것이다. 그러나 오늘은 그 좌석에 우팔리 본인이 자리잡고 앉아서 나타풋타에게 말하였다.

"존귀하신 이여! 자리가 준비되어 있습니다. 원하시는 대로 앉으시오."

그 말을 들은 나타풋타는 우팔리에게 말하였다.

"우팔리여! 미치지 않았는가? 바보가 되었는가? 사문 고타마를 논파하고 오겠다더니 논쟁이 힘겨워 제 정신을 잃은 채 돌아왔다는 것인가?

마치 고환을 뽑으러 갔던 사람이 도리어 고환이 뽑혀서 돌아온 것처럼, 그리고 눈알을 도려내러 갔던 사람이 눈알이 뽑혀져 돌아온 것처럼, 그대는 사문 고타마를 논파하러 가겠다고 나가더니 거센 논쟁에 휘감겨서 돌아왔다는 것인가?

우팔리여! 그대는 사람을 유혹하는 사문 고타마의 주술에 걸린 것이 아닌가?"

"존귀하신 이여! 사람을 유혹하는 마술은 참으로 훌륭한 것입니다. 사람을 유혹하는 마술은 기가 막히도록 멋진 것입니다. 나의 친구며 친척들이 이 매력 있는 마술에 걸린다면 영원토록 이익과 행복이 그들과 함께 할 것입니다.

또한 모든 왕족이 이 매력 있는 마술에 걸린다면 영원토록 이익과 행복이 그들과 함께 할 것입

니다. 뿐만 아니라 모든 바라문이나 서민, 심지어
는 노예까지도 이 매력 있는 마술에 걸린다면 영
원토록 이익과 행복이 그들과 함께 할 것입니다.
　어디 그뿐이겠습니까? 신들이며 악마, 범천과
사문 바라문들을 포함한 이 모든 세계가 이 매력
있는 마술에 걸린다면 영원토록 이익과 행복이
그들과 함께할 것입니다.
　이제 나는 당신에게 비유를 제시하겠습니다.
지혜로운 사람이라면 이 비유를 통하여 말하고
자 하는 의미를 이해할 수 있을 것입니다.”

새끼 원숭이의 비유

　“존귀하신 이여! 옛날 어떤 나이 많은 바라문
에게 젊은 아내가 있었습니다. 그런데 그녀는 임
신을 했던 터라 이제 출산을 앞두고 있었습니다.
그러자 그 젊은 아내는 바라문에게 ‘여보, 시장에
가서 새끼 원숭이 한 마리를 사다 주세요. 아이

가 자라면 놀이상대가 될 테니까요'라고 말했습니다.

　바라문은 아내의 말을 듣고 나서 '아이가 태어날 때까지 기다려 주시오. 만약 사내아이가 태어나면 시장에서 수놈으로 사다 줄 것이고, 계집아이가 태어난다면 암놈으로 새끼 원숭이를 사다 줄 것이오'라고 말했습니다.

　그러자 그 젊은 아내는 자꾸만 빨리 사다 달라고 졸랐고 바라문은 아이가 태어날 때까지 기다리라고 아내를 말렸습니다. 하지만 그 바라문은 젊은 아내에게 푹 빠져 지내고 있었던 까닭에 하는 수 없이 아내의 청을 들어주기로 하였습니다.

　그는 시장에 가서 새끼 원숭이를 사서 아내에게 주었습니다. 젊은 아내는 남편인 바라문에게 또다시 청을 하였습니다.

　'여보, 이제 이 새끼 원숭이를 데리고 염색집에 가서 금색으로 물들이고 두들겨서 평평하게 만들어 양면을 매끈매끈하게 만들어 달라고 해 주세요.'

그리하여 젊은 아내의 말을 들어 주지 않고는 배길 수 없는 바라문은 그 새끼 원숭이를 데리고 염색집에 가져가 아내의 말을 그대로 전하였습니다.

'여보시오, 락타파니여! 이 새끼 원숭이를 금색으로 물들이고 두들겨서 평평하게 만들어 양면을 매끈매끈하게 만들어 주시오.'

이 말을 들은 염색가 락타파니는 그 바라문에게 말하였습니다.

'나으리, 이 새끼 원숭이는 금색으로 물들일 수는 있을지언정 망치로 두드려서 평평하게 만들고 매끈매끈하게 만들 수는 없습니다.'

존귀하신 이여! 이와 마찬가지로 저 어리석은 자이나교도들의 말은 어리석은 사람들을 물들일 수 있을지는 모르지만 현명한 사람들까지 물들일 수는 없습니다. 또한 단련시킬 수도 없습니다.

또 다른 어느 날 그 바라문은 새 옷감 한 감을 들고 그 염색집에 찾아가서 말했습니다.

'락타파니여! 이 새 옷감을 금색으로 물들이고

잘 두들겨서 양면을 두루 매끈매끈하게 만들어
주시오.'

염색가 락타파니는 바라문에게 말하였다.

'나으리, 당신의 새 옷감을 금색으로 물들이고
잘 두들겨서 양면을 모두 매끈매끈하게 만들어
드리겠습니다. 그런 일은 가능합니다.'

존귀하신 이여! 마치 이와 마찬가지로 완전한
깨달음에 도달한 존귀한 분이신 세존의 말씀은
현명한 사람을 물들일 수 있습니다. 또한 단련시
킬 수도 있고 가르칠 수도 있습니다. 그러나 어
리석은 사람들을 물들일 수는 없습니다."

세존을 찬양하는 제자 우팔리

"재가신자인 우팔리여! 왕이나 그 외의 다른
모든 사람들은 그대를 자이나교단의 우두머리인
나타풋타의 제자라고 인정하고 있다. 그런데 이
제 우리들은 그대를 누구의 제자라고 인정해야

마땅한가?"

이 말을 들은 우팔리는 자리에서 일어나 오른쪽 어깨를 걷고 세존 계신 곳을 향해 합장하며 말했다.

"그렇다면 존귀하신 이여! 이제 내가 누구의 제자인지를 들어보십시오. 확고하고 미혹됨이 없는 분, 마음의 걸림을 부수고 승리를 쟁취하시며 마음이 어지럽지 않고 평정하며 그 성품은 존경을 받으시고, 으뜸가는 지혜를 갖추시고 모든 중생 가운데 존재하시어도 더러움에 물들지 않는 분이신 세존, 제가 바로 그 세존의 제자입니다.

의아스러움을 불러일으키지 않고 만족케 하시며 세속의 이욕을 버리시어 마음 기쁜 사문이 되신 분, 사람이면서도 두 번 다시 윤회하는 일이 없는 마지막 몸을 가지신 사람이시고 비할 바 없는 분, 흠이 없는 분이신 세존, 제가 바로 그 세존의 제자입니다.

의혹이 없는 숙달된 선비이고 계율에 통달해

계시며 뛰어난 안내인으로서 위없는 분이시며, 빛나는 덕을 갖추시고 두려움을 일으키지 않으시는 광명을 내뿜는 분, 교만함을 쳐부순 용사이신 세존, 제가 바로 그 세존의 제자입니다.

사람 가운데 가장 훌륭한 분으로 헤아릴 길 없이 심원하신 분, 존귀한 성자(무니)가 되시고 보호자이시며 지식이 풍부하고 정의로운 사람, 자기 억제를 이루신 분, 속박을 끊고 자유롭게 되신 분인 세존, 제가 바로 그 세존의 제자입니다.

용왕(나가)[4]이시며, 사람들로부터 멀리 떨어져 족쇄를 끊어 자유롭게 되셨으며, 논쟁에서 상대방을 이기시고 깨끗하며, 어느 한 부분도 방자함을 찾아볼 수 없고, 정욕을 제거하고 자기를 억제하여 쓸데없는 이야기를 하지 않으시는 분 세존, 제가 바로 그 세존의 제자인 것입니다.

과거 부처님의 일곱번째[5]에 해당하시며 정직하고 세 가지 지혜[三明][6]에 정통하시며, 범천의 상태에 도달해 계시고 청정을 하신 분이며, 베다의 글귀에 밝고 조용하신 분, 성스러운 지식(베다)을 알고 계시며, 과거에도 관대하셨던 유능한 분이신 세존, 제가 바로 그 세존의 제자입니다.

고귀한 분, 자기를 단련하고 도달해야 할 곳에 도달하셨고 설명함에 있어 뛰어나시고, 사려 깊고 통찰력 있으며 쾌락에 마음을 기울이지 않으시고 욕망이 없고 자재력을 얻으신 분인 세존, 제가 바로 그 세존의 제자인 것입니다.

완전한 분이시고 정신통일을 하여 마음의 내부에 괴로움이 없고 맑으신 분, 집착을 일으키지도 않고 체념하지도 않고 홀로 머무시며 가장 높은 자리에 도달하시어 스스로 깨달음의 세계에 이르며, 타인도 그곳으로 도달케 하시는 분, 제가 바로 그 세존의 제자입니다.

마음이 고요하고 폭넓은 지혜를 지니셨고 탐욕을 없앴으며, 사람의 본래 모습으로 오신 분(如來), 가장 잘 가신 분(善逝), 적을 만들지 않고, 비교될 만한 이가 없이 완성되시고 숙련되신 분,

제가 바로 그 세존의 제자입니다.

　욕망을 끊고 눈을 뜨신 분, 흐릿한 일도 없고 얼룩이 없으며 우리가 받들어야 할 분, 공양받을 자격이 갖추어진 분, 으뜸가는 분, 비할 바 없는 분, 위대한 분, 높은 명성을 얻으신 분 세존, 제가 바로 그 세존의 제자입니다.”

　“우팔리여! 말해보아라. 대체 어디서 그렇게 많은 사문 고타마의 찬미를 긁어모았느냐?”

　“존귀하신 이여! 갖가지 꽃들이 산처럼 쌓여 있는데 숙련된 사람이 그 꽃을 서로 이어 갖가지 아름다운 꽃다발을 만들 듯 세존은 수많은 찬미를 지니고 수백 가지의 찬미를 갖고 계시는 분이십니다. 존귀하신 이여! 찬미를 받기에 더없이 어울리는 사람을 대체 어느 누가 찬미하지 않을 수 있겠습니까?”

　그러자 자이나교단의 우두머리인 나타풋타는 지극한 세존의 숭배에 더 이상 견디지 못하고 그 자리에서 시뻘건 피를 토해내고 말았다.[7]

3. 라타파라의 출가
(라타파라經)

세 존, 투라코티타에 당도하시다

이와 같이 나는 들었다.

한때 세존께서는 많은 비구들과 함께 쿠루나라를 유행하신 뒤 투라코티타라는 마을에 머무셨다.

이 마을의 바라문과 재가자들은 세존께서 이곳에 도착하셨다는 소식을 들었다.

"석가족의 가문에서 출가한 고타마라는 사문이 많은 비구들과 함께 쿠루나라를 거쳐 이곳에 도착하셨다. 그런데 존자 고타마께서는 존경할 만한 이[應供], 바르게 깨달은 이[正等覺者], 앎과 실천을 갖춘 이[明行足], 잘 가신 이[善逝], 세간을 아는 이[世間解], 위없는 이[無上士], 세간을 잘 다루는 이[調御丈夫], 신들과 인간의 스승[天人師], 불(佛), 세존이라는 찬란한 명성을 날리고 계십니다.

그분은 신들과 악마와 범천의 세계를 포함한 이 전 세계를 아시고, 사문과 바라문, 신들과 인간들을 포함한 살아 있는 모든 것을 스스로 아시며, 깨달았으며, 설하시고 보여 주신다.

또 시작과 전개와 결론이 가장 짜임새 있는 가르침을 설하시며, 두루 원만하고 티끌 없는 청정한 생활[梵行]을 설하신다.

그와 같이 존경할 만한 분이 이 마을에 오셨으니 직접 찾아뵈면 좋은 일이 생길 것이다.”

투라코티타 마을의 바라문과 재가자들은 세존이 계신 곳으로 찾아갔다. 그리하여 어떤 이는 인사를 하고 또 어떤 이는 친애와 경의로 가득 찬 인사말을 건네고, 어떤 이는 세존께 합장하고, 어떤 이는 세존 바로 앞에서 이름을 밝히며, 또 어떤 이는 묵묵히 한쪽에 앉았다. 세존께서는 그들에게 법을 설하시고 격려하시며, 기쁘게 하셨다.

라타파라, 출가를 희망하다

그때 모인 사람들 가운데서 라타파라라는 어느 좋은 가문의 아들이 있었는데 그는 이렇게 생각했다.

'세존께서 설하신 가르침을 내가 이해하는 바에 따르면, 두루 원만하고 티끌 없으며, 자개처럼 잘 닦여진 청정한 생활은 세속에 머물러서는 실천하기가 어렵다. 그러니 이제 나는 머리와 수염을 깎고 누런 옷을 입고 집을 버리고 출가하리라.'

이윽고 바라문과 재가자들은 세존으로부터 설법을 듣고 격려받은 것을 기쁘게 생각하여 예찬을 하고, 자리에서 일어나 인사를 드리고 오른쪽으로 도는 예를 표하고 떠났다.

라타파라는 그들이 떠나자 세존의 처소로 찾아

와 인사드리고 한쪽에 앉았다.

그리고 이렇게 여쭈었다.

"존귀하신 스승이시여! 세존께서 설하신 가르침을 제가 이해하는 바에 따르면 세속에 머물러서는 청정한 수행을 실천하기란 여간 어렵지 않습니다. 저는 머리와 수염을 깎고 가사를 입고 집을 버리고 출가하려 합니다. 저는 세존의 처소에 출가하여 비구의 자격〔具足戒〕을 얻고자 합니다."

"그대는 집을 버리고 출가하는 것을 부모에게 허락 받았는가."

"허락 받지 않았습니다."

"라타파라여! 모든 여래는 부모에게 허락 받지 않은 사람들은 출가시키지 않는다."

"그렇다면 부모님의 허락을 받아오겠습니다."

출가를 허락 받다

훌륭한 집안의 아들 라타파라는 자리에서 일어

나 세존께 인사드리고, 오른쪽으로 도는 예를 표하고서 집으로 돌아갔다.

그는 부모님이 계신 곳을 찾아가 이렇게 말했다.

"아버님, 어머님! 저는 머리와 수염을 깎고 가사를 입고 집을 나와 출가하고자 합니다. 부디 허락해 주십시오."

라타파라의 이 같은 간청에 그의 부모는 말했다.

"라타파라야! 우리에게는 자식이 너 하나밖에 없다. 너는 부모의 사랑을 듬뿍 받아 행복하게 자라고 살아왔기에 괴로움이 어떤 것인지 알지 못한다.

자, 라타파라야! 맛있는 음식을 먹고 마시면서 인생을 즐겨라. 먹고 마시고 즐기면서 모든 욕망을 누리고 또 공덕을 쌓으면서 즐겁게 지내라.

집을 버리고 출가하는 따위는 허락할 수 없다. 죽어서 헤어지는 것도 그지없이 슬픈 일인데, 어찌 살아서 이별 따위를 생각하겠는가? 출가는 허락할 수 없다."

라타파라는 다시 한번 부모에게 출가를 허락해

주십사 애원하였다. 그러나 부모의 허락이 내려질 리가 없었다. 거듭 부모에게 출가를 간청하였지만 역시 부모님은 허락하지 않으셨다.

부모님의 허락을 받지 못한 라타파라는 '아! 내게는 죽음이 아니면 출가뿐이로다' 하면서 그 자리에서 드러눕고 말았다.

그러자 그의 부모는 말했다.

"라타파라야! 우리에게는 자식이 너 하나밖에 없다. 너는 부모의 사랑을 듬뿍 받아 행복하게 자라고 살아왔기에 괴로움이 어떤 것인지 알지 못한다.

라타파라야! 이제 그만 일어나거라. 출가 따위란 생각 말고 먹고 마시면서 인생을 즐겨라. 먹고 마시고 즐기면서 모든 욕망을 누리고, 또 공덕을 쌓으면서 즐겁게 지내라. 집을 버리고 출가하는 따위는 허락할 수 없다. 죽어서 헤어지는 것도 그지없이 슬픈 일일 터인데, 어찌 살아서 이별 따위를 생각하겠는가? 출가는 허락할 수 없다."

이렇게 그의 부모가 말했지만 라타파라는 자리에 드러누운 채 아무런 대꾸도 하지 않았다.

다시 양친은 그를 설득하고자 했지만 역시 침묵한 채로 라타파라는 막무가내였다. 그러자 라타파라의 양친은 아들의 친구들에게 찾아가 이렇게 말했다.

"여러분! 내 아들 라타파라는 '아! 이제 나에게는 죽음 아니면 출가밖에 없다'고 말하면서 그대로 드러누워 버렸다. 내 이렇게 그대들에게 부탁하니 내 아들에게 가서 좀 달래주지 않겠는가?

출가를 단념시키고 집에 머물면서 즐거움을 마음껏 누리도록 우리를 대신해서 설득하여 주게. 그는 우리의 둘도 없는 외아들이 아닌가?"

라타파라 부모로부터 간곡한 부탁을 받은 친구들은 그에게로 가서 이렇게 말했다.

"라타파라여! 자네는 자네 부모의 사랑스러운 외동아들이 아닌가? 자네는 부모의 사랑 속에서 자라왔기에 괴로움이 어떤 것인지 잘 모른다.

자! 라타파라여, 어서 자리에서 일어나 맛있는 음식들을 먹고 마시면서 인생을 즐기게.

그리고 모든 욕망을 누리고 또 공덕을 쌓으면서 즐겁게 살게. 자네의 부모님은 자네가 집을 버리고 출가하는 따위는 결코 허락하지 않으실 걸세. 부모로서는 죽어서 이별하는 것도 애통해 하실텐데, 하물며 생이별 따위를 생각하겠는가? 출가를 허락할 리가 없지 않은가.”

친구들의 이런 설득에도 라타파라는 아무런 대꾸를 하지 않았다. 다시 친구들은 거듭거듭 그를 설득하고자 했지만 라타파라는 완강히 침묵한 채 아무런 대꾸도 움직임도 보이지 않았다. 하는 수 없이 친구들은 라타파라의 부모에게로 가서 이렇게 말했다.

“아버님, 어머님! 라타파라는 땅바닥에 그대로 드러누워 있습니다. 이대로 출가를 허락하지 않는다면, 그는 자리에 드러누운 채 그대로 죽음을 맞이할 것입니다. 그러니 그의 출가를 허락해 주십시오. 만약 허락하신다면 출가한 다음에도 원하기만 하면 라타파라를 만날 수 있지 않겠습니까? 게다가 설령 그가 집을 버리고 출가하더라도 출가생활에 흥미를 느끼지 못한다면 달리 어떤 길이 있겠습니까? 반드시 집으로 돌아올 것입니다. 그러니 부디 라타파라의 출가를 허락해 주십시오."

"그럼, 내 그대들의 말대로 아들의 출가를 허락하겠네. 그러나 출가하더라도 우리를 만나러 와준다는 조건이네."

친구들은 라타파라에게로 가서 부모님의 허락을 전해주었다.

"라타파라! 일어나게. 부모님께서 자네의 출가를 허락하셨네. 하지만 자네는 출가하더라도 가끔 부모님을 만나러 와야 하네."

부모의 허락을 받은 라타파라는 자리를 털고 일어났다. 그는 체력을 되찾은 뒤에 세존의 처소로 찾아갔다. 그리고 세존께 인사드리고 한쪽에 앉아 이렇게 여쭈었다.

"스승이시여! 저의 부모는 출가를 허락해 주셨습니다. 세존이시여! 저를 출가하게 해주소서."

그는 세존의 아래에서 출가하여 비구의 자격을 얻었다.

성자[阿羅漢]가 되다

한편 세존께서는 마음껏 투라코티타에서 머무시다가 존자 라타파라가 비구의 자격을 얻은 지 보름 뒤에 쉬라바스티(사위성)를 향해 떠나셨다. 쉬라바스티의 이곳 저곳을 둘러보신 뒤 그곳 제타숲에 있는 기원정사에 머무셨다.

한편 존자 라타파라는 다른 사람들로부터 떨어져 홀로 열심히 정진하면서, 굳센 의지를 갖고 지내고 있었다. 이윽고 선남자들이 법답게 출가하여 지향하는 것, 즉 위없이 청정한 생활의 궁극을 현세에서 스스로 알고 깨달아 체득하였다.

삶의 의미는 완성되었다. 깨끗한 수행의 성취로 할 일을 마쳤다. 더 이상 괴로움에 빠지지 않으리라. 이렇게 존자 라타파라는 아라한이 되었다.

생가를 방문하다

한편 아라한이 된 존자 라타파라는 세존이 계신 곳으로 찾아가 인사를 올리고 한쪽에 앉아 이렇게 여쭈었다.

"존귀하신 스승이시여! 허락해 주신다면 속가의 부모를 만나러 가고자 합니다."

세존께서는 존자 라타파라의 마음을 헤아려, 그가 수행을 포기하고 다시 세속생활로 되돌아가지 않을 것이라는 것을 아시고 허락하셨다.

"그럼 라타파라여! 좋은 때에 가도록 하라."

존자 라타파라는 자리에서 일어나 세존께 인사드리고 오른쪽으로 도는 예를 표하고, 와구(臥具)와 좌구(坐具)를 챙기고, 발우와 가사를 갖춘 뒤 투라코티타를 향해 유행을 떠났다.

여기저기를 유행하고 투라코티타에 들어가, 코라비야왕의 사슴동산에 머물렀다.

어느 날 존자 라타파라는 아침에 옷을 입고, 발우와 가사를 갖춘 뒤 탁발하기 위해 투라코티타로 들어갔다. 그리고 집집마다 탁발을 하다가 자신의 아버지 집으로 다가갔다. 그때 그의 아버지는 수레를 세워 두는 곳에서 머리를 깎고 있다가, 멀리서 존자 라타파라의 모습을 보자 자신의 아들인 줄도 모르고 이렇게 말했다.

"저런 머리 깎은 사문 때문에 내 사랑스러운 외아들이 출가해버렸다."

존자 라타파라는 자신의 아버지가 그러한 이유로 보시를 거부하는 것도 모른 채 모욕만 당하고 물러날 참이었다. 때마침 그의 집에 하녀가 지난 밤에 먹고 남긴 죽을 버리러 나왔다. 그래서 라타파라는 그녀에게 말했다.

"그것을 버리려면, 이 발우 속에 넣어주지 않

겠소?”

그녀는 남은 죽을 그의 발우에 쏟아 부었다. 발우를 내민 손과 그 목소리를 무심코 듣던 하녀는 바로 라타파라임을 알아차리고 그의 어머니에게로 달려가 이렇게 알렸다.

“마님, 지금 문 밖에 라타파라님이 오셨습니다.”

“내 아들 라타파라가 왔다고? 오! 만약 그것이 사실이라면, 너를 하녀의 신분 따위로는 두지 않으리라.”

그녀는 남편이 있는 곳으로 달려가 그 소식을 알렸다.

“여보, 기쁜 소식이에요. 라타파라가 돌아왔다고 하는군요.”

그때 존자 라타파라는 벽에 기대어 하녀가 버리려던 죽을 먹고 있었다. 그런 라타파라 곁으로 그의 아버지가 달려와서 말했다.

“라타파라야! 너는 어찌하여 어제 저녁에 먹다 남긴 죽을 먹고 있느냐? 제 집을 찾아왔으면 당연히 안으로 들어왔어야 할 것을…."

"거사여! 집을 버리고 출가한 저에게 어디 집이 있겠습니까? 저는 집 없는 몸입니다. 거사여! 저는 당신의 집에 도착했지만 보시도 거절의 말도 받지 못하고 오직 받은 것은 업신여김뿐입니다."

"오, 라타파라야! 어서 집으로 들어가자."

"거사여! 그만두시오. 오늘은 이미 공양을 끝냈습니다."

"그럼 라타파라야! 내일 공양을 받겠다고 약속해다오."

존자 라타파라는 묵묵히 있었다. 그것은 승낙을 의미하는 침묵이었다.

아버지는 라타파라가 승낙했음을 알고 집으로 돌아와 금화와 금덩어리를 태산처럼 높이 쌓아올리고 돗자리로 덮었다. 그리고 나서 존자 라타파라의 옛날 아내들에게 명했다.

"내 아들은 장신구를 치장한 너희들을 매우 좋아했느니라. 자! 장신구로 치장하여라."

날이 밝자 아버지는 갖가지 음식을 준비하고 난 뒤 존자 라타파라에게 알렸다.

"때가 되었다. 라타파라야! 공양준비가 다 되었다."

그러자 존자 라타파라는 아침에 옷을 입고, 발우와 가사를 갖추고 아버지 집에 찾아가 마련된 자리에 앉았다. 그의 아버지는 돗자리를 열어 금화와 금덩어리를 보여 주면서 말했다.

"라타파라야! 이것은 너의 어머니 재산이다. 이 밖에 나의 것도 네 할아버지 것도 있다. 이 재산을 맘껏 쓰고 즐기면서 충분히 공덕을 쌓을 수 있다. 라타파라야! 수행을 포기하고 세속생활로 돌아오너라. 집으로 돌아와서 이렇게 많은 재산을 맘껏 쓰며 인생을 즐기고 공덕을 쌓아라."

"거사여! 제 말대로 따라 주시겠습니까? 만일 제 말대로 따라 주신다면, 부디 이 태산 같은 금화와 금덩어리를 수레에 실어 갠지스 강 한가운데 던져 버려 주시오. 이런 재산이 원인이 되어 당신에게는 근심·슬픔·괴로움·걱정·번뇌가 생기는 것입니다.”

그때 라타파라의 옛 아내들은 그의 두 발에 매달리며 애원했다.

“당신은 대체 어떤 천녀(天女)의 유혹에 이끌렸기에 집을 버리고 출가하여 수행하시는 것입니까?”

“부인들이여! 청정한 수행생활을 하는 것은 천녀 때문이 아니오.”

“라타파라님! 저희들을 ‘부인들’이라 부르지 마소서.”

이렇게 말하면서 여인들은 그 자리에서 실신하여 쓰러졌다. 그러자 라타파라는 아버지에게 말했다.

“거사여! 보시를 하려거든 어서 공양을 주시오. 더 이상 나를 곤란하게 하지 마시오.”

“라타파라야! 어서 이 음식을 먹어라. 이미 준비는 다 되어 있었다.”

아버지는 손수 존자 라타파라의 시중을 들면서 맛있는 온갖 음식을 끝까지 먹게 했다. 라타파라

는 공양을 끝내자 발우에서 손을 떼고 자리에서
일어나 시를 읊었다.

　보라, 허식과 형상을
　그것은 고름덩어리, 만들어진 것
　병든 것, 많은 미망을 품은 것
　이곳의 확실한 주인은 없다.

　보라, 마니주나 귀고리로 장식된 모습을
　그것은 뼈와 살로 덮인 것
　여러 가지 옷을 입어 아름답게 보일 뿐.

　붉은 염료로 화장한 얼굴은
　어리석은 자를 유혹하기에는 충분하겠지만
　피안을 구하는 자를 유혹하진 못하리.

　여덟 갈래의 머리와 안쟈나기름을 바른 눈은
　어리석은 자를 유혹하기에는 충분하겠지만
　피안을 구하는 자를 유혹하진 못하리.

새롭고 예쁜 안쟈나기름병처럼 장식된 더러운 몸은
어리석은 자를 유혹하기에는 충분하겠지만
피안을 구하는 자를 유혹하진 못하리.

사냥꾼이 먹이로 덫을 쳐도
사슴은 그곳에 가지 않고 먹이를 다 먹는다.
사냥꾼의 한탄은 아랑곳하지 않고
의연히 그 자리를 떠난다.

존자 라타파라는 선 채로 이 시를 노래한 뒤
코라비야왕의 사슴동산으로 돌아와, 하루의 휴식
을 취하기 위해 어떤 나무 아래 앉았다.

코라비야왕, 네 가지 쇠망을 말하다

마침 그때 코라비야왕은 사냥꾼에게 일렀다.
"사슴동산을 청소하여라. 아름다운 경치를 보
면서 동산을 노닐고자 하노라."

“분부대로 하겠습니다. 대왕마마!”

사냥꾼은 사슴동산을 청소하기 시작했다. 그러다가 휴식을 위해 나무 아래에 앉아 있는 존자 라타파라를 발견하였다. 청소를 끝마친 사냥꾼은 코라비야왕의 처소에 돌아와 이렇게 말했다.

“대왕마마! 사슴동산의 청소는 끝마쳤습니다. 그런데 실은 그곳에 대왕마마께서 자주 칭찬하시던 훌륭한 집안의 아들인, 라타파라님께서 어떤 나무 아래 앉아 휴식을 취하고 계십니다.”

“그런가? 그렇다면 동산에서 노니는 것은 그만두리라. 그 대신 라타파라님을 찾아뵈러 가겠다.”

코라비야왕은 준비한 모든 음식을 라타파라 존자에게 바치고자 훌륭한 수레를 준비하게 하여, 시종들을 거느리고 왕의 위엄을 떨치면서 존자 라타파라를 만나기 위해 투라코티타를 출발하였다.

수레가 다닐 수 있는 곳까지 수레를 타고 가서는 따라온 모든 시종들을 물러가게 한 후 홀로 존자 라타파라의 처소까지 걸어갔다. 친애와 경의로 충만한 인사를 건넨 뒤에 한쪽에 앉아 말했다.

"라타파라님! 이 코끼리 안장에 앉으십시오."

"대왕이여! 그대나 어서 자리에 앉으시오. 나는 이미 나의 자리에 앉아 있기 때문이오."

그러자 왕은 준비된 자리에 앉아 이렇게 말했다.

"라타파라님! 이 세상에는 네 가지 쇠망이라는 것이 있습니다. 그 네 가지 쇠망에 맞닥뜨렸을 때 사람은 머리와 수염을 깎고 누런 옷을 입고 집을 떠나 출가하는 경우가 있습니다. 네 가지 쇠망이란, 바로 늙음에 의한 쇠망, 병에 의한 쇠망, 재산의 쇠망, 그리고 친족의 쇠망입니다.

먼저 늙음에 의한 쇠망이란, 예를 들면 오랜 세월을 보내는 동안 늙고 병들고 인생의 황혼을 맞이하는 사람이 있다고 합시다. 그는 이렇게 생각합니다.

'나는 오랜 세월을 살아와 늙어서 인생의 황혼을 맞이하였다. 이제 지금부터 재산을 얻거나 증식하는 것은 쉽지 않다. 차라리 머리와 수염을

깎고 누런 옷을 입고 집을 떠나 출가하자.'

그리하여 그는 실제로 출가를 합니다. 이것이 늙음에 의한 쇠망이라는 것입니다.

그러나 당신은 아직 젊으며, 머리카락은 칠흑같이 새까맣고 청춘을 구가하는 청년으로서 늙음에 의한 쇠망 따위는 없습니다.

그런데 도대체 무엇을 알고, 무엇을 보았으며, 무엇을 들었기에 출가하셨습니까?

다음은 병에 의한 쇠망입니다. 병이 심하여 고통스러운 사람이 있어 그는 이렇게 생각합니다.

'나는 병이 심하여 괴롭다. 지금부터 재산을 얻거나 증식하는 것은 쉽지 않다. 차라리 머리와 수염을 깎고 가사를 입고 집을 떠나 출가하자.'

그는 이렇게 생각하고 나서 실제로 출가를 합니다. 이것이 병에 의한 쇠망이라는 것입니다.

그러나 지금 당신은 병들지도 않았고 그에 따른 고통도 없으며, 소화기능이 건강하고 체온도 알맞으니 병에 의한 쇠망 따위는 없습니다.

그런데 도대체 무엇을 알고, 무엇을 보았으며, 무엇을 들었기에 출가하셨습니까?

다음은 재산의 쇠망입니다. 많은 재보와 재산을 지닌 풍요한 사람이 차례로 그 재산을 손실했을 때 그는 이렇게 생각합니다.

'나의 재산은 차례로 줄어갔다. 지금부터 재산을 얻거나 증식하는 것은 쉽지 않다. 차라리 머리와 수염을 깎고 가사를 입고 집을 떠나 출가하자.'

그리하여 그는 실제로 집을 떠나 출가를 합니다. 이것이 재산의 쇠망입니다.

그러나 투라코티타에서 제일 가는 명문집안의 아들인 당신에게 이런 쇠망 따위는 없습니다.

그런데 도대체 무엇을 알고, 무엇을 보았으며, 무엇을 들었기에 출가하셨습니까?

다음은 친족의 쇠망입니다. 친구나 친족이 많았던 사람이 차례로 그들을 잃어버렸을 때 그는 이렇게 생각합니다.

'나에게는 많은 친구와 친족이 있었지만 차례

로 그들을 잃어버렸다. 그러니 지금부터 재산을 얻거나 증식하는 것은 쉽지 않다. 차라리 머리와 수염을 깎고 가사를 입고 집을 떠나 출가하자.'

그리하여 그는 실제로 집을 떠나 출가를 합니다. 이것이 친족의 쇠망입니다.

그러나 투라코티타에서 많은 친구와 친족이 있는 당신에게 이런 쇠망 따위는 없습니다.

그런데 도대체 무엇을 알고, 무엇을 보았으며, 무엇을 들었기에 출가하셨습니까?

라타파라님! 이 세상에는 이 네 가지의 쇠망이 있고, 그것에 부딪힐 때 간혹 출가하는 일이 있습니다. 그러나 당신은 이 가운데 어느 하나도 갖고 있지 않습니다. 그런데 도대체 무엇을 알고 무엇을 보고, 무엇을 들었기에 출가하셨습니까?"

라타파라, 네 가지 가르침을 설하다

"대왕이여! 저 세존, 아시는 이, 보시는 이, 존

경받을 만한 이, 바르게 깨달은 이께서는 이미 이 네 가지 가르침을 설하였습니다.

나는 그것을 알고 보고 듣고 출가하였습니다. 그러므로 네 가지 가르침을 설하겠습니다.

첫번째는 '이 세상은 영원하지 않고 모두 죽음으로 나아간다'라는 가르침입니다.

두번째는 '이 세상에는 보호받을 만한 것도, 의지할 만한 것도 없다'라는 가르침입니다.

세번째는 '이 세상에는 소유할 것이 없고, 모든 것을 버리고 떠나야만 한다'라는 가르침입니다.

네번째는 '이 세상에는 싫어할 것도 만족할 것도 없는 데 갈애(渴愛)의 노예가 되어 있다'라는 가르침입니다.

이상이 저 세존, 아시는 이, 보시는 이, 존경받을 만한 이, 바르게 깨달은 이의 네 가지 가르침입니다."

"라타파라님! 당신은 '이 세상은 영원하지 않아 모두 죽음으로 나아간다'고 하였는데, 그것은 어떤 의미입니까?"

"대왕이여, 어떻습니까? 당신은 스무 살 무렵부터 코끼리와 말, 전차(戰車)를 자재롭게 부리며 활이나 칼을 능숙하게 다루고, 강한 다리와 팔을 지녔으며 유능하며, 전쟁에 뛰어났었지요? 그렇습니까?"

"라타파라님, 그렇습니다. 이따금 저는 제 자신이 신통력을 지니고 있는 것처럼 여겨졌고 힘에 의해서도 저와 필적할 만한 사람은 보지 못했습니다."

"대왕이여, 당신은 지금도 그때처럼 강한 다리와 팔을 지니고 유능하며 전쟁에 뛰어납니까?"

"아닙니다. 라타파라님! 바야흐로 많은 세월이 지나 이제 저는 늙어 인생의 황혼을 맞이했습니다. 이미 나이 80, 생각대로 다리가 움직여지지 않을 때도 있습니다."

"대왕이여! 저 세존께서 '이 세상은 영원하지 않아 모두 죽음으로 나아간다'고 설하셨던 것은 바로 그러한 것입니다. 나는 그것을 알고 보고 들어서 출가한 것입니다."

"훌륭하십니다. 놀랍습니다. 라타파라님의 가르침과 같이 바로 이 세상은 영원하지 않고 모두 죽음으로 나아갑니다.

다음에 라타파라님! 이 왕가(王家)에는 코끼리 부대·말부대·전차부대·보병부대가 있습니다.

그들은 제가 어려운 상황에 처해 있을 때 저를 보호해 주고 있습니다. 그런데 당신은 '이 세상에는 보호해 주는 것도 의지할 것도 없다'고 말씀하셨습니다. 그것은 어떤 의미입니까?"

"대왕이여! 어떻습니까? 당신에게 혹 지병이라도 있지는 않습니까?"

"예, 라타파라님! 저는 풍병(風病)이라는 지병을 앓고 있습니다. 그래서 친구와 친족들이 혹시나 제가 세상을 떠날까봐 제 베개 머리에서 서 있습니다."

"대왕이여! 어떻습니까? 그럴 때 친구와 친족

들에게 '그대들은 나의 고통을 서로 나누어 가지
자'고 말할 수 있습니까? 아니면 당신 홀로 그
고통을 받아야 합니까?"

"고통을 서로 나누어 가질 수는 없습니다. 나
홀로 그 고통을 받아야만 합니다."

"대왕이여! 저 세존께서 '이 세상에는 보호받을
것도 의지할 것도 없다'고 설하셨던 것은 바로
이러한 것입니다. 나는 그것을 알고 보고 들었기
에 출가하였습니다."

"훌륭하십니다. 놀랍습니다. 라타파라님의 가
르침과 같이 바로 이 세상에는 보호받을 것도 의
지할 것도 없습니다.

다음에 라타파라님! 이 왕가에는 많은 금화와
금덩어리가 땅 속에도 집안에도 있습니다. 그런
데 당신은 '이 세상에는 소유할 것이 없으니 모
든 것을 버리고 떠나야만 한다'고 말씀하셨습니
다. 그것은 어떤 의미입니까?"

"대왕이여, 당신은 지금 다섯 가지 쾌락[五欲]⁸⁾

을 누리고 있습니다. 그러나 내세에서도 그럴 수 있다고 단정할 수 있겠습니까? 언젠가는 재산을 다른 사람에게 물려주고 당신은 스스로 지은 행위에 따라 이 세상을 떠나게 됩니다.”

“라타파라님! 저는 지금 다섯 가지 쾌락을 즐기고 있지만, 내세에서도 그것이 이루어질 수 있다고 말할 수는 없습니다. 그러나 언젠가는 이 재산을 모두 다른 사람에게 물려주고 저는 스스로 지은 행위에 따라 이 세상을 떠나야 할 것입니다.”

“대왕이여! 세존께서 ‘이 세상에는 소유라는 것이 없고 모든 것을 버리고 떠나야만 한다’고 설하셨던 것은 바로 그러한 까닭입니다. 나는 그것을 알고 보고 들었기 때문에 출가한 것입니다.”

“훌륭하십니다. 놀랍습니다. 라타파라님의 가르침과 같이 바로 이 세상에는 소유라는 것이 없고 언젠가는 모두를 버리고 떠나야만 합니다.

다음에 라타파라님! 당신께서 ‘이 세상에는 싫어할 것도 만족해 할 것도 없는 데 갈애(渴愛)의 노예가 되어 있다'고 말씀하셨습니다. 그것은 어떤 의미입니까?"

"대왕이여, 어떻습니까? 당신의 쿠루국(國)은 번영하고 있습니까?"

"번영하고 있습니다."

"만약 믿을 만한 어떤 남자가 동쪽에 와서, '대왕마마! 저는 동쪽에서 왔는데, 그곳에 풍요롭고 인구가 많은 큰 나라를 보았습니다. 그곳에는 많은 코끼리부대·말부대·전차부대·보병부대가 있고, 또 많은 금덩어리와 보물이 있으며 게다가 많은 여인들도 있습니다. 대왕마마! 이 정도 병력이라면 충분히 그 나라를 정복할 수 있습니다. 대왕마마! 정복하소서'라고 말한다면 당신은 어떻게 하겠습니까?"

"저는 그 나라를 정복하여 다스릴 것입니다."

"그런데 대왕이시여! 또 다른 어떤 믿을 만한 남자가 서쪽에서도 오고 북쪽에서도 오고 남쪽에서도 오고 바다 건너에서도 와 같은 말을 한다면 어떻게 하겠습니까?”

“저는 그들 나라를 모두 정복하여 다스리겠습니다.”

“대왕이여! 저 세존, 아시는 이, 보시는 이, 존경받을 만한 이, 바르게 깨달은 이께서는 ‘이 세상에는 싫어할 것도 만족할 것도 없는 데, 갈애의 노예가 되어 있다’고 설하셨던 것은 바로 그러한 것입니다. 나는 그것을 알고 보고 들었기에 출가한 것입니다.”

“훌륭하십니다. 놀랍습니다. 라타파라님의 가르침과 같이 바로 이 세상에는 싫어할 것도 만족할 것도 없는 데, 갈애의 노예가 되어 있습니다.”

이렇게 말한 다음, 존자 라타파라는 거듭 말했다.

세상에 재산 있는 이들을 보자.
그들은 재산을 얻더라도
어리석음 때문에 베풀려 하지 않네.
욕심 많은 이들은 재산을 모아

끝없이 늘리면서 모든 욕망을 추구하리.

왕은 지상을 정복하고,
바닷가에 이르기까지 대지를 제패하여 다스리면서,
바다 이편에 만족하지 않고
저편까지도 추구하려 하네.

왕도 다른 많은 사람들도
갈애를 떠나지 못한 채 죽음에 이르네.
소망을 이루지 못한 채 육체를 버리네.
이 세상에서는 모든 욕망을 이룰 수 없기 때문이라네.

친족들은 머리를 풀어헤치고 그의 주검 앞에서,
'아! 슬프도다. 영원토록 살 수 있다면
얼마나 좋으리' 하며 애도하네.
흰 수의를 입히고 장작을 쌓아 태우네.

그는 재산을 버리고 한 벌의 흰 수의와 함께
꼬챙이에 뒤적뒤적 태워지네.

죽은 이가 의지할 만한 것은 하나도 없나니.
아무리 친족이나 친구라 해도

상속인이 그의 재산을 가지고 떠나네.
그러나 생명 있는 자는
스스로 지은 행위에 따라 떠나리.
재산도 처자도 다스리던 땅도
어느 것 하나, 죽은 자를 따르지 않네.

장수(長壽)는 재산으로 살 수 없고
늙음은 부(富)로써 막을 수 없나니
현자는 말하네
"인생은 짧고 덧없는 것. 변하기 쉬운 것"이라고.

부유한 자도 가난한 자도 죽음을 맞이하네.
어리석은 이도 현명한 이도 죽음을 맞이하네.
어리석은 이는 어리석음 때문에
느닷없이 죽음의 습격을 받고 쓰러지지만
현명한 이는 당황하지 않는다.

그러므로 지혜야말로 재산보다 뛰어나고
그로 인해 사람은 이 세상에서 완성에 도달하리.
미완성의 사람은 어리석기 때문에
갖가지 삶에서 악한 일을 하리.

사람은 거듭 윤회에 빠져
모태에 깃들거나 다른 세계에 태어난다.
지혜 없고 자신밖에 모르는 자는
모태에 깃들거나 다른 세계에 태어난다.

훔치려다 붙잡힌 도둑이 그 벌을 받듯이
사람은 죽은 다음 다른 세계에서
스스로의 행위 때문에 죄를 받는다.

욕망은 다채롭고 감미로우며 흡족하며,
가지각색으로 마음을 어지럽힌다.
왕이여! 나는 욕망의 대상에 있는 번잡함을 보았네.
그리하여 출가하였다네.

젊은 청년도 늙은 노인도
육체가 무너지면 생명을 잃어버린다.
마치 나무에서 열매가 떨어지듯이
왕이여! 나는 이것을 보았네.
그래서 출가하였다네.
진실한 사문, 그만이 승리하리.

4. 도적 앙굴리마라의 귀의
(앙굴리마라經)

앙굴리마라의 귀의

이와 같이 나는 들었다.

한때 세존께서 쉬라바스티(사위성) 제타숲에 있는 기원정사에 머무셨다.

그때 코살라국 프라세나짓왕의 영지에 앙굴리마라라는 이름의 도둑이 살고 있었다.

그는 어쩌나 잔혹하였던지 그 손에 피가 묻지 않은 때가 없었으며 살육과 파괴를 일삼음은 물론이요, 생명에 대한 연민이라곤 추호도 갖지 않는 그런 극악한 자였다. 그로 인해 지방이건 도시이건 사람이 살 수 없는 곳으로 폐허화되고 말았다. 게다가 그는 사람들을 차례로 살해하고 난 뒤 손가락을 잘라서 목걸이를 만들어 몸에 걸치고 다녔던 것이다.

한편 세존께서는 오전 중에 의복을 갖추고 발우와 옷을 지니고 쉬라바스티에 탁발하러 들어가셨다.

쉬라바스티에서 걸식을 마치신 후 오후에 탁발에서 돌아오시는 길에 도둑 앙굴리마라가 있는 거리로 들어가셨다.

그때 소치는 목동을 비롯한 모든 사람들이 세존께서 앙굴리마라가 있는 거리로 들어가시는 것을 보았다. 그들은 세존께 이와 같이 사뢰었다.

"세존이시여! 이 길로 들어가지 마소서. 이 길에는 잔혹하기 그지없는 앙굴리마라라는 이름의 도둑이 살고 있습니다. 그는 사람을 차례로 살해한 뒤에 손가락을 잘라서 목걸이를 만들어 몸에 걸치고 있습니다. 세존이시여! 사람들이 열 명, 스무 명씩 무리를 지어 이 길을 들어갔지만 그들도 모두 앙굴리마라의 손아귀에 붙잡혔습니다."

이와 같이 만류하였지만 세존께서는 묵묵히 앞으로 나아가셨다. 사람들은 거듭거듭 만류하였지만, 세존께서는 그들의 만류에도 불구하고 묵묵히 거리 안으로 들어가셨다.

그때 마침 도둑 앙굴리마라는 세존께서 걸어오시는 것을 보았다. 그는 이렇게 생각하였다.

'참으로 불가사의한 일이다. 참으로 놀라운 일이다. 이 길에 수십 명의 사람들이 무리지어 들어왔지만, 모두 나의 손아귀에 붙잡혔다. 그런데 이 사문은 동행도 없이 혼자서 사람들의 만류도 뿌리치고 오는 것 같구나. 자, 이제 저 사문의 목숨을 빼앗도록 하자.'

앙굴리마라는 칼과 방패에다 활과 화살까지 들고 세존의 뒤를 바싹 뒤쫓았다. 그러나 세존께서 불가사의한 힘을 발하셨기 때문에 앙굴리마라는

온 힘을 다해 쫓아갔지만 묵묵히 걸어가시는 세
존을 따라잡을 수 없었다. 그러자 앙굴리마라는
생각하였다.

'참으로 불가사의한 일이다. 참으로 놀라운 일
이다. 나는 이전에 달리는 코끼리도 따라잡았고,
달리는 말도 따라잡았고, 달리는 말이며 수레, 사
슴까지도 따라잡았다. 그러나 지금 나는 온 힘을
다해 쫓아가지만 보통 걸음으로 걸어가고 있는 사
문을 따라갈 수 없으니 이 얼마나 신기한 일인가!'

그는 마침내 쫓아가기를 포기한 채 그 자리에
멈추어 서서 이와 같이 말했다.

"멈추어라, 사문이여! 그 자리에 멈추어라, 사
문이여!"

"앙굴리마라여! 그대가 멈추어라. 나는 멈추어
있다."

앙굴리마라는 세존의 그런 대답을 이해할 수가
없었다.

'샤카족 아들인 이 사문들은 진실을 말하고 진

실된 약속을 하는 사람들이다. 그러나 이 사문은 앞으로 걸어가고 있으면서 자신은 멈추어 있으니 날보고 도리어 멈추라고 말하고 있다. 나는 이 사문에게 물어보리라.'

앙굴리마라는 다시 세존께 말을 걸었다.

"사문이여! 그대는 앞으로 걸어가고 있으면서도 '나는 멈추어 있다'고 말하며, 도리어 멈추어 있는 내게 '멈추어라'고 말했다. 사문이여! 그대에게 그 이유를 묻나니, 어찌하여 그대가 멈춘 것이고 내가 멈추지 않은 것인가?"

"앙굴리마라여! 나는 항상 생명 있는 것에 대해 포악한 몽둥이를 버리고 멈추어 있다. 그러나 그대는 생명의 소중함을 잊고 있다. 그러니 나는 멈추어 있고 그대는 멈추어 있지 않았다고 하노라."

"참으로 오랜 동안 존경받아온 위대한 선인께서 나를 위해 이와 같이 사문의 모습으로 마하바나(大林)에 드셨구나. 그러니 나는 당신의 가르침을 듣고 이제부터 사악함을 버리리라."

이리하여 앙굴리마라는 칼과 무기를 낭떠러지 아래로 내던져 버렸다. 그는 마침내 세존의 발 아래 엎드려 출가하기를 원했다.

신들을 포함한 세계의 스승이시며, 위대한 선인(仙人), 연민 깊은 세존께서는 그때 그에게 '오너라 비구여!'라고 말씀하셨다.

바로 이것이 앙굴리마라가 비구가 된 이유였다.

프라세나짓왕의 방문

그리하여 세존께서는 존자 앙굴리마라를 도반 삼아 함께 쉬라바스티를 향해 유행을 떠나셨다.

마침내 쉬라바스티에 도착하신 세존께서는 쉬라바스티 제타숲에 있는 기원정사에 머무셨다.

한편 그 무렵 코살라국 프라세나짓왕의 궁전 앞에는 많은 사람들이 모여들어 이렇게 외치고 있었다.

"대왕마마! 폐하의 영지에는 잔인하기 이를 데 없이 살육과 파괴를 일삼으며, 생명에 대한 연민을 조금도 갖지 않은 앙굴리마라라는 이름의 도둑이 있습니다.

그는 사람들을 차례로 살해하고서는 손가락으로 목걸이를 만들어 몸에 걸치고 있습니다.

그로 말미암아 마을도 마을이 아니고, 도시도 도시가 아니며, 지방도 지방이 아닌 황폐한 땅이 되어버렸습니다. 대왕께서는 그 도둑을 체포하셔야만 합니다."

그러자 코살라국의 프라세나짓왕은 이른 아침에 5백 마리의 말과 함께 많은 병사를 거느리고 나와 동산으로 출발하였다. 수레가 갈 수 있는 곳까지 수레를 타고 간 후 내려서 세존 계시는 곳까지 걸어 들어갔다. 가까이 다가가 절을 하자 한쪽에 앉아 계신 세존께서는 왕에게 이와 같이 말씀하셨다.

"대왕이여! 그대는 지금 마가다국의 빔비사라왕 때문에 그토록 격분하고 있는가, 그렇지 않으면 바이샬리 리챠비족 때문인가, 또 그것도 아니라면 다른 적대시하는 왕 때문인가?"

"존귀하신 스승이시여! 제가 격분하고 있는 것은 마가다국의 빔비사라 때문도 아니고, 바이샬리의 리챠비족 때문도 아니며, 다른 적대시하는 왕들 때문도 아닙니다.

세존이시여! 저의 영지에는 잔인하기 이를 데 없는 앙굴리마라라는 도둑이 와 있습니다. 그 도둑은 사람들을 차례로 죽인 후에 손가락을 잘라서 목걸이를 만들어 몸에 걸치고 있습니다.

존귀하신 스승이시여! 저는 그를 체포하려는 것입니다."

"대왕이여! 만약 앙굴리마라가 머리와 수염을 깎고, 승복을 걸치고 집을 나와 출가사문의 생활에 들어가, 생명을 죽이지 않고, 주지 않는 것을 갖지 않으며, 거짓말하지 않고, 하루에 한 번만 공양을 하며, 청정한 수행을 닦고 계율을 지키는 훌륭한 자질을 가진 사람이라면 당신은 그를 어떻게 대하겠는가?"

"존귀하신 스승이시여! 만약 앙굴리마라가 그런 사람이라면 우리는 그를 찾아가 문안을 올릴 것이며, 그가 다가오면 자리에서 일어나 예를 갖추고 자리를 청할 것입니다. 뿐만 아니라 의복과 발우·좌와구(坐臥具)·약품 등의 필수품을 제공하고 그를 위해 적합한 보호를 해줄 것입니다.

하지만 앙굴리마라는 계율을 깨는 행위를 일삼으며 사악한 성품을 지닌 자입니다. 그런 그가 어떻게 계율에 의한 자제력이 있을 수 있겠습니까?"

그때 존자 앙굴리마라는 세존 곁에 앉아 있었다. 세존께서는 오른팔을 내밀면서 코살라국 프라세나짓왕에게 이렇게 일러주셨다.

"대왕이여! 이 사람이 바로 앙굴리마라요."

왕은 그토록 극악무도한 앙굴리마라가 바로 옆에 있는 사람임을 깨닫자, 두려움에 온몸이 빳빳하게 굳고 머리털이 곤두섰다.

세존께서는 왕이 두려움에 사로잡혀 있음을 아시고 이렇게 이르셨다.

"두려워하지 마오. 대왕이여! 두려워하지 마오. 그대가 두려워할 것은 없소."

코살라국 프라세나짓왕은 세존의 말씀에 두려움을 억누르고 존자 앙굴리마라가 있는 곳으로 갔다. 가까이 가서 이렇게 물었다.

"존자여! 당신이 예전의 앙굴리마라였습니까?"

"그렇소."

"당신의 아버지와 어머니는 어떤 성씨였습니까?"

"아버지는 가가, 어머니는 만타니입니다."

"존자여! 가가성을 지녔으며 만타니의 아들인 그대는 부디 마음 편안히 하십시오. 저는 그런 당신을 위해 의복과 발우·좌와구·약품 등의 필수품을 필요한 만큼 제공하겠습니다."

그러나 그때 존자 앙굴리마라는 이미 산 속에 사는 사람, 항상 걸식하는 사람, 누더기를 기운 옷을 입은 사람으로서 세 가지 옷만을 입는 사람이 되어 있었기에 왕에게 이렇게 말했다.

"충분합니다. 대왕이여! 나에게는 옷이 갖추어

져 있습니다.”

다시 코살라국 프라세나짓왕은 세존이 계시는 곳으로 갔다. 가까이 가서 세존께 절을 하고 한 쪽에 앉아서 세존께 이와 같이 여쭈었다.

“존귀하신 스승이시여! 불가사의한 일입니다. 놀라운 일입니다. 세존께서는 다스릴 길 없는 사람을 능히 다스리는 분이시며, 청정하지 않은 이들을 청정하게 하는 분이시고, 열반으로 나아가지 않는 이들을 그곳으로 인도하는 분이십니다.

우리들이 무기로써 다스리지 못했던 이를 세존께서는 무기에 의하지 않고 다스렸습니다.

존귀하신 스승이시여! 이제 저희들은 물러가겠습니다. 세속에는 해야만 할 일이 산더미처럼 쌓여 있습니다.”

“대왕이여! 지금 당신이 그 때라고 생각한다면 물러가도 좋소.”

그러자 코살라국 프라세나짓왕은 자리에서 일어나 세존께 인사를 하고 오른쪽으로 도는 예를 표한 뒤 그곳을 떠나갔다.

난산(難産)하는 여인과 앙굴리마라

한편 존자 앙굴리마라는 아침에 옷을 입고, 발우와 가사를 들고, 쉬라바스티로 걸식하러 들어갔다. 쉬라바스티에서 차례로 걸식을 하면서 걷고 있을 때, 한 여인이 출산을 앞두고 터질 듯한 배를 감싸안고 고통으로 신음하고 있는 것을 보았다. 그 광경을 본 그는 이와 같이 생각했다.

'태어나는 존재들이란 이 얼마나 번뇌로운 것인가?'

존자 앙굴리마라는 걸식을 마친 후 돌아와 세존이 계신 곳으로 가까이 가서 세존께 절을 하고 한쪽에 앉았다. 한쪽에 앉은 존자 앙굴리마라는 세존께 여쭈었다.

"존귀하신 스승이시여! 저는 아침에 걸식을 하려고 쉬라바스티에 들어갔습니다. 차례로 걸식을

하고 다닐 때 한 여인이 난산(難産)의 고통을 겪
고 있는 것을 보았습니다. 그 광경을 보고 나서
저는 '태어나는 존재들이란 이 얼마나 번뇌로운
것인가' 생각하였습니다."

"자, 앙굴리마라야! 너는 쉬라바스티로 가라.
가서 그 여인에게 이렇게 말하라. '여인이여! 나
는 태어나서부터 지금까지 살아 있는 자의 목숨
을 고의로 빼앗은 적이 없소. 그러므로 그 진실
을 근거로 그대와 태아에게 반드시 안락함이 있
을 것이오'라고."

"세존이시여! 그것은 저의 의도적인 거짓말이
되는 것입니다. 존귀하신 스승이시여! 저는 고의
로 많은 생명을 빼앗았기 때문입니다."

"자, 앙굴리마라야! 너는 쉬라바스티로 가라.
가서 그 여인에게 이렇게 말하라. '여인이여! 나
는 성스러운 삶을 얻은 이후 지금까지 고의로 살
아 있는 자의 생명을 빼앗은 적이 없소. 그러므
로 그 진실을 근거로 그대와 태아에게 반드시 안

락함이 있을 것이오'라고."

"그리하겠습니다, 세존이시여!"

존자 앙굴리마라는 세존께 대답하고 쉬라바스티로 갔다. 그는 진통을 겪고 있는 여인에게 이와 같이 말했다.

"여인이여! 나는 성스러운 삶을 얻은 이후 지금까지 고의로 생명을 빼앗은 적이 없소. 그 진실을 근거로 그대와 이 태아에게 반드시 안락함이 있을 것이오."

그러자 여인은 진통이 사라져 편안해지고 태아도 편안해졌다.

행위의 과보에 인내하라

한편 존자 앙굴리마라는 홀로 은둔하면서 게으르지 않고 노력하며, 굳은 의지로 생활하였다.

그리고 훌륭한 집안의 자식들이 바르게 집을 나와 집 없는 생활에 들어온 목적인 가장 청정한 수행의 극치를 스스로 알고 체현하고 달성하였다.

삶의 의미는 완성되었다. 깨끗한 수행의 성취로 할 일을 마쳤다. 더 이상 괴로움에 빠지지 않으리라. 이렇게 스스로에 대해 환히 깨달은 앙굴리마라는 존경받을 만한 이〔阿羅漢〕의 한 사람이 된 것이다.

한편 존자 앙굴리마라는 아침에 의복을 갖추고 발우와 가사를 들고 쉬라바스티로 걸식하러 들어갔다. 그때 누군가가 흙덩어리를 던져 존자 앙굴리마라의 몸을 맞혔다. 어떤 사람은 나무토막을 앙굴리마라에게 던졌으며, 어떤 사람은 돌멩이를 던졌다.

존자 앙굴리마라는 머리가 깨어져 피를 흘렸으며 발우가 깨지고 가사가 찢겨진 채 세존이 계신 곳으로 돌아왔다.

세존께서는 존자 앙굴리마라가 멀리에서 오는 것을 보셨다. 보고서 앙굴리마라에게 이와 같이 이르셨다.

"앙굴리마라여! 그대는 참아야만 한다. 그대는 참아야만 한다. 그대가 지은 과보는 몇 년, 몇 백 년, 몇 천년이라도 지옥에 떨어져야만 하는 과보인데, 그대는 지금 이 현실에서 받고 있는 것이다."

앙굴리마라의 감흥의 노래

한편 앙굴리마라는 홀로 명상하고 미혹에서 벗어난 경지인 해탈의 안락함을 누리고 있다가 이와 같은 기쁨의 노래를 불렀다.

예전에는 게을렀어도 이후에 게으르지 않는다면
그 사람은 구름을 벗어난 달처럼
이 세상을 밝히리.

악한 행위를 했어도 선으로 악을 끊으면
이 사람은 구름을 벗어난 달처럼
이 세상을 밝히리.

아무리 나이 어린 비구일지라도
부처님 가르침에 전념한다면,
그 사람은 구름을 벗어난 달처럼
이 세상을 밝히리.

나를 적대시하는 사람들도
가르침에 관한 이야기를 들어야 하네.
나를 적대시하는 사람들도
부처님 가르침에 전념해야 하네.

나를 적대시하는 사람들도
가르침을 전해주는 진실한 사람들이 있다면
그 같은 사람들과 사귀어야 하리라.

나를 적대시하는 사람들도 인내를 설하고
온화함을 칭찬하는 사람들의 가르침을
수시로 들어야 하네.
그리고 그것을 따라야만 하리.

그러한 사람은 나를 결코 해치지 않으리라.
최고의 적정함을 얻어
움직이거나 움직이지 않는 그 모든 것을 보호하리.

도랑을 파는 사람이 물을 끌어대고
활을 만드는 사람이 좋은 모양으로 화살대를 만들며,
목수가 좋은 솜씨로 나무를 다듬듯
현명한 사람들은 자신을 다스린다.

포악하며 예리한 채찍으로 다스리는 사람이 있나니
그러나 나는 몽둥이나 칼에 의하지 않고,
'올바르게 깨달은 사람'에 의해 다스려졌나니.

'아힘사카'란
예전에 살해자였던 나의 이름이라네.
이제 나는 이름에 걸맞는 사람이 되어
어떤 이도 살해하지 않으리.

예전에 나는 도둑이었고

앙굴리마라(손가락 목걸이를 감은 이)로
널리 알려졌지만,
큰 홍수에 떠내려가고 있을 때
부처님께 귀의하게 되었다네.

예전에 나는 피투성이의 손을 하고
앙굴리마라로 널리 알려졌지만,
귀의처를 만났다네.
미혹한 생존으로 나아가는 것을 여의었다네.

악의 경계에 빠져
그와 같은 많은 행위를 저질렀지만,
지금 나는 행위의 과보를 감내하고
빚 없는 이가 되어 삶을 누리고 있네.

어리석어 지혜가 얕은 사람들은 방일하고
지혜 있는 사람들은 게으르지 않음을
최대의 재산처럼 보호하여 지키나니.

게으름에 빠지지 말라.
관능의 기쁨과 친하지 말라.
게으르지 않는 마음으로 선정에 들어 있는 사람은
광대한 안락함을 얻으리라.

능히 도달하였도다.
이제는 물러나지 않으리.
나의 생각에 오류는 없나니
가지가지 식별한 가운데서
최고의 경지에 나는 도달하였네.

능히 도달하였도다.
이제는 물러나지 않으리.
나의 생각에 오류는 없나니
세 가지 밝은 지혜[明知][9]를 획득하고
부처님 가르침을 완수하였네.

5. 진리의 상속자
(法嗣經)

법의 상속자, 재산의 상속자

이와 같이 나는 들었다.

세존께서 쉬라바스티(사위성) 제타숲에 있는 기원정사에 머물고 계실 때의 일이다.

어느 때 비구들에게 말씀하셨다.

"비구들이여!"

"세존이시여!"라고 비구들이 답하자 세존께서 다음과 같이 설하셨다.

"비구들이여! 내 법의 상속자가 되어라. 내 재

산의 상속자가 되어서는 안 된다. 나는 그대들을 사랑하는 까닭에 '어떻게 하면 제자들이 내 법의 상속자가 되며 내 재산의 상속자가 되지 않게 할 수 있을까'를 생각한다.

비구들이여! 그대들이 내 법의 상속자가 되지 않고 재산의 상속자가 된다면, 이로 인해 사람들의 입에 오르내리며 '세존의 제자들은 스승 재산의 상속자가 되었지, 법의 상속자가 되지는 못했다'라는 비난을 듣게 된다. 사람들은 나를 가리켜서도 그와 같이 말하리라.

그러나 만약 그대들이 내 재산의 상속자가 되지 않고 법의 상속자가 된다면, 이로 인해 사람들의 입에 오르내리는 일도 없을 것이고 또 사람들은 그대들을 가리켜 '세존의 제자들은 스승의 법의 상속자가 되었으며, 재산의 상속자가 되지 않았다'라고 말하게 된다. 사람들은 나를 가리켜서도 그와 같이 말하리라.

그러므로 비구들이여! 바로 지금 내 법의 상속

자가 되어라. 재산의 상속자가 되어서는 안 된다. 나는 그대들을 사랑하는 까닭에 '어떻게 하면 제자들이 내 재산의 상속자가 되지 않고 법의 상속자가 되게 할 수 있을까'라고 말한다.

비구들이여! 내가 지금 여기에서 음식을 먹는데 배가 부르도록 먹고도 그 음식이 남았다고 하자. 그때 굶주림과 피로에 지친 두 비구가 다가왔다. 나는 이렇게 말했다고 하자.

'비구들이여! 나는 지금 음식을 배가 부르도록 먹어서 물릴 정도이다. 그러고도 음식이 이렇게 남아 있다. 만약 그대들이 먹고 싶다면 먹어도 좋다. 그렇지 않으면 이 음식들을 풀이 나지 않는 땅이나 생물이 살지 않는 연못에 버리도록 하라.'

그러자 그 중 한 비구가 이렇게 생각했다고 하자.

'세존께서는 이 남은 음식을 우리가 먹고 싶으면 먹고, 먹을 생각이 없으면 버리라고 하셨다. 그런데 세존께서는 우리에게 이르시기를 재산의 상속자가 되지 말고 법의 상속자가 되라고 하셨다. 지금 이 음식도 일종의 재산이다. 그렇다면 이 음식을 먹을 것이 아니라 굶주리고 피곤한 채로 오늘 하루를 지내야겠다.'

이리하여 그는 그 음식을 먹지 않고 굶주리고 피곤한 채로 지냈다고 하자.

한편 또 다른 비구는 이렇게 생각했다고 하자.

'세존께서는 이 남은 음식을 우리가 먹고 싶으면 먹고, 먹을 생각이 없으면 버리라고 하셨다. 그렇다면 나는 이 음식을 먹고 굶주리고 지쳤던 몸을 달래서 오늘 낮과 밤을 지내야겠다.'

이리하여 그는 음식을 먹고 굶주리고 지친 몸을 달래어 그 날을 보냈다고 하자.

비구들이여! 이 비구가 음식을 먹음으로써 굶주리고 지친 몸을 달래며 하루를 보냈다고 한다면, 첫번째 비구야말로 존경받을 만하고 찬양받을 만한 사람이라고 나는 생각한다. 그 까닭은 이와 같다.

저 첫번째 비구의 그 길고 긴 밤은 적은 것을 바라고 사소한 것에 만족하며, 욕망을 다스려 주어진 것에 기뻐하고 노력정진해야 한다는 수행에 유익한 밤이 되었을 것이기 때문이다.

그러므로 비구들이여! 내 법의 상속자가 되어라. 재산의 상속자가 되어서는 안 된다. 나는 그대들을 사랑하는 까닭에 '어떻게 하면 제자들이 나의 재산의 상속자가 되지 않고 법의 상속자가 되게 할 수 있을까'를 생각한다고 말하는 것이다."

이와 같이 세존께서 말씀하셨다.

이렇게 말씀하신 뒤에 세존께서는 자리에서 일어나 정사(精舍)에 드셨다.

떠남이라는 것

세존께서 떠나시자 곧 존자 사리푸트라(사리불)는 비구들을 불렀다.

"현자이신 비구들이여!"

비구들이 "존자이시여!" 하고 답하자 존자 사리푸트라는 다음과 같이 이야기하기 시작했다.

현자들이여 중견 비구들과 갓 들어온 비구들 또
한 마찬가지로 이 세 가지 비난을 받게 될 것입니다.
 "현자들이여! 스승께서 먼 곳에 계실 때 제자
들이 '떠남'을 닦지 않는다면 어떻게 되겠습니까?
그리고 스승께서 먼 곳에 계실 때 제자들이 '떠
남'을 닦는다면 또 어떻게 되겠습니까?"
 "현자시여! 저희들은 지금 말씀하신 그 뜻을 알
기 위해 멀리서라도 존자 사리푸트라에게 달려와
야 합니다. 모쪼록 이 뜻이 존자 사리푸트라에 의해
밝혀지기를 바랍니다. 비구들은 존자께서 말씀하시
는 내용을 듣고 그것을 마음에 새길 것입니다."
 "그렇다면 말하리다. 잘 듣고 생각하시오."
 "그리 하겠습니다, 존자이시여!"
 비구들이 대답하자 존자 사리푸트라는 이야기
하기 시작했다.
 "지금 스승께서 먼 곳에 계실 때 제자들이 '떠
남'에 관한 가르침을 수행하지 않고, 스승께서 버
리라고 말씀하신 것을 버리지 않으며, 사치스럽

고 게으르며 타락에 몸을 내맡긴 채 '멀리 떠남' 이라는 가르침을 저버린다면 장로 비구들은 다음의 세 가지 점에서 비난받아 마땅합니다.

첫번째는 스승께서 먼 곳에 계실 때 제자들은 '떠남'에 관한 가르침을 수행하지 않는다는 비난이요, 두번째는 스승께서 버리라고 말씀하신 것을 버리지 않는다는 비난입니다. 그리고 세번째는 사치스럽고 게으르며 타락에 몸을 내맡긴 채 멀리 떠남의 가르침을 저버렸다는 비난입니다.

현자들이여! 장로 비구들은 바로 이 세 가지 비난을 받아 마땅할 것입니다.

현자들이여! 중견 비구들과 갓 들어온 비구들 또한 마찬가지로 이 세 가지 비난을 받게 될 것입니다.

현자들이여! 스승께서 먼 곳에 계실 때 제자들이 '떠남'에 관한 가르침을 수행하지 않는다면 이와 같이 될 것입니다.

한편 스승께서 먼 곳에 계실 때 제자들이 '떠남'

에 관한 가르침을 수행한다면 어떻게 되겠습니까?

현자들이여! 지금 스승께서 먼 곳에 계실 때 제자들이 '떠남'에 관한 가르침을 수행하고 스승께서 버리라고 말씀하신 것을 버리며, 사치하지 않고 게으르지 않으며, 타락의 길에서 나와 '멀리 떠남'이라는 가르침을 익힌다면 그 장로 비구들은 다음의 세 가지 점에서 찬양받을 것입니다.

첫번째는 스승께서 먼 곳에 계실 때 제자들은 '떠남'에 관한 가르침을 수행한다는 찬양이고, 두번째는 스승께서 버리라고 말씀하신 것을 버렸다는 찬양입니다. 그리고 세번째는 사치하지 않고 게으르지 않으며 타락의 길에서 나와 멀리 떠남의 가르침을 익힌다는 찬양입니다.

현자들이여! 중견 비구들과 갓 들어온 비구들 또한 마찬가지로 이 세 가지 찬양을 받게 될 것입니다.

현자들이여! 스승께서 먼 곳에 계실 때 제자들이 '떠남'에 관한 가르침을 수행한다면 바로 이와 같이 되는 것입니다.

중도의 가르침과 팔성도(八聖道)

이처럼 현자들이여! 탐욕은 악입니다. 증오는 악입니다. 탐욕과 증오를 버리기 위해 바로 '중도'의 가르침이 있는 것입니다. 중도의 가르침은 우리에게 눈을 주고 지혜를 주며, 고요함[寂靜]으로 인도하며, 신통력으로 인도하며, 바른 깨달음으로 열반으로 인도합니다.

현자들이여! 그렇다면 이 중도란 무엇을 의미합니까? 그것은 바로 여덟 가지 성스러운 길, 즉 팔성도(八聖道)이니 바른 견해, 바른 생각, 바른 말, 바른 행동, 바른 생활, 바른 노력, 바른 기억, 그리고 바른 선정입니다.

현자들이여! 눈을 주고 지혜를 주며, 고요함과 신통력과 바른 깨달음과 열반으로 인도하는 이 중도란 바로 이러한 것입니다.

현자들이여! 성냄은 악입니다. 원한은 악입니다. 위선은 악입니다. 남을 해치려는 생각도 악입니다. 질투와 인색함도 악입니다. 거짓과 배신도 악입니다. 혼미함도 악입니다. 언쟁도 악입니다. 방자함도 악입니다. 거만한 마음도 악입니다. 우쭐거림도 악이며, 게으름도 악입니다.

이것을 버리기 위해 바로 '중도'의 가르침이 있는 것입니다. 중도의 가르침은 우리에게 눈을 주고 지혜를 줍니다. 고요함과 신통력과 바른 깨달음과 열반으로 인도하는 것입니다.

현자들이여! 그렇다면 그 중도란 무엇을 의미합니까? 그것은 바로 여덟 가지 성스러운 길, 즉 팔성도이니 바른 견해, 바른 생각, 바른 말, 바른 행동, 바른 생활, 바른 노력, 바른 기억, 그리고 바른 선정입니다.

현자들이여! 중도란 바로 이와 같은 것입니다."

존자 사리푸트라는 이와 같이 말하였다. 기쁨에 넘치는 저 비구들은 존자 사리푸트라가 말한 내용을 믿음으로써 잘 받아들였다.

6. 인간사회의 성립과 기원
(起源經)

미가라마타의 강당에서

이와 같이 나는 들었다.

어느 때 세존께서 쉬라바스티(사위성)의 동쪽 동산에 있는 미가라마타 강당에 머물고 계셨다.

그때 사문이 되기로 결심한 바셋타와 바라드바자[10]가 비구들과 함께 수행하며 나날을 보내고 있었다.

어느 날 해가 서쪽으로 기울 무렵 홀로 선정에 드신 세존께서 강당을 내려와 편안한 마음으로

강당 아래에 있는 광장을 거닐고 계셨다.

바셋타는 세존의 모습을 보고 바라드바자에게 권했다.

"바라드바자여! 세존께서 홀로 선정에 드셨다가 지금 일어나 강당 밖을 산책하고 계십니다. 어서 세존이 계신 곳으로 다가갑시다. 그러면 조금이라도 친히 세존의 가르침을 받을 수 있을 것입니다."

"그리합시다. 바셋타여!"

그리하여 두 사람은 세존께로 다가가 합장을 하고 고요히 산책하시는 세존의 뒤를 따라 걸었다.

그러자 세존께서 바셋타에게 말씀하셨다.

"바셋타여! 그대들은 바라문 가문의 자손들로서 집을 나와 집 없는 생활을 하고 있는데, 그 일로 말미암아 바라문들이 그대들을 욕하거나 비난하지는 않는가?"

"존귀하신 스승이시여! 바라문들은 그들 특유의 방식대로 상스럽고 거친 말로 저희들을 비난하고 있습니다."

"그렇다면 대체 그들은 어떤 말로 그대들을 욕
하고 비난하는가?"

바라문들의 비난

"존귀하신 스승이시여! 바라문들은 이렇게 말
하고 있습니다.

'바라문이야말로 으뜸가는 계급이며 다른 신분
은 열등한 계급이다. 바라문이야말로 깨끗한 계
급이며 다른 사람들은 검게 물든 계급이다. 바라
문만이 청결하며 바라문이 아닌 자는 그렇지 않
다. 바라문만이 범천의 친자식이며 범천의 후계
자인 것이다.

그런데 그대들은 이 같은 으뜸가는 계급의 권
위를 버리고 열등한 계급과 사귀고 있다. 머리털
을 빡빡 깎은 사이비 사문의 무리들과 사귀고 있
다. 하천하고 더럽고 범천의 발에서 태어난 자들
과 사귀고 있다. 그대들이 으뜸가는 계급을 버리

138

고 이런 무리들과 사귄다는 것은 결코 좋은 일이 아니며 권할 만한 일도 못된다.'

이렇게 바라문들은 그들 특유의 방식으로 저희들을 욕하며 비난하고 있습니다."

"과연 그러하다. 바셋타여! 바라문들은 모두가 옛날의 일을 모두 잊어버리고 그와 같이 말하는 것이다.

그러나 바셋타여! 바라문의 여인들은 다른 계급의 여인들과 마찬가지로 월경과 임신, 출산과 젖 주기까지도 경험하고 있지 않은가! 또 그들 바라문 역시 똑같이 모태에서 나왔으면서도 자신들만이 가장 훌륭하고 범천의 친아들이라고 말한다. 그들은 범천에 대하여 거짓되게 말하면서 많은 악을 낳고 있는 것이다."

4계급의 평등

"바셋타여! 네 개의 계급이 있다. 왕족, 바라문,

서민, 그리고 노예가 그것이다.

왕족일지라도 그 가운데에는 실제로 중생을 죽이고 빼앗고 애욕에 물든 삿된 행위를 하며, 거짓말과 험한 말, 욕하고 이간질하며 탐욕에 물들어 있고 증오심을 품으며, 그릇된 견해를 갖고 있는 자가 있음을 볼 수 있다.

또 그런 자들의 성품은 악하고 가까이 해서는 안 되며 존귀한 사람으로 불릴 수 없고 검고 더럽혀져 있으며, 검고 더럽혀진 과보를 가지며, 지혜로운 사람으로부터 비난을 받는다. 왕족 가운데에도 이러한 사람들이 섞여 있음을 볼 수 있다.

또 바셋타여! 바라문일지라도 그와 같은 열 가지 나쁜 행위를 하는 자가 있음을 보게 되며, 서민과 노예 중에서도 그와 같은 열 가지 악한 일을 하는 사람이 있음을 보게 된다.

바셋타여, 그와 반대로 왕족일지라도 현실적으로 중생을 죽이지 않으며, 주지 않는 물건은 갖지 않고 애욕에 물들지 않고 거짓말과 험한 말과

욕과 이간질을 하지 않으며, 탐욕을 떠나 있고 증오심을 품지 않으며, 그릇된 견해를 품지 않은 사람이 있다.

이러한 사람들의 성품은 착하고 죄가 없으며 가까이 다가갈 만하며 존귀한 사람이라고 불릴 만하며, 희고 깨끗하며 희고 깨끗한 과보를 받아 지혜로운 사람들로부터 칭찬을 받는다. 그런 사람들이 왕족 가운데에도 섞여 있음을 본다.

또한 바셋타여! 바라문일지라도 그와 같은 열 가지 착한 행위를 하고 있는 자가 있고, 서민과 노예 중에서도 그와 같은 열 가지 착한 일을 하는 사람이 있음을 볼 수 있다.

바셋타여! 이러한 네 가지 계급을 통해서 그 행위와 성품이 검고 더렵혀져 있는 사람과 희고 깨끗한 사람, 지혜로운 사람으로부터 칭찬받고 비난받는 사람의 두 종류가 각각 존재하고 있다.

그러므로 바라문들이 주장하는 저들만이 가장 뛰어나다는 생각은 이 세상의 선지자들에게는 인정받지 못한다.

왜냐하면 바셋타여! 이들 네 가지 계급 가운데 누구든 무릇 비구가 되어 존경받을 만한 자격이 있는 사람, 번뇌의 더러움을 모두 멸한 사람, 청정한 수행을 완성한 사람, 해야 할 일을 모두 마친 사람, 짐을 내린 사람, 자기의 목적을 완수한 사람, 생존의 속박을 끊는 사람, 바른 지혜에 의해 해탈한 사람이라면, 그 사람은 세상에서 가장 으뜸가는 자로서 바로 보편적 규범의 진리 속에 있는 자이다.

왜냐하면 보편적 규범의 진리는 현세와 내세에 걸쳐 가장 뛰어난 것이기 때문이다."

사람에게 있어 가장 뛰어난 것

바셋타여! 다음의 예에서 '보편적 규범의 진리가 현세와 내세에 걸쳐 가장 뛰어나다는 것'을 이해하면 좋을 것이다.

바셋타여! 코살라국의 프라세나짓왕은 '사문 고타마는 샤카족 출신'이라는 것을 알고 있다.

그런데 그 샤카족은 코살라국에 예속되어 있다. 샤카족은 프라세나짓왕에게 몸을 낮추고 머리를 조아리며 정중하게 예를 올리면서 맞이하고 합장하면서 겸손한 태도를 취한다. 샤카족이 프라세나짓왕에게 하는 것과 똑같은 태도로 프라세나짓왕은 여래에게 겸손한 태도를 취하고 있다.

'사문 고타마는 태생이 좋다. 그러나 우리는 태생이 나쁘다. 사문 고타마는 역량이 있지만 우리는 미약하다. 사문 고타마는 단정한데 우리는 추하다. 사문 고타마는 위대한 영향력이 있지만 우리는 영향력이 없다'라고 생각하면서.

이처럼 보편적 규범의 진리를 존경하고 존중하며 숭배하고 받들기 때문에 프라세나짓왕은 여래를 향해 겸손한 태도를 취하는 것이다.

이러한 실례에 의해 '보편적 규범의 진리가 현세와 내세에 걸쳐 가장 뛰어난 것이다'라는 말을 이해하면 좋을 것이다.

바셋타여! 그대들은 각각 서로 다른 출생, 서로 다른 이름, 서로 다른 성, 서로 다른 가문에 있다가 재가생활을 버리고 출가의 길에 들어선 것이다.

만약 어떤 사람이 '당신은 누구인가?'라고 묻는다면 '우리는 샤카족 출신인 고타마를 따르는 사문이다'라고 대답하는 것이 좋을 것이다.

바셋타여! 여래에 대한 믿음이 안정되고 뿌리 깊고 확고하여 그 어떠한 사문이나 바라문, 악마, 범천, 신과 세상의 어떠한 사람에 의해서도 동요되지 않는 사람은 매우 적절하게도 이렇게 일컬어진다.

"그는 세존의 친자식이며 그 입에서 나온 사람으로서 보편적 규범에 의해 태어났고 보편적 규범에 의해 창조된 보편적 규범의 상속자이다."

이 말은 무슨 뜻인가 하면 여래에게는 다음과 같은 이름이 있기 때문이다.

즉 '보편적 규범에 속한 자', '신성한 존재에 속

한 자', '보편적 규범이 된 자', '신성한 존재인 자'
라는 이름이다.

이 세계의 생성과 괴멸

바셋타여! 오랜 기간을 지나간 후 언젠가는 이
세계가 무너지는 시간이 온다. 이 세계가 무너질
때 대부분의 중생들은 광음천(光音天)[11]으로 모습
을 바꾸어 태어난다. 그들은 그곳에서 정신력으
로 형성되고 환희를 먹고 제 몸에서 빛을 내며
공중을 날아다니며 깨끗하고 복된 모습을 지니
면서 오랜 세월 동안 존재한다.

그런데 바셋타여! 오랜 기간을 지난 후 언젠가
는 이 세계가 다시 생성하는 시기가 온다.

이 세계가 생성할 때 대부분의 중생들은 광음
천에서 다시 이 세상으로 되돌아온다. 그들 또한
정신력으로 형성되고 환희를 먹으며 제 몸에서
빛을 내며 공중을 날아다니는 깨끗하고 복된 모

습을 지니면서 오랜 세월 동안 존재한다.

그리고 그때 만물은 모두 물로 이루어지고 깊은 어두움에 휩싸여 있었다. 태양과 달도 알지 못하고 별과 별빛도 알지 못했다. 낮과 밤도 알지 못하고, 한 달과 보름도 알지 못하며, 계절도 일 년이 가는 것도 알지 못한다. 남자와 여자도 알지 못하고 중생은 오직 중생이라고만 불려질 뿐이었다.

라사의 출현과 소실

그런데 바셋타여! 그 중생들에게는 오랜 기간을 지난 어느 때, 라사(味)라고 하는 즙으로 된 순수하고 미묘한 것이 물 속의 한 면을 차츰 차지하게 되었다. 마치 펄펄 끓인 우유가 식혀져 가라앉았을 때 윗면에 그물 모양의 막이 생기는 것처럼 그렇게 나타났던 것이다.

그것은 완전한 빛깔, 완전한 향, 완전한 맛을

감추고 있었다. 마치 정제한 우유제품 가운데 가장 으뜸가는 것이나 신선한 것에 갖춰져 있는 것과 같은 순수하고 매끄러운 꿀 같은 맛이었다.

그러자 탐욕에 물들기 쉬운 어떤 자가 있었다. 그는 '대체 이것은 무엇일까?'라며 손가락으로 라사를 맛보았다. 그는 라사를 손가락으로 맛보는 데에 재미가 들어버려 그만 그에게는 욕망이라고 하는 것이 일어나게 되었다. 다른 중생들도 또한 그 사람이 하는 것과 마찬가지로 라사를 손가락으로 찍어 먹기 시작했다. 그러자 그들에게도 또한 욕망이라는 것이 일어나게 되었다.

바셋타여! 그 중생들은 차츰 라사를 작은 덩어리로 빚어 나누어 먹게 되었다. 중생들이 라사를 손으로 빚어 나누어 먹게 되면서부터 중생들에게는 제 몸에서 나던 빛이 사라져 버렸다. 그리고 그 빛이 사라져 버렸을 때 태양과 달이 나타났다. 태양과 달이 나타났을 때 별과 별빛이 나타났다. 별과 별빛이 나타나자 낮과 밤이 설정되었다. 그러자 달력에서의 한 달과 보름이 설정되었고, 계절과 달력의 일 년이 설정되었다.

바셋타여! 이리하여 이 세계는 마침내 전개되었다. 그러자 그 중생들은 라사를 식량으로 하고 그것을 자양으로 하여 유구한 세월 동안 존재하였다.

바셋타여! 그와 같이 그 중생들이 라사를 식량으로 하고 그것을 자양으로 하여 오랜 기간 동안 존재하는 가운데, 차례로 그 중생들의 몸에는 딱딱한 것이 생겨나고 용모의 차이가 나타나기 시작했다.

어떤 중생들은 외양이 화려하였고 어떤 자들은 추해졌다. 그러자 용모가 아름다운 중생들은 추한 중생들을 경멸하기 시작했다. '우리들은 저들보다 아름답다. 저들은 우리보다 못생겼다'라며 손가락질하기 시작했다.

그들이 용모에 대한 방자함으로 인해 '거만'이라는 성질을 갖게 되었을 때 라사는 차츰 사라져 갔다. 라사가 사라져 버렸을 때 그들은 모여서

'오, 라사여! 오, 라사여!'라며 비탄에 젖기 시작했다.

지금도 사람들은 무언가 맛있는 것을 먹으면 "오, 맛있다(라사)! 오, 맛있다!"라고 말하는데 그것은 바로 여기에 기원을 둔 언어습관에 불과한 것일 뿐 결코 그 본래의 의미를 잘 이해하고 말하는 것은 아닌 것이다.

버섯류와 덩굴풀류의 출현과 소실

그런데 저 중생들에게 라사라고 하는 것이 사라졌을 때 팝파타카라고 하는 버섯류가 나타났다.

그 모양은 버섯과도 같았다. 그것은 완전한 색과 완전한 향과 완전한 맛을 갖추고 있었다. 마치 정제된 우유제품 가운데 가장 으뜸가는 것이나 신선한 것에 갖추어져 있는 그런 색이며 순수하고 매끈매끈한 꿀과 같은 맛이었다.

그러자 저 중생들은 팝파타카라는 것을 맛보기

시작했다. 그들은 그것을 식량으로 하고 자양으로 하면서 오랜 동안을 존재하였다.

바셋타여! 이렇게 저 중생들이 팝파타카라는 것을 먹으며 지내오는 동안 차츰 그들의 몸에는 더 한층 딱딱한 것이 생겨나고 용모의 차이도 생기게 되었다. 어떤 중생들은 외양이 아름다워지고 또 어떤 중생들은 추해졌다. 그러자 아름다운 중생들은 추한 중생을 경멸하며 말했다.

"우리들은 저들보다 아름답다. 저들은 우리보다 못생겼다."

그들이 용모에 대한 방자함으로 인해 '거만'이라는 성질을 가졌을 때 팝파타카라는 버섯은 소실되어 버렸다. 팝파타카라는 것이 사라져 버렸을 때 바다라타라는 덩굴풀 종류가 나타났다.

마치 풀처럼 그렇게 나타났던 것이다. 그것은 완전한 색이며, 완전한 향과 맛을 감추고 있었다. 마치 정제된 우유제품 가운데 가장 훌륭한 것이나 신선한 것이 갖추어진 듯한 그러한 색이며 순수하고 매끄러운 꿀과 같은 맛이었다.

그러자 저 중생들은 바다라타를 먹기 시작했다. 그들은 그것을 식량으로 하고 자양으로 하여 오랜 기간 동안 존재하였다.

바셋타여! 그와 같이 저 중생들이 바다라타를 음식으로 하고 자양으로 하여 오랜 기간 동안 존재하고 난 후에 차츰 저 중생들의 몸에는 더 한층 딱딱한 것이 생겨나고 용모의 차이도 훨씬 현저하게 드러났다. 어떤 중생들은 아름다워지고 또 어떤 중생들은 추해져갔다.

그러자 아름다운 중생들은 추한 중생들을 경멸하였다. 그들이 용모에 대한 방자함으로 인해 '거만'이라는 성질을 갖추었을 때 바다라타가 사라져 버렸다.

바다라타라는 덩굴풀류가 사라져 버렸을 때 그들은 모여서 비탄하기 시작했다.

"오오, 밧타(어찌해야 좋을까)! 진실로 어찌해야 좋단 말인가!"

　지금도 사람들은 무엇인가 괴로운 상태에 놓이면 마찬가지로 같은 말로 탄식하는데 이 또한 여기에 기원을 둔 말인 것이다.

벼(쌀)의 출현과 남녀의 나뉨

　그런데 바셋타여! 중생들에게 바다라타라고 하는 덩굴풀류가 사라졌을 때 경작하지 않은 익은 쌀이 나타났던 것이다.

　그것은 쌀겨도 없고 껍질도 없는 깨끗하고 향긋한 풍미를 지닌 낟알이 여물어 된 것이다.

　만약 저녁식사를 위해 그 쌀을 거둬들이면 이른 아침에는 다시 그곳에 잘 익은 벼가 자라 있었으며, 만약 아침식사를 위해 그 쌀을 거둬들이면 저녁에는 그곳에 다시 잘 익은 벼가 자라 있었는데 잘려진 흔적을 찾아볼 수 없을 정도였다.

　저 중생들은 힘들여 가꾸지 않은 여문 쌀을 음식으로 하고 자양으로 하여 오랜 기간을 존재하였던 것이다.

바셋타여! 그렇게 지내는 동안 그들 사이에는 차츰 신체적인 변화가 나타나게 되었다. 예전보다 더욱 단단한 것이 생겨나고 여자에게는 여자의 모습이, 남자에게는 남자의 모습이 나타나게 되었던 것이다. 그리고 여자들은 지극히 강한 남자를 사모하게 되었으며 남자들은 아름다운 여자를 사랑하게 되었다. 그들은 이성을 서로 열렬히 사랑하는 가운데 욕정이 일어나고 애정에 몸을 태웠다. 그들은 애타게 그리워함으로써 마침내 성행위를 하기에 이르렀다.

그때 이러한 중생들이 성행위를 하는 모습을 보고 어떤 자들은 진흙을 던지고 어떤 자는 재를 뿌리고 어떤 자는 쇠똥을 던지면서 이렇게 외쳤다.

"사라져라, 더러운 자여! 사라져라, 더러운 자여! 어떻게 중생이 중생에게 이런 행위를 할 수 있단 말인가!"

집과 논을 나누기 시작하다

바셋타여! 그때에는 풍습에 어긋난다고 했던 일이 지금에 와서는 풍습이 되고 있다.

또한 그때 성행위를 하는 자들은 한 달이나 두 달씩 마을이나 거리로 들어올 수 없었다. 저 중생들은 풍습에 어긋난 행위를 한 것에 대해 혹독한 비난을 받았으며 그 행위를 가리기 위해 집을 짓기 시작했다. 한편 어떤 게으른 성격의 중생들은 이렇게 생각했다.

'우리는 참으로 바보로다. 아침저녁으로 매번 먹을 쌀을 가지러 오가다니 이런 헛수고가 어디 있을까! 아침저녁에 먹을 것을 한 번에 가져오는 것이 어떨까?'

그리하여 이 중생들은 아침과 저녁에 먹을 쌀을 한꺼번에 가지고 왔다.

그런데 그때에 다른 중생이 그 중생에게 말했다.

"친구여! 쌀을 가지러 가자."

그러자 그 중생이 "친구여! 우리는 지금 쌀이

남아 있다. 우리는 아침과 저녁식사를 위해 한꺼번에 쌀을 가지고 왔기 때문이다.”

그러자 그 중생은 앞서의 중생과 똑같이 이틀치 쌀을 한꺼번에 가지고 왔다. 그러자 다른 중생들은 3일치를 가져왔다. 다른 중생들은 4일치를 가지고 왔다. 또 다른 중생들은 8일치를 한꺼번에 가지고 오면서 말했다.

“이렇게 하는 일이 현명한 일이구나.”

바셋타여! 저 중생들이 저장한 쌀을 먹기 시작하자 쌀겨가 매끄러운 낟알을 싸게 되었고 또 껍질이 매끄러운 낟알을 싸게 되었으며, 한 번 잘린 것은 두 번 다시 자라지 않게 되었고, 벼의 잘린 흔적이 나타났고 벼의 잘린 그루터기가 그대로 드러난 채 줄지어 서 있었다.

저들 중생들은 모여서 비탄에 젖기 시작했다.

“벗이여! 참으로 못된 습관이 중생들 사이에 나타나기 시작했다. 왜냐하면 우리는 일찍이 정신력에 의해 형체가 갖추어지고 환희를 먹으며,

제 몸에서 빛을 내고 하늘을 날며 깨끗하고 복된 모습을 지닌 채 오랜 세월 동안 존재하였다.

이러한 우리들에게 오랜 시간이 흐른 뒤 '라사(맛)'라고 하는 즙으로 된 깨끗하고 미묘한 땅이 물 위의 한켠에 넓혀져 갔다. 그것은 완전한 색과 향과 맛을 갖추고 있었다.

우리들은 이 라사라고 하는 땅을 조그만 덩어리로 빚어 그것을 나누어 먹기 시작했다.

그러면서부터 차츰 우리들의 몸에는 빛이 사라지게 되었다. 빛이 사라지자 태양과 달이 나타났다. 또 별과 별빛이 나타났다. 별과 별빛이 나타나자 낮과 밤이 설정되었고, 낮과 밤이 설정되자 달력의 한 달, 보름이 설정되었고 계절과 일 년이 설정되었다.

우리들은 이 라사를 먹으면서 그것을 자양으로 하여 오랜 세월 동안 존재하였다. 그러나 우리들에게는 사악한 습관이 나타나 라사는 사라져 버리고 말았다. 라사가 사라져 버리자 땅의 팝파타카라고 하는 버섯류가 나타났다.

그리고 그것이 사라지자 바다라타라고 하는 덩굴풀류가 나타났다. 그러나 그것도 사라지게 되었다. 그리하여 익은 쌀이 나타났다. 그러나 지금 어떠한가! 급기야 그것도 질이 나빠지고 우리들은 집과 논밭의 경계를 짓기 시작하지 않았는가!"

이렇게 저 중생들은 쌀을 나누고 논밭에 금을 긋기 시작했다.

도둑과 징벌

그러자 탐욕에 가득 찬 어떤 중생이 자신의 영역을 지키면서 다른 자의 영역을 침범하였다. 그들은 그 자를 붙잡아 이렇게 말했다.

"바로 그대는 악을 저질렀다. 실로 자신의 영역을 지키면서 남의 영역에 침입해 소유했기 때문이다. 그대는 앞으로 두 번 다시 이런 짓을 해서는 안 된다."

"그리하겠소, 벗이여!"라고 죄인은 대답하였다.

그러나 이 중생은 다시 똑같은 일을 저질렀다. 그리고 세번째에도 역시 똑같은 일을 저지르자 급기야 사람들은 그를 붙잡아서 이렇게 말했다.

"그대는 악을 저질렀다. 실로 자신의 영역을 지키면서 남의 영역에 침입해 소유했기 때문이다. 두 번 다시 이런 일을 저질러서는 안 된다."

어떤 자들은 손으로 때리고 어떤 자들은 흙덩이를 던지고 또 어떤 자들은 막대기로 때렸다.

이것을 시작으로 해서 도둑질이 널리 알려지고, 죄가 널리 알려졌으며, 거짓말이 널리 알려졌고, 체벌이 널리 알려지게 되었다.

사람을 선발함

그러나 저 중생들은 함께 모여 비탄하기 시작했다.

"벗이여! 실로 사악한 습관이 중생들 사이에

나타나기 시작했다. 도둑질과 죄와 거짓말과 체벌이 널리 알려지게 되었다. 사람을 한 명 뽑기로 하자. 그는 우리를 위하여 바르게 개탄해야 할 일은 개탄하고, 질정해야 할 일은 질정하고, 추방해야 할 일은 추방하게 될 것이다. 그 대신 우리들은 쌀을 조금씩 나누어 주기로 하자.”

그리하여 저 중생들은 그들 가운데 훌륭하고 단정하고 아름답고 위대한 기량을 갖춘 중생이 사는 곳으로 가서 이렇게 말하였다.

“부디 우리를 대신하여 개탄할 일은 개탄하고 질정해야 할 일은 질정하고 추방해야 할 일은 추방해 주시오. 그러면 우리는 당신에게 쌀을 조금씩 나누어 주겠소.”

“그렇게 합시다.”

이리하여 사람들 가운데 어떤 사람이 뽑히게 되었고 사람들은 그에게 쌀을 나누어 주었다.

왕족의 내력

바셋타여! 이리하여 대중들에게 선발된 사람이란 의미에서 최초로 '왕'이라는 호칭이 생기게 되었고, '논밭의 주인'이라는 의미에서 왕의 호칭이 생기게 되었고, '규범적 사항에 의해 남을 기쁘게 한다'는 의미에서 왕의 호칭이 생기게 되었다. 따라서 왕족의 사회적인 성립은 바로 이 같은 데에 기원을 갖고 있다.

바라문의 내력

한편 중생들 가운데 어떤 사람은 이렇게 생각했다. '벗이여! 악한 습성이 중생들 사이에 나타나고 있다. 우리는 도둑질이나 죄, 거짓말이나 체벌과 같은 착하지 않은 습성을 배척하자.' 그리하여 그들은 악하고 착하지 않은 습성을 배척하였다.
바셋타여! '악하고 착하지 않은 습성을 배척한다'는 의미에서 바라문의 호칭인 브라흐마나가

생겼다. 그들은 사람이나 마을에서 멀리 떨어진 곳에 나뭇잎으로 암자를 짓고 그 암자 속에서 명상하였다.

숯불도 끄고 연기도 없앴으며 절굿공이도 버려졌다. 저녁에는 저녁식사를 위해 아침에는 아침식사를 위해 마을과 거리, 도시로 내려와 먹을 것을 구했다. 그들은 먹을 것을 구한 뒤에는 다시 인적이 없는 곳에서 명상하였다. 사람들은 이 것을 보고 이렇게 말했다.

"벗이여! 이 사람들은 인적 없는 곳에 나뭇잎으로 암자를 지어서 그 속에서 명상한다. 그들은 아침과 저녁에 먹을 것을 구하러 마을을 다니다가 곧 암자로 다시 올라가 명상에 잠긴다."

바셋타여! '명상한다'는 의미에서 '명상하는 사람'이라는 호칭이 생겼다.

바셋타여! 저 중생들 가운데 어떤 사람들은 인적 없는 곳의 나뭇잎 암자에서 명상할 수 없게 되자, 점차 마을이나 거리 부근으로 내려와 베다

계통의 시문헌(詩文獻)[12]을 만들면서 살아가게 되었다. 사람들은 이것을 보고 이렇게 말했다.

"벗이여! 이 사람들은 마을이나 거리 부근으로 내려와 베다 계통의 시문헌을 만들면서 살고 있다. 이제 이 사람들은 명상하지 않는다."

바셋타여! 이제 이 사람들은 '명상하지 않는다'는 의미에서 베다를 배우는 사람의 호칭이 생겼다.

역시 그때에는 하천하다고 여겨졌던 것이 지금에 와서는 으뜸이라고 여겨지고 있는 것이다. 따라서 이 바라문집단의 사회적인 성립은 바로 이같은 데에 기원을 갖고 있다.

서민의 내력

그런데 저 중생들 가운데 어떤 사람들은 부부생활의 형식을 갖추며 장사와 같은 일반적인 직업에 종사하였다. '부부생활의 형식을 갖추고 장사 따위의 일반적인 직업에 종사한다'는 의미에

서 서민의 호칭이 생겼다. 따라서 이 서민집단의
사회적인 성립은 바로 이 같은 기원을 갖고 있다.

노예의 내력

한편 저 중생들 가운데 남아 있는 사람들은 사
냥을 업으로 살아가게 되었다. '사냥을 업으로 살
아가는 사람, 잡역을 업으로 살아가는 사람'이라
는 의미에서 노예의 호칭이 생겼다. 따라서 이
노예집단의 사회적인 성립은 바로 이 같은 기원
을 갖고 있다.

사문의 출현

그런데 바셋타여! 왕족일지라도 이따금 왕족의
사회규범을 싫어하여 집을 나가 집 없는 생활에
들어가는 자가 있었다. '사문이 되야겠다'라고 하
면서. 바라문 가운데에서도 서민들 가운데에서도

노예 중에서도 사문이 되어야겠다면서 집을 나가 집 없는 생활을 하는 자가 있었다.

바셋타여! 이러한 네 가지의 사회집단으로부터 '사문'이라는 종교집단이 성립하게 되었다.

보편적인 규범에 의한 계급의 평등성

바셋타여! 아무리 왕족인 사람이라 할지라도 몸과 입과 뜻으로 악한 일을 저지르고 사악한 견해를 가진 사람이라면, 사악한 견해와 행위에 따른 결과로써 육체가 부서져 죽은 뒤에 고통스럽고 나쁜 곳, 파멸의 세계인 지옥에 가서 태어난다.

설령 그가 바라문일지라도, 서민이나 노예, 사문이라 할지라도 역시 몸과 입과 뜻으로 악한 일을 저지르고 사악한 견해를 가진 사람이라면, 사악한 견해와 행위에 따른 결과로써 육체가 부서져 죽은 뒤에는 고통스럽고 나쁜 곳, 파멸의 세계인 지옥에 가서 태어난다.

바셋타여! 반면에 그가 왕족이라도 몸과 입과 뜻으로 착한 행위를 하고 바른 견해를 가진 사람이라면, 바른 견해와 행위에 따른 결과로써 육체가 부서져 죽은 뒤에는 선량한 곳인 하늘에 가서 태어난다.

설령 그가 바라문일지라도, 서민이나 노예, 사문이라 할지라도 역시 몸과 입과 뜻으로 착한 행위를 하고 바른 견해를 가진 사람이라면, 바른 견해와 행위에 따른 결과로써 육체가 부서져 죽은 뒤에는 선량한 곳인 하늘에 가서 태어난다.

바셋타여! 아무리 왕족인 사람이라 할지라도 몸과 입과 뜻으로 선악의 두 가지 행위를 하고, 옳고 그름이 섞인 견해를 가진 사람이라면 옳고 그름이 섞인 견해와 행위에 따른 결과로써 육체가 부서져 죽은 뒤에는 즐거움과 괴로움을 함께 경험하게 된다.

설령 그가 바라문이나 서민, 노예나 사문이라 할지라도 예외일 수는 없으리라.

바셋타여! 왕족인 사람이 몸과 입과 뜻의 행위에 있어 스스로를 신중하게 다스린다면 그는 깨달음을 향한 길을 이루는 일곱 가지 사항[七覺支][13]을 수행함에 따라 현세에서 완전한 고요함(열반의 세계)에 들게 된다.

설령 그가 바라문이나 서민, 노예나 사문이라 할지라도 예외일 수는 없으리라.

왜냐하면 이 네 가지 계급의 사람은 그가 누구이건 간에 무릇 비구로서 존경할 만한 사람, 번뇌의 더러움을 멸한 사람, 깨끗한 수행을 완성한 사람, 해야 할 일을 모두 마친 사람, 짐을 내린 사람, 자기의 목적을 이룬 사람, 생존의 속박을 끊은 사람, 올바른 지혜에 의해 해탈한 사람이라면 그 사람이 세상에서 가장 으뜸가는 사람이며, 바로 보편적 규범인 진리에 있는 사람이다.

범천 사난 쿠말라의 시(詩)

바셋타여! 다음의 시는 범천 사난 쿠말라[14]가
지은 것이다.

계급에 의한 인간 세상에는
왕족인 사람이 가장 훌륭하고
지혜와 수행을 갖춘 이는
신과 인간의 세상에서 으뜸가노라.

이 시는 범천 사난 쿠말라가 지은 것으로 아주
잘 불려진 것이며 뜻이 갖추어진 것으로 우리들
이 인정한 것이다.
바셋타여! 우리도 또한 이렇게 말한다.

계급에 의한 인간 세상에는
왕족인 사람이 가장 훌륭하고
지혜와 수행을 갖춘 이는
신과 인간의 세상에서 으뜸가노라.

　이렇게 세존께서 말씀하셨다.

　바셋타와 바라드바자는 그 마음이 흡족해져서 세존의 말씀에 기뻐하며 찬양하였다.

7. 과거 부처님의 전기
(大本緣經)

제1장 잉태와 출생

칼렐리나무 곁의 원형강당에서

이와 같이 나는 들었다.

어느 때 세존은 쉬라바스티의 교외의 제타숲 아나타핀카동산에 있는 칼렐리나무 곁의 작은 오두막에 머물고 계셨다.

그런데 그때 수많은 비구가 탁발에서 돌아와 칼렐리나무 곁의 원형강당에 모여 앉아 전생의 삶의 모습들에 대하여 이야기를 나누고 있었다.

세존께서 깨끗하고 초인적인 하늘의 귀〔天耳通〕로 이 비구들의 대화를 들으시고 자리에서 일어나 칼렐리나무 곁의 원형강당으로 가셨다. 그리하여 미리 준비된 자리에 앉으신 후 비구들에게 말씀하셨다.

"비구들이여! 지금 이곳에서 어떠한 이야기가 오고 갔느냐?"

"존귀하신 스승이시여! 저희들은 탁발에서 돌아와 전생의 삶의 모습들에 대하여 이야기를 나누었는데 그 이야기가 한창 진행중일 때에 세존께서 이곳으로 오신 것입니다."

"그대들은 전생의 삶의 모습에 대한 법담을 듣고 싶은가?"

"물론입니다. 존귀하신 스승이시여! 세존의 말씀을 저희 비구들은 마음에 새길 것입니다."

"그렇다면 잘 듣고 생각하라. 이제 그것을 설하겠노라."

"존귀하신 스승이시여! 그리 하겠나이다."

비구들이 대답하자 세존께서는 다음과 같이 설하셨다.

일곱 부처님이 계셨다

"비구들이여! 지금부터 91겁(劫)[15] 전에, 비팟싱(비바시)이라고 이름하는 여래, 존경받을 만한 사람[應供], 올바르게 깨달은 사람[正等覺者]이 세상에 나시었다.

지금으로부터 31겁 전에는 시킴(시기)이라고 이름하는 여래, 존경받을 만한 사람, 올바르게 깨달은 사람이 세상에 나시었고 벳사부(비사부)라고 이름하는 여래, 존경받을 만한 사람, 올바르게 깨달은 사람이 세상에 나시었다.

이 현겁(賢劫)[16] 중에는 카쿠산다(구류손)라고 이름하는 여래, 존경받을 만한 사람, 올바르게 깨달은 사람이 세상에 나시었고 또 코나가마나(구나

함모니)라고 이름하는 여래, 존경받을 만한 사람, 올바르게 깨달은 사람도 세상에 나시었고 또한 카사파(가섭)라고 이름하는 여래, 존경받을 만한 사람, 올바르게 깨달은 사람도 세상에 나시었다.

그리고 존경할 만한 사람이며 올바르게 깨달은 사람인 나도 이 현겁 중에 세상에 났던 것이다.

그런데 비팟싱 여래는 왕족 출신이며, 왕족의 가문에서 나시었다. 시킴 여래도, 그리고 벳사부 여래도 왕족 출신이며 왕족의 가문에서 나시었다.

카쿠산다 여래는 바라문 출신이며, 바라문의 가문에서 나시었다. 코나가마나 여래와 카사파 여래도 바라문 출신이며, 바라문의 가문에서 나시었다.

나는 왕족 출신이며, 왕족의 가문에서 났던 것이다.

다음을 비팟싱 여래의 성(姓)은 콘단냐이고, 시킴 여래와 벳사부 여래도 그 성은 콘단냐였다.

카쿠산다 세존의 성은 카사파이며 코나가마나

여래와 카사파 여래도 그 성은 카사파였다.

그리고 나의 성은 고타마이다.

비구들이여! 비팟싱 여래의 수명은 8만 세였고, 시킴 여래는 7만 세, 벳사부 여래는 6만 세, 카쿠산다 여래는 4만 세, 코나가마나 여래는 3만 세, 또한 카사파 여래는 2만 세였다.

그러나 나의 수명은 대단히 짧아 겨우 백 년, 혹은 그보다 더 길지는 못하리라.

비구들이여! 비팟싱 여래는 파탈리나무 아래에서 깨달음을 여셨고, 시킴 여래는 푼다리카나무, 벳사부 여래는 사라나무, 카쿠산다 여래는 실리사나무, 코나가마나 여래는 우둠바라나무, 또한 카사파 여래는 니그로다나무 아래에서 깨달음을 여셨다.

그리고 나는 앗삿타나무 아래에서 깨달음을 열었던 것이다.

비구들이여! 비팟싱 여래에게는 칸다와 팃사라고 하는 두 명의 제자가 있었는데, 이들은 쌍벽을 이루는 으뜸가는 현자였다.

시킴 여래에게는 아비부와 삼바바, 벳사부 여래에게는 소나와 웃탈라, 카쿠산다 여래에게는 비두라와 산지바, 코나가마나 여래에게는 빗요사와 웃탈라, 또한 카사파 여래에게는 팃사와 바라드바쟈라고 이름하는 두 명의 제자가 있었는데 이들은 모두 쌍벽을 이루는 으뜸가는 현자였다.

그리고 내게는 사리푸트라(사리불)와 목갈라나(목건련)라고 이름하는 두 명의 제자가 있으니, 그들은 쌍벽을 이루는 으뜸가는 현자이다.

비구들이여! 비팟싱 여래에게는 제자들의 집회가 세 번 있었는데, 첫번째 집회에는 6백8십만인, 두번째에는 10만인, 세번째에는 8만인의 비구들이 모여들었다. 이 비구들은 모두가 번뇌의 티끌을 멸한 자들이었다.

시킴 여래 때에도 세 번의 집회가 있었으니 각기 10만인, 8만인, 7만인의 비구들이 있었다. 그들도 모두 번뇌의 티끌을 멸한 자들이었다.

벳사부 여래에게도 세 번의 집회가 있었고 각기 8만인, 7만인, 6만인의 비구들이 있었다. 그들도 모두 번뇌의 티끌을 멸한 자들이었다.

카쿠산다 여래 때에는 한 번의 집회가 있었으니 번뇌의 티끌을 멸한 4만 명의 비구들이 모여들었다.

코나카마나 여래 때에도 한 번의 집회가 있어 번뇌의 티끌을 멸한 3만 명의 비구들이 모여들었다.

카사파 여래 때에도 번뇌의 티끌을 멸한 2만 명의 비구들이 모여들었다.

그리고 지금의 내게도 제자들의 집회가 한 번 있었는데, 천2백5십인의 번뇌의 티끌을 멸한 비구들이 있었다.

비팟싱 여래에게는 아쇼카라고 하는 으뜸가는 시자비구가 있었다.

시킴 여래에게는 케맘칼라, 벳사브 여래에게는 우파산나카, 카쿠산다 여래에게는 붓디쟈, 코나가마나 여래에게는 숏티쟈, 또한 카사파 여래에게는 삿바밋타라고 하는 으뜸가는 시자비구가 있었다.

그리고 내게는 아난다라고 하는 으뜸가는 시자 비구가 있다.

비팟싱 여래의 아버지는 반두마티왕, 어머니는 반두마티왕비였다. 반두마티왕의 도시는 반두마티라고 하는 도성이었다.

시킴 여래의 아버지는 아루나왕, 어머니는 파바바티왕비였다. 아루나왕의 도시는 아루나바티라고 하는 도성이었다.

벳사부 여래의 아버지는 수파티타왕, 어머니는 야사바티왕비였다. 수파티타왕의 도시는 아노파마라고 하는 도성이었다.

카쿠산다 여래의 아버지는 앗기닷타 바라문, 어머니는 비사카라고 이름하는 바라문 여인이었다. 그때의 왕 케마의 도시는 케마바티라고 하는 도성이었다.

코나카마나 여래의 아버지는 야소냐닷타라고 하는 바라문, 어머니는 웃탈라라고 이름하는 바라문의 여인이었다. 그때의 왕 소바의 도시는 소바바티라고 하는 도성이었다.

카사파 여래의 아버지는 브라흐마닷타라고 하는 바라문이었고 어머니는 다나바티라고 하는 바라문의 여인이었다. 그때의 왕 키킴의 도시는 바라나시라고 하는 도성이었다.

그리고 지금 나의 아버지는 숫도다나왕, 어머니는 마야왕비, 도시는 카필라밧투라고 하는 도성이었다."

세존께서는 이렇게 말씀하신 후 자리에서 일어나 정사에 들어가셨다.

세존의 기억

그런데 세존께서 떠나가시자마자 비구들 사이에는 여러 가지 이야기들이 오갔다.

"여러분, 여래의 위대한 신통력과 위력은 참으로 불가사의하고 경이롭습니다.

왜냐하면 완전한 깨달음에 들어 모든 번뇌를 끊고 윤회의 길을 끊고 윤회를 종식시켰으며, 갖가지 괴로움을 뛰어넘으신 과거의 부처님에 대하여 이토록 자세하게 알고 계시니 말입니다.

여러분 어떻게 생각하십니까? 여래께서 이렇게 과거의 모든 부처님들에 대해서 출생이라든가 성명, 수명, 제자들과의 집회까지도 기억하고 계신 것은 만물의 진리[法界]에 잘 도달해 계시기 때문이라고 생각합니까? 그렇지 않으면 신들이 여래에게 이것을 알려주었기 때문이라고 생각합니까?"

비구들은 이러한 여러 가지의 이야기를 계속해서 말하고 있었다. 한편 세존께서는 저녁 무렵에 선정에서 일어나 칼렐리나무 곁의 원형강당으로 가시어 준비된 자리에 앉으셨다.

세존께서는 비구들에게 이렇게 말씀하셨다.

"비구들이여! 지금 이곳에서 어떠한 이야기들이 오고 갔는가?"

그러자 비구들은 그 동안의 대화내용을 세존께

말씀드렸다.

세존께서 이르셨다.

"비구들이여! 완전한 깨달음에 들어 번뇌의 어려움을 끊고, 윤회의 길을 끊고 윤회를 종식시켰으며, 갖가지 괴로움을 뛰어넘으신 과거의 부처님에 대하여 이토록 자세한 것까지 알고 있는 것은 여래인 내가 만물의 진리에 잘 도달해 있는 까닭이기도 하며, 또한 여러 신들이 내게 이러한 일들을 알려 주었기 때문이기도 하다.

비구들이여! 그대들은 전생의 여러 가지 일들에 대한 법담을 듣고 싶은가?"

"세존이시여! 물론입니다. 어서 말씀해 주시옵소서. 저희 비구들은 가슴에 잘 새기겠습니다."

"그렇다면 내 이제 그것을 설하리니 잘 듣고 생각하여라."

"존귀하신 스승이시여! 그리 하겠나이다."

비구들이 대답하자 세존께서 다음과 같이 설하셨다.

비팟싱 부처님의 전기

"비구들이여! 지금부터 91겁 전에 비팟싱 부처님께서 세상에 나시었다. 비팟싱 부처님은 왕족 출신으로 왕족의 가문에서 태어나셨다. 비팟싱 부처님의 성은 콘단냐, 수명은 8만 세이셨고 파탈리나무 아래에서 깨달음을 여시었다.

비팟싱 부처님에게는 칸다와 팃사라고 하는 으뜸가는 지혜로운 제자가 쌍벽을 이루었고 아쇼카라고 하는 시자비구가 있었다.

세 번의 집회에서 각기 6백8십만, 10만, 8만 명의 비구들이 모여들었는데 그들은 모두 번뇌의 티끌을 끊은 자들이었다.

비팟싱 부처님의 아버지는 반두마티라고 하는 왕이고 어머니는 반두마티왕비, 고향은 반두마티라고 하는 도성이었다.

탄생하시기까지

그런데 보살이신 비팟싱은 도솔천[17]에서 목숨을 마치시고 올바르게 마음을 머금고 올바르게 의식하시며 모태에 깃드셨다.

비구들이여! 이것은 항상 있는 일이다. 보살이 도솔천에서 목숨을 마치시고 모태에 깃들 때에는 신들의 세계와 악마의 세계, 범천의 세계를 포함한 모든 세계 가운데에서, 또한 사문이나 바라문, 신들과 인간을 포함한 모든 중생들 사이에서 헤아릴 수 없을 정도로 광대한 빛이 나타나 신들의 위신력에 의한 빛을 능가한다.

바닥도 덮개도 없는 어두운 암흑의 중간세계, 저토록 대위력과 대신력이 있는 달과 태양조차도 빛을 미칠 수 없는 중간세계에도 헤아릴 수 없는 광대한 빛이 나타나 신들의 위신력에 의한 빛을 능가한다.

그리고 그곳에 태어난 중생들은 그 빛에 의해

서 '오오, 다른 중생들도 이곳에 태어났구나'라며 서로를 인정하고 그 존재를 확인한다.

또한 이 10천세계(十千世界)[18]는 움직이고 요동하고 게다가 헤아릴 수 없을 정도로 광대한 빛이 나타나 신들의 위신력에 의한 빛을 능가한다.

비구들이여! 이것은 항상 있는 일이다. 보살이 모태에 깃들 때에는 '인간의 죽은 혼령도, 인간이 아닌 중생의 죽은 혼령도 태내의 보살과 그 어머니를 해칠 수 없다'라며 사천자(四天子)[19]가 수호하기 위해 사방에서 몰려와 시중을 든다.

비구들이여! 이것은 항상 있는 일이다. 보살이 모태에 깃들 때에는 보살의 어머니는 자연스레 계율을 지키는 사람이 된다. 목숨 있는 것을 해치지 않고 훔치지 않으며, 간통하지 않고 거짓말을 하지 않고 또한 곡주나 과일주 따위의 게으름의 원인이 되는 술을 마시지 않는다.

비구들이여! 이것은 항상 있는 일이다. 보살이

모태에 깃들어 있을 때에는 보살의 어머니는 남자에 대한 욕정이 생기지 않고 또한 마음이 더럽혀져 있는 어떠한 남자에게도 굴하지 않는다.

비구들이여! 이것은 항상 있는 일이다. 보살이 모태에 깃들어 있을 때에는 보살의 어머니는 5욕의 즐거움을 얻게 된다. 그녀는 5욕의 즐거움을 받고 에워싸여 지낸다.

비구들이여! 이것은 항상 있는 일이다. 보살이 모태에 깃들어 있을 때에는 보살의 어머니는 어떠한 병에도 걸리지 않고 편안하여 피로한 일이 하나도 없다. 그리고 보살이 크고 작은 신체의 기구를 갖추고 감각기관이 완전한 것을 본다. 예를 들면 아름답고 값비싼 8면체의 잘 닦여진 투명하고 깨끗한 유리보석이 있는데, 거기에 청, 황, 적, 백, 오렌지색의 실이 꿰어져 있는 것을 어떤 눈 밝은 남자가 그것을 볼 수 있는 것처럼, 보살의 어머니도 태내의 보살을 볼 수 있다.

비구들이여! 이것은 항상 있는 일이다. 보살의

어머니는 보살을 낳고 7일 후에 숨을 거둬 도솔천에 태어난다.

비구들이여! 이것은 항상 있는 일이다. 보통 여인들은 9개월이나 10개월 동안 아이를 태 속에서 기른 후에 출산하지만, 보살의 어머니는 정확히 10개월 동안 보살을 잉태한 후에 출산한다.

비구들이여! 이것은 항상 있는 일이다. 보통 여인들은 앉거나 누워서 아이를 낳지만 보살의 어머니는 똑바로 서서 보살을 낳는다.

비구들이여! 이것은 항상 있는 일이다. 보살이 태어날 때에는 제일 먼저 신들이, 다음에는 사람들이 보살을 받아든다.

비구들이여! 이것은 항상 있는 일이다. 보살이 태어날 때에는 땅에 닿는 일이 없다. 사천왕자가 그를 받들어 '왕비시여! 기뻐하소서. 당신께서 낳으신 아드님은 훌륭한 역량을 갖추었습니다'라고 말하며 어머니 앞으로 모시고 간다.

비구들이여! 이것은 항상 있는 일이다. 보살은

깨끗하게 태어나신다. 더러운 물이나 점액, 피, 그리고 그 어떠한 부정한 물에도 더럽혀지지 않고 청정무구하다. 그것은 바로 카쉬 산(産) 헝겊 위에 마니보석이 놓여졌을 때와 같은 것이다. 마니보석은 카쉬 산 헝겊을 더럽히지 않고 카쉬 산 헝겊도 마니보석을 더럽히지 않는다. 왜냐하면 헝겊과 마니보석 모두가 깨끗하기 때문이다. 그와 같이 보살은 어느 것에 의해서도 더럽혀지지 않고 깨끗하게 태어나시는 것이다.

비구들이여! 이것은 항상 있는 일이다. 보살이 태어날 때에는 두 줄기의 물이 하늘에서 내려와 보살과 그 어머니를 씻어 주니 한 줄기는 찬물이요, 또 한 줄기는 따뜻한 물이다.

비구들이여! 이것은 항상 있는 일이다. 보살이 태어나자마자 두 발로 똑바로 서서 북쪽을 향하여 일곱 걸음 걸으시매 하얀 차양을 쓰시고 온갖 방위를 바라보시며 '나는 세상의 가장 훌륭한 사람이며 승리자이고 으뜸가는 사람이다. 지금의

생이 마지막이 될 것이요, 더 이상 두 번 다시
생을 받는 일이 없으리라'라고 위엄 있는 말씀을
하신다.

비구들이여! 이것은 항상 있는 일이다. 보살이
태어날 때에는 신들과 악마의 세계, 범천의 세계
를 포함한 모든 세계 가운데 그리고 사문 바라문
과 신들과 인간을 포함한 모든 중생 가운데에서
헤아릴 수 없을 정도로 광대한 빛이 나타나 신들
의 위신력에 의한 빛을 능가한다.

덮개도 바닥도 없는 어두운 암흑의 중간세계,
저와 같이 위대한 위신력이 있는 달이나 태양조
차도 그 빛을 미칠 수 없는 중간세계에도 헤아릴
수 없을 정도의 광대한 빛이 나타나 신들의 위신
력에 의한 빛을 능가한다.

그리고 그곳에 태어난 중생들은 그 빛에 의해
서 '아아, 다른 중생들도 이곳에 태어났구나'라고
서로를 인정하여 그 존재를 깨닫는다.

또한 이 10천세계는 움직이고 동요하며 흔들리

고 헤아릴 수 없을 정도의 광대한 빛이 나타나
신들의 위신력에 의한 빛을 능가한다."

위대한 인물이 지니는 32가지의 특징

그런데 비팟싱이 왕자로 태어나자 사람들은 반
두마티왕에게 보고하였다.
"왕자께서 태어나셨습니다. 어서 달려가시어
왕자를 보시오소서."
반두마티왕은 비팟싱 왕자를 보자 점을 치는
바라문을 불러 이렇게 말했다.
"바라문들이여! 왕자를 보아주십시오."
그들은 왕자를 보고 나서 왕에게 말했다.
"왕이시여! 기뻐하소서. 뛰어난 역량을 지니신
왕자이시옵니다. 이러한 왕자께서 당신의 가문에
태어나셨다는 사실은 당신의 가문에 있어 다시없
는 영광이고 행복입니다. 왜냐하면 이 왕자께서
는 위대한 인물이 지니는 32가지의 특징을 지니

고 계시기 때문입니다. 그것을 갖추고 있는 인물에게는 두 가지의 길이 앞에 놓여 있게 됩니다.

만약 집에 머물러 계신다면 전륜왕(轉輪王)[20]이 되시어 정법에 의거한 법왕(法王)이며 사방의 정복자로서 국토를 평정하여 일곱 가지 보배를 갖게 되실 것입니다. 그 일곱 가지란 수레, 코끼리, 말, 보석, 여인, 재산가, 그리고 장군을 가리킵니다.

또한 그에게는 용감무쌍하게 적군을 쳐부수는 아들이 천 명 이상 있을 것입니다. 그는 이 지상을 바다에 닿기까지 무력을 사용하지 않고 정의로써 정복하여 다스릴 것입니다.

또한 만약 집을 버리고 출가하시게 된다면 세상에서 번뇌의 덮개를 제거한 존경할 만한 사람, 올바르게 깨달은 사람이 되실 것입니다.

왕이시여! 이 왕자께서 갖추고 계신 위대한 인물의 32가지 특징이란 다음과 같습니다.

① 편평한 발을 갖고 있다. ② 발바닥에는 천 가지의 바퀴살과 바퀴테와 바퀴통을 가진, 온갖

특징을 두루 갖춘 바퀴 무늬가 있다. ③ 넓은 발
뒤꿈치를 갖고 있다. ④ 손가락과 발가락이 길다.
⑤ 부드럽고 매끈한 손과 발을 갖고 있다. ⑥ 손
가락과 발가락이 격자와 같이 균등하고 간격이
일정해 있다. ⑦ 발등이 높다. ⑧ 사슴과 같은 균
형 있는 정강이를 갖고 있다. ⑨ 선 채로 다리를
굽히지 않고도 두 손으로 무릎을 만질 수 있다.
⑩ 음부가 몸 속으로 숨겨져 있다. ⑪ 황금색 피
부를 갖고 있다. ⑫ 부드럽고 매끈한 피부를 갖
고 있기 때문에 먼지나 때가 붙지 않는다. ⑬ 하
나의 털구멍에 털이 하나씩 나 있다. ⑭ 몸의 털
이 거꾸로 돌며 푸르고 점안약과 같은 색을 띠고
있으며, 동시에 귀걸이와 같이 오른쪽으로 원을
그리며 나 있다. ⑮ 범천과 같이 몸이 꼿꼿하다.
⑯ 양 팔과 양 다리, 양 어깨와 목덜미의 신체 일
곱 군데가 튀어나왔다. ⑰ 상반신이 사자처럼 당
당하다. ⑱ 어깨 가운데가 풍만해 있다. ⑲ 니그
로다나무같이 균형이 잡혀 있다. 즉 몸의 길이와

두 팔을 벌린 길이가 똑같다. ⑳ 양 어깨가 균형이 잘 잡혀 둥글게 되어 있다. ㉑ 미각이 아주 예민하다. ㉒ 사자와 같이 아래턱이 위턱보다도 부드럽다. ㉓ 치아가 40대이다. ㉔ 치아가 고르다. ㉕ 치아 사이가 벌어져 있지 않다. ㉖ 송곳니가 순백색이다. ㉗ 긴 혀를 갖고 있다. ㉘ 범천과 같은 존귀한 음성을 갖고 있으며 칼라비카새[21]와 같이 아름답게 말한다. ㉙ 눈이 푸르다. ㉚ 소처럼 맑디맑은 속눈썹을 갖고 있다. ㉛ 미간에는 부드럽고 솜 같은 흰 털이 자라 있다. ㉜ 왕의 두건을 쓴 것 같은 형상의 머리를 하고 있다.

왕이시여! 이 왕자께서는 위대한 인물이 지니는 이러한 32가지의 특징을 갖추고 계십니다. 이러한 특징을 갖추고 있는 사람은 장차 전륜성왕이 아니면, 세상의 존경을 받을 만한 사람, 올바르게 깨달은 사람이 될 것입니다.”

그러자 반두마티왕은 점술가인 바라문들에게 새 옷을 주며 모든 소망을 들어주었다.

어린 시절

반두마티왕은 비팟싱 왕자에게 유모들을 구해 주었다. 어떤 사람은 젖을 주고 어떤 사람은 목욕을 시켜 주고 또 어떤 사람은 간호를 해 주고 어떤 사람은 업어 주었다.

또한 '추위도 더위도 잡초와 먼지와 이슬도 왕자를 귀찮게 할 수 없도록' 태어나면서부터 비팟싱 왕자에게는 낮과 밤을 가리지 않고 하얀 차양이 항상 따라다니면서 왕자를 덮어 주었다.

마치 푸른 연꽃과 붉은 연꽃, 흰 연꽃이, 많은 사람들에게 사랑을 받으며 자라나듯이 태어나면서부터 비팟싱 왕자는 수많은 사람들에게 사랑을 받으며 자라셨다.

사람들은 앞다투어 왕자를 업어 주었다.

마치 히말라야산의 칼라비카새가 빼어나고 아름답고 감미로운 목소리를 내듯이 비팟싱 왕자도 빼어나고 아름답고 감미로운 목소리를 가지고 있었다.

또한 비구들이여! 태어나면서부터 비팟싱 왕자에게는 전생의 선업의 결과로 하늘의 눈이 나타났는데, 낮이나 밤을 가리지 않고 두루 1요자나 끝까지 볼 수가 있었다.

또한 태어나면서부터 비팟싱 왕자는 33천[22]의 신들과 같이 눈을 깜박거리지 않고 보았다. 이로 인해 '비팟싱(관찰하는 사람)'이라는 이름이 생겼다.

때에 반두마티왕은 비팟싱 왕자를 무릎에 앉히고 법정에 나아가 왕자에게 사건을 설명해 주었다. 왕자는 부왕의 무릎에 앉은 채로 잘 생각하여 적절하게 사건의 판단을 내렸다. 이 일로 인해 '비팟싱'이라는 이름이 더욱더 높아져 갔다.

반두마티왕은 비팟싱 왕자를 위하여 장마철, 여름, 겨울에 각각 기거할 높은 궁전을 세 개 지어서 다섯 가지의 즐거움을 갖추게 하였다. 왕자는 장마철 4개월 동안 장마철 전용 궁전에서 여자들로만 구성된 악단에 둘러싸여 그곳에서 내려오지 않았다.

제2장 출가와 수행

노인을 보다

그런데 많은 세월이 흘러 어느 날 비팟싱 왕자는 마부에게 일렀다.

"훌륭하고 아름다운 수레를 준비하라. 좋은 경치를 보면서 동산에 나가고 싶구나."

"그리 하겠나이다!"

마부가 대답하고 나서 수레를 준비한 후에 다시 왕자에게 보고했다.

"수레가 준비되었나이다."

그러자 비팟싱 왕자는 아름다운 수레에 올라 동산으로 놀러 나갔다.

비구들이여! 비팟싱 왕자는 그 도중에 마디마디가 서까래처럼 휘어지고 병든 노인이 지팡이에 의지해서 비틀거리며 오고 있는 모습을 보고 마부에게 물었다.

"저 남자는 뭐하는 사람인가? 머리하며 몸이

여느 사람과 다르지 않는가?"

"왕자시여! 저 사람은 노인이기 때문에 그러합니다."

"노인이라고 말하였는가? 어째서 노인이라고 하는가?"

"그에게는 더 이상 살 목숨이 남아 있지 않기 때문입니다."

"나도 늙지 않겠는가? 늙음을 피할 수 있는 방법은 없겠는가?"

"왕자께서도 그리고 저도, 아니 목숨 가진 중생이라면 누구라도 늙음을 피할 수는 없습니다."

"오늘은 동산에 나가지 않겠노라. 궁으로 돌아가자."

"그리 하겠나이다, 왕자시여!"

비팟싱 왕자는 궁으로 돌아와서 크게 괴로움에 젖어 낙담하여 앉아 있었다.

"오오, 태어난다는 일은 꺼릴 일이로다. 늙는다는 것을 알지 않으면 안 되기 때문에 태어난다는

194

일은 결코 즐길 일이 못 된다.”

비구들이여! 그때 반두마티왕은 마부를 불러서 이렇게 말했다.

“보아라, 마부여! 왕자는 동산에서 즐기고 왔는가? 기쁨에 젖어서 돌아왔는가?”

“아닙니다, 왕이시여!”

“아니 그렇다면 도중에서 무언가 좋지 못한 것이라도 보았다는 말인가?”

마부는 반두마티왕에게 동산으로 가는 도중에 일어난 일을 자세히 말씀드렸다.

그러자 반두마티왕은 이렇게 생각하였다.

‘왕자가 왕위를 이어받지 않고 출가한다면 그것은 말할 수 없이 슬픈 일이다. 그런 일이 일어나지 말아야 할텐데…. 점술가나 바라문들의 말이 현실로 나타나지 않는다면 얼마나 좋을 것인가!’

반두마티왕은 비팟싱 왕자가 왕위를 계승하여 집을 떠나는 일이 없도록, 또한 점술가들의 말이 거짓말이 되도록 더 한층 왕자를 위하여 쾌락을 누릴 수 있도록 하는 데 온 힘을 쏟았다.

비팟싱 왕자는 다섯 가지의 즐거움을 누리면서 그것들에 휩싸여 지냈다.

병든 사람을 보다

그 후 오랜 시간이 흐른 뒤에 비팟싱 왕자는 다시 마부를 불러 수레를 갖추도록 명한 뒤에 동산으로 나갔다.

비팟싱 왕자는 동산으로 가는 길목에서 중병에 걸려 신음하면서 자기가 눈 똥오줌 위에 쓰러져 있는 병든 사람이, 다른 사람의 부축을 받으면서 침상에 눕혀지는 모습을 보고 마부에게 물었다.

"보아라, 마부여! 저 사람은 대체 무슨 일인가? 눈동자며 목소리가 여느 사람과 다르지 않는가?"

"왕자시여! 저 사람은 병들었기 때문입니다."

"병들었기 때문이라고 그랬는가? 병든 사람이란 어찌하여 그런가?"

“그는 필시 저 병에서 회복될 수 없을 것입니다. 그래서 병든 사람이라고 하는 것입니다.”

“나도 병들 것이 아닌가! 병을 피할 도리는 없다는 말인가?”

“왕자께서도 그리고 저도, 아니 목숨 있는 모든 중생들은 병을 피할 수는 없을 것입니다.”

“오늘은 동산에 나가지 않겠다. 궁으로 돌아가자.”

“그리 하겠습니다.”

마부는 수레를 돌려 궁전으로 돌아갔다.

비팟싱 왕자는 궁으로 돌아와서 크게 괴로움에 젖어 낙담하여 앉아 있었다.

“아아, 태어난다는 것은 꺼릴 일이로다. 늙고 병들지 않으면 안 된다는 것을 알기 때문에 태어난다는 것은 즐길 일이 못된다.”

때에 반두마티왕은 마부를 불러 이렇게 말했다.

“왕자는 동산에서 즐기고 왔는가? 기쁨에 젖어서 돌아왔는가?”

“그렇지 않습니다. 왕이시여!”

"그렇다면 도중에서 또 무엇인가를 보았다는 말인가?"

마부는 동산으로 가는 도중에 일어난 일을 왕에게 자세하게 아뢰었다.

그러자 반두마티왕은 이렇게 생각하였다.

'왕자가 왕위를 버리지 않는다면 얼마나 좋을까! 출가할 생각이 전혀 없어서 점술가들의 말이 거짓으로 되어버린다면 얼마나 좋을까!'

반두마티왕은 비팟싱 왕자가 왕위를 잇고 출가하지 않도록 하기 위해 왕자의 쾌락에 더욱더 정성을 쏟았다.

그리하여 왕자는 그러한 즐거움에 휩싸여 지냈다.

죽은 사람을 보다

그 후로 오랜 시간이 흐른 뒤에 비팟싱 왕자는 마부를 불러 전처럼 동산에 나갈 채비를 차리도록 하였다.

비팟싱 왕자는 동산으로 가는 길목에서 여러 가지 색의 옷을 입은 수많은 사람들이 모여서 관을 만들고 있는 모습을 보고 마부에게 물었다.

"보아라, 사람들이 저렇게 갖가지 색깔의 옷을 입고 관을 만들고 있는데 저것은 무슨 일인가?"

"누군가가 죽었기 때문입니다."

"그렇다면 저 죽은 사람 있는 곳으로 수레를 몰아라."

마부가 죽은 사람이 있는 곳으로 수레를 몰고 갔다. 왕자는 죽은 사람을 보자 마부에게 이렇게 말했다.

"어찌하여 저 사람을 일러, 죽은 사람이라고 말하는가?"

"더 이상 부모도 다른 친척도 그를 볼 수가 없기 때문입니다. 그도 또한 자기 자신을 볼 수가 없습니다. 그런 까닭에 죽은 사람이라고 말하는 것입니다."

"나도 죽는다는 말인가? 죽음을 피할 수는 없

겠는가? 부왕인 아버지와 왕비인 어머니, 그 외
다른 친척도 나를 볼 수가 없으며 나 또한 내 자
신을 볼 수 없는 일이 일어나지 않으려면 어떻게
해야 하는가?"

"왕자께서도 저도 그 외 목숨 있는 모든 중생
들은 죽음을 피할 수는 없습니다."

"그렇다면 오늘은 동산에 나가지 않겠다. 수레
를 돌려 궁으로 돌아가자."

마부는 수레를 돌려 궁으로 돌아왔다. 왕자는
궁에 들어가 크게 낙담하여 주저앉아 버렸다.

"아아, 태어남이란 것은 꺼릴 일이로다. 늙는다
는 사실을 알고 병든다는 사실을 알고 죽는다는
사실을 알지 않으면 안 되기 때문이다."

그때 반두마티왕은 마부를 불러 이렇게 말했다.

"마부여! 왕자는 동산에서 즐기고 왔는가? 기
쁨에 젖어서 돌아왔는가?"

"그렇지 않습니다."

"그렇다면 또 도중에서 무엇인가를 보았다는

말인가?"

마부는 왕에게 동산으로 가는 도중에 일어난 일을 자세하게 보고하였다.

그러자 왕은 앞서와 똑같은 생각을 하면서 비팟싱 왕자가 출가를 꿈꾸지 못하도록 더욱더 왕자의 쾌락을 위해 정성을 쏟았다.

왕자는 그 즐거움에 휩싸여 지냈다.

출가인을 만나다

그런데 그 후에 오랜 시간이 흘러 비팟싱 왕자는 다시 마부를 불러 일렀다.

"마부여! 아름답고 훌륭한 수레를 준비하라. 경치를 즐기면서 동산으로 가고 싶구나."

"그리 하겠습니다."

마부가 대답하고 나서 수레를 준비한 후에 왕자에게 일렀다.

"모든 준비가 끝났습니다. 왕자시여!"

그러자 비팟싱 왕자는 아름답고 훌륭한 수레에 올라 동산으로 나아갔다.

동산으로 가는 길목에서 왕자는 머리와 수염을 깎고 출가하여 가사를 입은 남자를 보고 마부에게 물었다.

"마부여! 저 남자의 차림새가 여느 사람과 다르구나. 무엇을 하는 사람인가?"

"왕자시여! 저 사람은 출가인이기 때문입니다."

"출가인이라고 하였느냐? 출가인이란 무엇을 하는 사람인가?"

"그는 진리에 순응한 생활, 고요한 생활을 좋아하며 착한 행동과 공덕을 쌓는 행을 좋아하고 남을 해치지 않고 중생들에 대하여 가련히 여기는 마음을 갖고 있습니다. 그러기 때문에 출가인이라 불리는 것입니다."

"그렇다면 출가인이란 아주 훌륭한 사람이로구나. 마부여! 저 출가인이 있는 곳으로 수레를 돌려라."

"그리 하겠습니다."

마부가 수레를 출가인을 향해 돌리자 왕자는
그 출가인을 향해서 이렇게 말했다.
"그대는 누구인가? 머리와 차림새가 남과 같지
않구나."
"왕자시여! 나는 출가를 한 사람입니다."
"어째서 출가인이라 불리는가?"
"나는 진리에 순응한 생활과 고요한 생활을 좋
아하며 착한 행동과 공덕을 쌓는 행을 좋아하며
남을 해치지 않고 중생들에 대하여 가련히 여기
는 마음을 갖고 있습니다. 그러기 때문에 출가인
이라 불리는 것입니다."
"참으로 훌륭한 일이다."

출가(出家)

그때 비팟싱 왕자는 마부에게 고하였다.
"마부여! 그대는 수레를 몰고 궁전으로 돌아가
라. 나는 이곳에서 머리와 수염을 깎고 가사를

입고 집을 떠나 출가하고자 한다."

"그리 하겠습니다. 왕자시여!"

마부는 왕자의 말에 따라 수레를 몰아서 궁전으로 돌아갔다. 비팟싱 왕자는 그 곳에서 머리와 수염을 깎고 가사를 입고 출가하였다.

한편 수도 반두마티의 8만 4천 대군중은 비팟싱 왕자의 출가소식을 전해 듣고 이렇게 생각하였다.

"다른 사람도 아닌 바로 비팟싱 왕자께서 출가하셨다는 말이다. 그것은 어떠한 가르침이나 계율이 아니다. 저열한 출가를 하셨을 리가 없다. 비팟싱 왕자께서 출가하셨다면 우리도 그렇게 하지 않을 수 없다."

그리하여 8만 4천 대군중도 비팟싱 보살을 따라 머리와 수염을 깎고 가사를 입고 집을 버리고 출가하였다. 비팟싱 보살은 그 군중들을 거느리고 마을이나 거리, 수도를 유행하셨다.

어느 날 비팟싱 보살이 홀로 앉아 선정에 잠겨

계실 때 이런 생각을 하셨다.

'집단에 어울려 지낸다는 일은 내게는 알맞은 일이 아니다. 대중에서 떨어져서 홀로 지내기로 하자.'

이후로 비팟싱 보살은 대중에서 떨어져서 홀로 지내셨다. 8만 4천 명의 출가인들과 비팟싱 보살은 떨어져서 수행하였다.

깨달음을 여시다

또한 안주하여 홀로 지내면서 선정에 잠겨 있을 때 비팟싱 보살에게 이런 생각이 들었다.

'이 세상 사람들은 괴로움에 빠져서 지내고 있다. 즉 태어나서 늙고 죽으며 그리고 다시 태어난다. 그러나 괴로움과 늙음과 죽음으로부터의 벗어남을 알지 못한다. 대체 언제나 그것을 알 수 있을까!'

그러자 비팟싱 보살에게 이런 생각이 들었다.

'무엇이 있기 때문에 늙고 죽음이 있는 것일

까? 무엇을 조건으로 하여 늙고 죽음이 있는 것
일까?'

그리하여 올바른 사색에 의해 비팟싱 보살에게
지혜에 의한 깨달음이 생겼다.

'태어남이 있을 때에 늙고 죽음이 있다. 태어남
을 조건으로 해서 늙고 죽음이 있다.'

또 이렇게 생각하였다.

'무엇이 있기 때문에 태어남이 있는 것일까?
무엇을 조건으로 하여 태어남이 있는 것일까?'

그리하여 올바른 사색에 의해 비팟싱 보살에게
지혜에 의한 깨달음이 생겼다.

'존재가 있을 때에 태어남이 있다. 존재를 조건
으로 해서 태어남이 있다.'

또 이렇게 생각하였다.

'무엇이 있기 때문에 존재가 있는 것일까? 무
엇을 조건으로 해서 존재가 있는 것일까?'

그리하여 올바른 사색에 의해 비팟싱 보살에게
지혜에 의한 깨달음이 생겼다.

'취함(取)이 있을 때에 존재가 있다. 취함을 조건으로 해서 존재가 있다.'

또 이렇게 생각하였다.

'무엇이 있기 때문에 취함이 있는 것일까? 무엇을 조건으로 해서 취함이 있는 것일까?'

그리하여 올바른 사색에 의해 비팟싱 보살에게 지혜에 의한 깨달음이 생겼다.

'갈애(渴愛)가 있을 때에 취함이 있다. 갈애를 조건으로 해서 취함이 있다.'

또 이렇게 생각하였다.

'무엇이 있기 때문에 갈애가 있는 것일까? 무엇을 조건으로 해서 갈애가 있는 것일까?'

그리하여 올바른 사색에 의해 비팟싱 보살에게 지혜에 의한 깨달음이 생겼다.

'느낌이 있을 때에 갈애가 있다. 느낌을 조건으로 해서 갈애가 있다.'

또 이렇게 생각하였다.

'무엇이 있기 때문에 느낌이 있는 것일까? 무

엇을 조건으로 해서 느낌이 있는 것일까?'

그리하여 올바른 사색에 의해 비팟싱 보살에게 지혜에 의한 깨달음이 생겼다.

'부딪침이 있을 때에 느낌이 있다. 부딪침을 조건으로 해서 느낌이 있다.'

또 이렇게 생각하였다.

'무엇이 있기 때문에 부딪침이 있는 것일까? 무엇을 조건으로 해서 부딪침이 있는 것일까?'

그리하여 올바른 사색에 의해 비팟싱 보살에게 지혜에 의한 깨달음이 생겼다.

'여섯 가지의 감각기관이 있을 때에 부딪침이 있다. 여섯 가지의 감각기관을 조건으로 해서 부딪침이 있다.'

또 이렇게 생각하였다.

'무엇이 있기 때문에 여섯 가지의 감각기관이 있는 것일까? 무엇을 조건으로 해서 여섯 가지의 감각기관이 있는 것일까?'

그리하여 올바른 사색에 의해 비팟싱 보살에게

지혜에 의한 깨달음이 생겼다.

'이름과 색이 있을 때에 여섯 가지의 감각기관이 있다. 이름과 색을 조건으로 해서 여섯 가지의 감각기관이 있다.'

또 이렇게 생각하였다.

'무엇이 있기 때문에 이름과 색이 있는 것일까? 무엇을 조건으로 해서 이름과 색이 있는 것일까?'

그리하여 올바른 사색에 의해 비팟싱 보살에게 지혜에 의한 깨달음이 생겼다.

'다르다고 깨닫는 것에 의해 이름과 색이 있다. 다르다고 깨닫는 것을 조건으로 해서 이름과 색이 있다.'

또 이렇게 생각하였다.

'무엇이 있기 때문에 다르다고 깨닫는 것이 있는 것일까? 무엇을 조건으로 해서 다르다고 깨닫는 것이 있는 것일까?'

그리하여 올바른 사색에 의해 비팟싱 보살에게

지혜에 의한 깨달음이 생겼다.

'이름과 색이 있을 때에 다르다고 깨닫는 것이 있다. 이름과 색을 조건으로 해서 다르다고 깨닫는 것이 있다.'

그리고 비팟싱 보살은 이렇게 생각하였다.

'이 다르다고 깨닫는 것은 이름과 색에서 되돌아가 그 이상으로 나아가지는 않는다.

이름과 색을 조건으로 해서 다르다고 깨닫는 것이 있고, 다르다고 깨닫는 것을 조건으로 해서 이름과 색이 있으며, 이름과 색을 조건으로 해서 여섯 가지의 감각기관이 있고, 여섯 가지의 감각기관을 조건으로 해서 접촉이 있고, 접촉을 조건으로 해서 느낌이 있다. 느낌을 조건으로 해서 갈애가 있고, 갈애를 조건으로 해서 취함이 있고, 취함을 조건으로 해서 존재가 있고, 존재를 조건으로 해서 태어남이 있고, 태어남을 조건으로 해서 늙음과 죽음, 그리고 근심과 슬픔, 우울함, 번민이 있다.

이와 같은 조건으로 인하여 모든 괴로움의 덩어리가 일어나는 한 세상의 모든 사람들은 태어나고 늙고 죽으며 또 다시 태어날 것이다.'

'이것이 태어남(생기)이다. 이것이 태어남이다'라고 하는 일찍이 들어본 적이 없는 진리에 대하여 비팟싱 보살에게는 지혜의 눈이 생기고, 지식이 생기고, 지혜가 생겼으며 예지가 생겼고, 지혜의 빛이 생겼다.

이어서 비구들이여! 비팟싱 보살은 이렇게 생각하였다. '무엇이 없을 때에 늙고 죽음이 없는 것일까? 무엇의 멸함에 의해서 늙고 죽음의 멸함이 있는 것일까?'

올바른 사색에 의해서 비팟싱 보살에게 지혜에 의한 깨달음이 생겼다.

'태어남이 없을 때에 늙고 죽음이 없다. 태어남의 멸함에 의해서 늙고 죽음의 멸함이 있다.'

또 이렇게 생각하였다.

'무엇이 없을 때에 태어남이 없는 것일까? 무엇

의 멸함에 의해서 태어남의 멸함이 있는 것일까?'

올바른 사색에 의해서 비팟싱 보살에게 지혜에 의한 깨달음이 생겼다.

'존재가 없을 때에 태어남이 없다. 존재의 멸함에 의해서 태어남의 멸함이 있다.'

또 이렇게 생각하였다.

'무엇이 없을 때에 존재가 없는 것일까? 무엇의 멸함에 의해서 존재의 멸함이 있는 것일까?'

올바른 사색에 의해서 비팟싱 보살에게 지혜에 의한 깨달음이 생겼다.

'취함이 없을 때에 존재가 없으며 취함의 멸함에 의해서 존재의 멸함이 있다.'

또 이렇게 생각하였다.

'무엇이 없을 때에 취함이 없는 것일까? 무엇의 멸함에 의해서 취함의 멸함이 있는 것일까?'

올바른 사색에 의해서 비팟싱 보살에게 지혜에 의한 깨달음이 생겼다.

'갈애가 없을 때에 취함이 없다. 갈애의 멸함에

의해서 태어남의 멸함이 있는 것이다.'

또 이렇게 생각하였다.

'무엇이 없을 때에 갈애가 없는 것일까? 무엇의 멸함에 의해서 갈애의 멸함이 있는 것일까?'

올바른 사색에 의해서 비팟싱 보살에게 지혜에 의한 깨달음이 생겼다.

'느낌이 없을 때에 갈애가 없다. 느낌의 멸함에 의해서 갈애의 멸함이 있다.'

또 이렇게 생각하였다.

'무엇이 없을 때에 느낌이 없는 것일까? 무엇의 멸함에 의해서 느낌의 멸함이 있는 것일까?'

올바른 사색에 의해서 비팟싱 보살에게 지혜에 의한 깨달음이 생겼다.

'부딪침이 없을 때에 느낌이 없다. 부딪침의 멸함에 의해서 느낌의 멸함이 있다.'

또 이렇게 생각하였다.

'무엇이 없을 때에 부딪침이 없는 것일까? 무엇의 멸함에 의해서 부딪침의 멸함이 있는 것일까?'

올바른 사색에 의해서 비팟싱 보살에게 지혜에
의한 깨달음이 생겼다.

'여섯 가지의 감각기관이 없을 때에 부딪침이
없다. 여섯 가지의 감각기관의 멸함에 의해서 부
딪침의 멸함이 있다.'

또 이렇게 생각하였다.

'무엇이 없을 때에 여섯 가지 감각기관이 없는
것일까? 무엇의 멸함에 의해서 여섯 가지 감각기
관의 멸함이 있는 것일까?'

올바른 사색에 의해서 비팟싱 보살에게 지혜에
의한 깨달음이 생겼다.

'이름과 색이 없을 때에 여섯 가지 감각기관이
없으며 이름과 색의 멸함에 의해서 여섯 가지 감
각기관의 멸함이 있다.'

또 이렇게 생각하였다.

'무엇이 없을 때에 이름과 색이 없는 것일까?
무엇의 멸함에 의해서 이름과 색의 멸함이 있는
것일까?'

올바른 사색에 의해서 비팟싱 보살에게 지혜에
의한 깨달음이 생겼다.

'다르다고 깨닫는 것이 없을 때에 이름과 색이
없으며 다르다고 깨닫는 것의 멸함에 의해서 이
름과 색의 멸함이 있는 것이다.'

또 이렇게 생각하였다.

'무엇이 없을 때에 다르다고 깨닫는 것이 없는
것일까? 무엇의 멸함에 의해서 다르다고 깨닫는
것의 멸함이 있는 것일까?'

올바른 사색에 의해서 지혜에 의한 깨달음이
생겼다.

'이름과 색이 없을 때에 다르다고 깨닫는 것이
없고, 이름과 색의 멸함에 의해서 다르다고 깨닫
는 것의 멸함이 있다.'

그리고 비팟싱 보살은 이렇게 생각하였다.

'나는 깨달음을 얻기 위하여 이러한 올바른 관
찰의 길에 도달했다. 다시 말하면 이름과 색의
멸함에 의해서 다르다고 깨닫는 것의 멸함이 있

고, 다르다고 깨닫는 것의 멸함에 의해서 이름과 색의 멸함이 있다. 이름과 색의 멸함에 의해서 여섯 가지 감각기관의 멸함이 있고, 여섯 가지의 감각기관의 멸함에 의해서 접촉의 멸함이 있으며, 접촉의 멸함에 의해서 느낌의 멸함이 있다.

느낌의 멸함에 의해서 갈애의 멸함이 있고, 갈애의 멸함에 의해서 취함의 멸함이 있다. 취함의 멸함에 의해서 존재의 멸함이 있고, 존재의 멸함에 의해서 태어남의 멸함이 있다. 태어남의 멸함에 의해서 늙고 죽음과 근심, 슬픔, 우울함과 번민의 멸함이 있다. 이리하여 이러한 온갖 괴로움의 덩어리가 멸하는 것이다.'

'이것이 멸함이다. 이것이 멸함이다'라고 하는 일찍이 들어본 적이 없는 진리에 있어 비팟싱 보살에게는 지혜의 눈이 생기고 지식이 생겼으며 지혜가 생겼고, 예지가 생겼으며 지혜의 빛이 생겼다.

비구들이여! 비팟싱 보살은 그후 인간 존재를

구성하는 다섯 가지 집착의 덩어리, 다시 말하면 색과 느낌과 생각과 결합과 식별의 감각에 관하여 그 구체적인 내용과 생함과 멸함을 관찰하여 지냈다. 그리고 이로 인해 머지 않아 집착이 없어지고 마음이 갖가지의 더러움에서 해탈하였다.

설법하기를 주저하시니 범천이 간청하다

그런데 비구들이여! 여래이시고 존경받을 만하며 올바르게 깨달은 사람이신 비팟싱은 가르침을 설하시고자 생각하셨다. 그렇지만 이렇게도 생각하셨다.

'내가 도달한 이 진리는 심원하여 이해하기 어렵고 쉽게 깨달을 수가 없다. 고요하고 훌륭하며 사고의 영역을 뛰어넘고 미묘하여 현명한 사람들만이 알 수가 있는 것이다.

그렇지만 세상 사람들은 욕망의 대상을 향한 집착을 즐기고 기뻐하고 있다. 그런 사람들에게는 이것을 조건으로 해서 저것이 있다라는 연기의 가르침이 이해하기가 어렵다.

또한 모든 생성활동의 고요함, 모든 집착을 버림, 갈애의 소멸, 욕망을 떠남, 모든 괴로움의 소멸, 그것이 열반이다라고 하는 도리도 이해할 수

가 없다. 설령 내가 가르침을 설한다 해도 사람
들이 이해할 수가 없다면 그것은 헛수고에 지나
지 않을 것이며, 괜히 사람들을 곤혹하게 만드는
일이 되지나 않을까 염려스럽다.'
　그리고 비팟싱 여래의 마음에는 일찍이 들어본
적이 없는 시구가 자연스럽게 떠올랐다.

　　어렵게 내가 깨달은 것을
　　지금 설명할 필요가 있을까?
　　욕망과 혐오를 이겨내지 못한 자들이
　　이 진리를 깨달을 수는 없을 것이다.

　　세간의 견해와 어긋나고 미묘하여
　　심원하고 이해하기 어렵고 미세한 이 진리를
　　욕망에 더럽혀지고 몇 겹이나 되는
　　어리석음이라는 암흑에 가려진 자들은
　　볼 수가 없는 것이다.

　비팟싱 여래께서 이렇게 생각하자 그만 담담해

져서 가르침을 설하고자 하는 마음을 더 이상 갖지 않게 되었다. 그러자 어떤 대범천이 비팟싱 여래의 심중을 알고 이렇게 생각하였다.

'아아, 이 세상도 종말이 왔군. 비팟싱 세존께서 더 이상 가르침에 마음을 두지 않으시게 되었구나.'

그리하여 그 대범천은 마치 힘센 사람이 팔을 굽혔다 펴는 순간처럼 아주 짧은 순간에 범천계에서 사라져 비팟싱 여래 앞에 나타났다. 그리고는 오른쪽 어깨를 걷고 오른쪽 무릎을 땅에 대고 여래를 향하여 합장하면서 이렇게 말했다.

"비팟싱 여래시여! 가르침을 설해주사이다. 선서이시여! 가르침을 설해주사이다. 세상에는 태어나면서부터 지혜의 눈이 번뇌의 티끌에 그다지 더렵혀져 있지 않은 사람들도 있습니다.

그들은 가르침을 듣지 못하여 지금은 퇴보되어 있으나 가르침을 듣게 된다면 곧 그 말씀을 이해하게 될 것입니다."

그러자 비팟싱 여래께서 이렇게 말씀하셨다.

"범천이여! 나도 가르침을 설하려고 생각을 하였다. 그렇지만 내가 도달한 이 진리는 심원하여 이해하기 어렵고 깨닫기 어렵다. 고요하고 훌륭하며 사고의 영역을 뛰어넘어 있고, 미묘하여 현명한 사람들만이 알 수 있는 것이다.

그런데 세상 사람들은 욕망의 대상을 향한 집착을 기뻐하고 즐기고 있다. 그런 사람들이 연기의 도리를 이해하기란 아주 어렵다.

또한 열반의 도리도 이해할 수가 없다. 설령 내가 가르침을 설한다 해도 사람들이 이해하지 못한다면 그것은 헛수고에 지나지 않을 것이고 괜히 사람들을 곤혹하게 만들지나 않을까 염려스럽다. 그리하여 내 마음에 일찍이 들어보지 못했던 시구가 자연스럽게 떠올랐던 것이다."

이렇게 말씀하시며 비팟싱 여래는 조금 전에 떠올랐던 시구를 범천에게 노래해 주셨다.

그러나 대범천은 비팟싱 여래께 다시 한 번 가

르침을 설해주십사 간청하였다. 하지만 비팟싱 여래는 여전히 설하시기를 주저하셨다.

또 다시 대범천은 비팟싱 여래께 간청하였다.

그러자 비팟싱 여래는 결국 범천의 간청을 받아들이고 중생들을 연민히 여겨 부처님의 눈으로 세간을 지그시 바라보았다.

그리하여 세간에는 지혜의 눈이 번뇌의 티끌에 그다지 더럽혀져 있지 않는 자도 있고, 몹시 더럽혀져 있는 자도 있으며, 능력이 뛰어난 자도 있고 열등한 자도 있으며, 선량한 성품을 지닌 자도 있고 악한 성품을 지닌 자도 있으며, 가르치기가 쉬운 자도 있고 가르치기가 어려운 자도 있었으며, 또한 내세에 태어나 괴로움을 받지 않으면 안 되는 자신의 죄과에 대한 두려움을 알고 지내는 자도 있다는 것을 보셨다.

마치 푸른 연꽃과 붉은 연꽃, 흰 연꽃이 연못에서 자라고 연못에서 커가면서도 물에서 나오는 일이 없고, 물 속에 잠긴 채로 번성한 푸른

연꽃이나 붉은 연꽃, 흰 연꽃도 또한 수면에서
멈추는 것도 있고 수면보다 높이 자라 물에 젖지
않는 것도 있는 것처럼, 부처님의 눈으로 세간을
바라보신 비팟싱 여래에게는 온갖 종류의 사람
들이 보였다. 대범천은 비팟싱 여래의 생각을 알
자 시구로써 말하기 시작하였다.

현자이시여!
모든 것을 두루 보는 눈을 가진 분이시여!
마치 산 정상에 서 있는 사람이
바로 위에서 두루 사람들을 보듯이

근심을 뛰어넘은 당신은
진리의 높은 누각에 오르시어
근심에 빠져 태어나고 늙는 것에
짓이겨진 사람들을 살펴보소서.

길 떠나 주소서.
용자이시여! 승리자이시여!

대상(隊商)의 우두머리시여!
갚아야 할 빚이 없는 이시여!

세간을 유행하여 주소서!
세존이시여! 가르침을 설해 주소서.
반드시 이해하는 사람이 나타날 것입니다.

그러자 비팟싱 여래는 대범천에게 시구로써 답
하셨다.

귀 열린 자는 믿음을 일으키라.
그들에게 불사(不死)의 문은 열려지리라.
나는 사람들에게 장해가 있을까 두려워
올바르고 수승한 가르침을 베풀지 않았던 것이다.

비팟싱 여래께서 가르침을 설하실 기회가 왔음
을 깨달은 대범천은 비팟싱 여래께 경례하고 오
른쪽으로 돌며 지극한 예를 올린 뒤 사라졌다.

최초의 설법

한편 비구들이여! 비팟싱 여래는 이렇게 생각
하셨다.

'먼저 누구에게 가르침을 설할까? 누가 이 가
르침을 재빨리 이해할 수가 있을까?'

그러자 이런 생각이 드셨다.

'수도 반두마티에 살고 있는 왕자 칸다와 사제
의 아들인 팃사는 현명하고 슬기롭고 지혜가 있
으며, 오래도록 지혜의 눈이 번뇌의 티끌에 더럽
혀지지 않는 성품의 사람들이다. 먼저 그들에게
가르침을 설하자. 그들이라면 반드시 빠른 시간
안에 이해할 수 있으리라.'

그리하여 비팟싱 여래는 마치 힘센 사람이 팔
을 굽혔다 펴는 것 같은 짧은 순간에 보리수 아
래에서 모습을 감추고 수도 반두마티의 사슴동
산 케마에 모습을 나타냈다.

비팟싱 여래는 동산지기에서 이렇게 이르셨다.

　"동산지기여! 그대는 반두마티에 들어가서 왕자 칸다와 사제의 아들인 팃사에게 '존자이시여! 비팟싱 세존께서 반두마티에 도착하시어 사슴동산 케마에 머물고 계십니다. 그분은 당신들을 만나고 싶어하십니다'라고 전하라."

　"그리 하겠습니다. 존귀하신 스승이시여!"

　동산지기는 여래께 답하고 나서 반두마티로 들어가 그들에게 그대로 전하였다.

　그러자 왕자 칸다와 사제의 아들인 팃사는 아주 훌륭한 수레를 이끌고 수도 반두마티를 떠나 사슴동산 케마를 향하였다. 수레로 갈 수 있는 곳까지 수레를 타고 가다가 내려서 그들은 걸어서 비팟싱 여래가 계신 곳으로 나아가 절을 하고 한 곳에 물러나 앉았다.

　비팟싱 여래는 그들에게 순서를 따라 말씀하셨다.

　다시 말하면 보시와 계율과 하늘에 태어나는 일에 대하여 말씀하시고, 갖가지 욕망이 재난 있고 저열하며 더럽다고 말씀하시고, 그 욕망을 벗어나는 것에 대한 공덕을 설명하셨다.

그러자 그들의 마음은 부드러워지고 유순해지며 편견이 없어지고 기쁨에 가득 차고 믿음에 넘치게 되었다.

비팟싱 여래는 그들의 마음이 그와 같아지는 것을 아시고 나서, 모든 부처님들이 찬양하시는 가르침인 괴로움[苦]과 괴로움은 모어서 생기는 것이나[集] 괴로움은 반드시 없어진다[滅] 그것이 길이다[道]라는 네 가지 성스러운 가르침[四聖諦]을 설명하셨다.

마치 깨끗하여 티끌 하나도 없는 헝겊이 순식간에 염색되듯이 왕자 칸다와 사제의 아들인 팃사에게는 ‘무릇 생겨난 모든 것은 멸하기 마련이다’라고 하는, 번뇌의 티끌을 떠나고 더러움을 떠난 진리를 보는 눈[法眼]이 그 자리에서 생겼다.

그들은 진리를 보고 진리를 얻고 진리를 알고 진리를 깊게 이해하여 의심을 없애고 의혹을 제거하였으며, 확신을 얻어 스승 이외의 가르침에는 의존하지 않는 사람이 되어 비팟싱 여래께 이렇게 말씀드렸다.

"존귀하신 스승이시여! 훌륭한 일이옵니다. 존귀하신 스승이시여! 참으로 훌륭한 일이옵니다.

마치 넘어진 것을 일으켜 세우고 가려진 것을 거두어 주며, 길 잃은 자에게 길을 가리키고 또한 '눈 있는 자는 사물을 보아라' 하시며, 어둠 속에서 등불을 내거는 것처럼 여래께서는 갖가지 방법으로 진리를 설명하여 주셨습니다.

그러므로 저희들은 여래와 진리의 가르침에 귀의합니다. 세존의 아래에서 출가해서 비구의 자격(具足戒)[23]을 얻고자 원합니다."

왕자 칸다와 사제의 아들인 팃사는 비팟싱 여래 아래에서 출가하여 비구 자격을 얻었다.

비팟싱 여래는 법으로써 그들을 가르치고 달래었으며 격려하고 기쁨을 주고 갖가지의 생성활동의 재앙과 저열함과 더러움, 그리고 열반의 공덕을 설명해 주셨다. 그러자 그들은 순식간에 집

착이 없어지고 마음이 갖가지 더러움에서 해탈
하였다.

출가자가 불어 남

비구들이여! 수도 반두마티의 8만 4천 명의 사
람들은 이렇게 들었다.

"비팟싱 여래께서 반두마티에 도착하시어 사슴
동산 케마에 머물고 계신다고 한다. 그분 아래로
왕자 칸다님과 사제의 아들인 팃사님이 머리와
수염을 깎고 가사를 입고 집을 버리고 출가하셨
다고 한다."

그리고 또 이렇게 생각하였다.

'다른 사람도 아닌 바로 왕자 칸다님과 사제의
아들인 팃사님이 출가를 하셨다고 한다. 그것은
저열한 가르침이나 저열한 계율일 리가 없다. 저
열한 출가일 리도 없다. 저 두 사람이 출가하셨다
면 우리들도 그렇게 하지 않을 수가 있겠는가!'

　그러자 8만 4천 명이라는 많은 사람들은 수도 반두마티를 나와 사슴동산에 계시는 비팟싱 여래께 달려가 절을 하고 한쪽에 앉았다.

　비팟싱 여래는 그들에게 순서를 밟아 법을 설하셨다. 다시 말하면 차례대로 보시와 계율과 하늘의 이야기를 말씀하시고, 갖가지 욕망의 재앙과 저열함, 더러움, 그리고 벗어남의 공덕을 설명하셨다.

　그리하여 그들의 마음이 유순해지고 부드러워지며 편견이 없게 되고 기쁨으로 가득 차며 믿음이 생기게 되는 것을 아시자 여래께서는 부처님들이 찬양하시는 가르침인 사성제(四聖諦)를 설명하셨다. 마치 깨끗하고 티끌 하나 없는 헝겊이 순식간에 염색이 되듯이 그 8만 4천 명은 모두가 '무릇 생겨난 모든 것은 멸하기 마련이다'라고 하는, 번뇌의 티끌을 떠나고 더러움을 떠난 진리를 보는 눈이 그 자리에서 생겼다.

　그들은 진리를 보고 진리를 얻고 진리를 알고

진리를 깊이 이해하여 의심을 제거하고 의혹을 없앴으며 확신을 얻어 스승 이외의 가르침에는 의존하지 않는 사람이 되어 비팟싱 여래께 이렇게 말했다.

"존귀하신 스승이시여! 훌륭하십니다. 참으로 훌륭하십니다. 마치 넘어진 것을 일으켜 세우고 가려진 것을 거두어 주며, 길 잃은 사람에게 길을 가리키듯이 또는 '눈 있는 자는 사물을 보라'시며 어둠 속에서 등불을 내걸듯이, 여래께서는 갖가지 방법으로 진리를 설명하셨습니다. 그러므로 저희들도 세존과 진리의 가르침에 귀의하나이다. 세존 아래에서 출가하여 비구의 자격을 얻고 싶습니다."

그 8만 4천 명의 사람들은 비팟싱 여래 아래에서 출가하여 비구 자격을 얻었다.

비팟싱 여래는 법으로 그들을 가르치고 달래고 격려하시고 기쁨을 주셨으며 갖가지 생성활동의 재앙과 저열함, 더러움, 그리고 열반의 공덕을 설

명하셨다. 그러자 그들은 순식간에 집착이 없어
져 마음이 갖가지의 더러움에서 해탈하였다.

비구들이여! 앞서의 저 8만 4천 명의 사람들은
'비팟싱 여래께서 수도 반두마티에 도착하시어
사슴동산 케마에 머물고 계신다고 한다'라고 들
었다. 그러자 그들은 비팟싱 세존 계신 곳으로
달려가서 예를 올리고 한쪽에 앉았다.

비팟싱 세존께서 그들에게도 마찬가지로 법을
설하시고 이어서 사성제를 설하시자 그들도 그
자리에서 진리를 보는 눈이 생겼다.

그들은 진리를 보고 진리를 얻고 진리를 알며
진리를 깊이 이해해서 의심을 제거하였고, 의혹
을 없앴으며 확신을 얻어 스승 이외의 가르침에
는 의존하지 않는 사람이 되어, 비팟싱 여래 아
래에서 출가하여 비구의 자격을 얻었다.

비팟싱 여래는 그 8만 4천 명의 출가자들에게
갖가지 법으로 가르치고 달래고 격려하시고, 기
쁨에 넘치게 하였고 갖가지의 생성활동의 재앙

과 저열함, 더러움과 그리고 열반의 공덕을 설명
하셨다. 그러자 그들은 순식간에 집착이 없어져
마음이 갖가지의 더러움에서 해탈하였다.

설법을 선언하시다

그런데 그 무렵 수도 반두마티에는 6백 8십만
명이라는 수많은 대비구집단이 머물고 있었다.
홀로 선정에 잠겨 계실 때 비팟싱 여래의 마음
에는 이러한 생각이 떠올랐다.
'지금 수도 반두마티에는 6백 8십만 명이라고
하는 수많은 비구들이 대집단을 이루어 머물고
있다. 나는 그들에게 이렇게 권하리라.
비구들이여! 유행하라. 수많은 사람들의 복지와
행복을 위해, 세상 사람들을 가엾이 여겨 신과 인
간의 이익과 행복을 위해 같은 길을 두 사람이
가지 말아라. 처음도 좋고 중간도 좋고 마지막도
좋은, 뜻깊은 가르침을 바른 말로써 설하라. 오로

지 원만하고 티 하나 없는 깨끗한 생활[梵行]을 설명하라.

세간에는 태어나면서부터 지혜의 눈이 번뇌의 티끌에 더럽혀져 있지 않는 사람도 있다. 그들은 가르침을 듣지 못한 까닭에 지금은 퇴보하고 있지만 법을 들으면 곧 이해하는 사람이 되리라. 그러나 6년마다 계의 가르침(바라제목차)[24]을 암송하기 위해 수도 반두마티로 돌아와야 한다'라고.

그러자 대범천이 비팟싱 세존의 마음을 알아차리고 마치 힘센 사람이 팔을 굽혔다 펴는 것 같은 짧은 순간에 범천계에서 사라져 비팟싱 세존 앞에 그 모습을 나타냈다. 그리고 그는 오른쪽 어깨를 걷고 비팟싱 세존을 향하여 합장하고 이렇게 말하였다.

"여래시여! 진정 그러하옵니다. 선서이시여! 바로 그렇습니다. 지금 수도 반두마티에는 6백 8십만 명이라는 엄청난 숫자의 비구무리가 머물고 있습니다.

계의 가르침

그런데 비구들이여! 그때 잠부드비파(염부주)²⁵⁾
에는 비구의 거처가 8만 4천 군데 있었다.

1년이 지났을 때 신들의 목소리가 들렸다.

"여러분, 1년이 지났습니다. 이후로 5년이 지나
면 계의 가르침을 암송하기 위해 수도 반두마티
로 가야 합니다."

2년이 지났다.

"여러분, 앞으로 4년 남았습니다."

3년이 지났다.

"여러분, 앞으로 3년 남았습니다."

4년이 지났다.

"여러분, 앞으로 2년 남았습니다."

5년이 지났다.

"여러분, 앞으로 1년 남았습니다."

6년이 지나자 신들의 목소리가 들려왔다.

"여러분, 6년이 지났습니다. 이제 계의 가르침

을 암송하기 위해 수도 반두마티에 가야 할 시간
입니다.”
　그러자 어떤 사람은 스스로의 신통력과 위력에
의해 또 어떤 사람은 신들의 신통력과 위력에 의
해 그 날 중에 반두마티에 도착하였다.
　비구들이여! 비팟싱 여래는 비구들의 한가운데
에 섞여 이렇게 계의 가르침을 암송하였다.

　인내함은 최고의 고행이요
　열반은 으뜸이라고 모든 부처님은 가르치신다.
　남을 해치는 자는 출가인이 아니다.
　남을 괴롭히는 자는 사문이 아니다.

　모든 악을 짓지 말며
　모든 선을 힘써 행하고
　스스로 그 마음을 깨끗하게 하라.
　이것이 모든 부처님의 가르침이다.

　비방하지 말라, 해치지 말라.

계의 가르침을 지키고 식사할 때의 절도를 지키며
번잡한 곳을 피하여 앉거나 누워라.
고결한 곳에 마음을 오로지 두어라.
이것이 모든 부처님의 가르침이다.

숫다바사 하늘을 다녀가시다

그런데 비구들이여! 나는 어느 때 욱캇타의 수
바가숲에 있는 사라나무 아래에 머물고 있었다.
　그 사라나무는 나무 중의 왕이라고도 불릴 정
도로 연륜이 많은 나무였다. 그때 홀로 선정에
잠겨 있던 내 마음에 이런 생각이 떠올랐다.
　'중생이 살고 있는 곳 가운데에 쉽게 얻을 수
있고 동시에 오래도록 내가 머문 적이 없는 곳은
숫다바사 하늘[26]뿐이다. 숫다바사 하늘을 가보기
로 하자.'
　마치 힘센 남자가 팔을 굽혔다 펴는 것 같은
짧은 순간에 나는 그 사라나무에서 사라져 아비

하 하늘에 나타났다. 그러자 그 수천 명이 넘는 신들이 내가 있는 곳으로 다가와 내게 절을 하고 한 곳에 서서 이렇게 말했다.

"존귀하신 스승이시여! 지금부터 91겁 전에 비팟싱이라 불리는 여래, 존경받을 만한 분, 올바르게 깨달으신 분께서 세상에 나시었습니다.

비팟싱 여래는 왕족 출신이며 왕족의 가문에서 탄생하셨습니다.

비팟싱 여래의 성은 콘단냐, 수명은 8만 세이셨습니다.

비팟싱 여래는 파탈리나무 아래에서 깨달음을 여시었습니다.

그분에게는 칸다와 팃사라고 하는 으뜸가는 두 명의 제자가 있었는데, 지혜로움에 있어 쌍벽을 이루는 사람들이었습니다.

그분에게는 세 번의 집회가 있어 각기 6백 8십만 명, 10만 명, 8만 명의 비구들이 모여들었고, 그들은 모두가 번뇌의 티끌을 떠난 자들이었습니다.

비팟싱 여래에게는 아쇼카라고 이름하는 시자가 있었습니다.

그분의 아버지는 반두마티왕, 어머니는 반두마티왕비였고 고향은 반두마티성이었습니다.

비팟싱 여래의 은둔과 출가 그리고 정진과 깨달음은 이러이러했으며, 가르침의 바퀴는 이러이러하게 돌리셨습니다.

존귀하신 스승이시여! 저희들은 비팟싱 여래 아래에서 깨끗한 생활을 하며 욕망에 관해서는 애욕을 버린 까닭에 이곳에 태어났던 것입니다."

다음으로 또 다른 수천 명의 신들이 내가 있는 곳으로 와서 시킴 여래의 일대기를 말하면서 자신들은 그 부처님 아래에서 출가하여 이곳에 태어났다고 말했다.

다른 신들은 벳사브 여래의 일대기를 말하면서, 또 다른 신들은 카쿠산다 여래의 일대기를 말하면서, 또 다른 신들은 코나가마나 여래의 일대기를, 다른 신들은 카사파 여래의 일대기를 말하면서, 그 부처님 아래에서 출가하여 이곳에 태어났다고 내게 말하였다.

이어서 다른 수백 명의 신들이 내가 있는 곳으로 와서 절을 하고 한 곳에 앉아 이렇게 말했다.
"존귀하신 스승이시여! 이 현겁 중에 존경할 만한 분, 올바르게 깨달은 분이신 세존께서 세상에 나타나시었습니다.
세존은 왕족 출신이며 왕족의 가문에서 탄생하셨습니다. 세존의 성은 고타마이고, 수명은 매우 짧아서 간신히 백 세를 사시거나, 어쩌면 그보다 아주 조금 더 오래 사실 것입니다.
세존은 앗삿타나무 아래에서 깨달음을 여시었고 사리푸트라와 목갈라나가 쌍벽을 이루는 으뜸가는 지혜로운 제자들입니다.
제자의 집회가 한 번 있었으니 천 2백 5십 명의 제자들이 모였습니다. 그들은 모두가 번뇌의 티끌을 끊는 아라한들입니다.

아난다라고 하는 시자가 있으며 세존의 아버지는 숫도다나왕, 어머니는 마야왕비이고 고향은 카필라밧투성입니다.

세존의 은둔과 출가와 정진, 깨달음은 이러이러했고 가르침의 수레바퀴는 이러이러하게 굴러 갔습니다.[27)]

존귀하신 스승이시여! 이제 저희들은 세존의 아래에서 깨끗한 생활을 하고 욕망에 관해서는 애욕을 버린 까닭에 이 곳에 태어난 것입니다."

비구들이여! 나는 아비하 하늘의 신들과 함께 아타파 하늘에 갔다. 이어서 아비하 하늘과 아타파 하늘의 신들과 함께 수닷사 하늘로 갔다. 또 그 신들과 함께 수닷싱 하늘에 갔다. 또 그들과 함께 아가니타 하늘로 갔다.

그러자 그곳에 살고 있는 수천 명의 신들이 내가 있는 곳으로 와서 절을 하고 한쪽에 앉아 이렇게 말했다.

"존귀하신 스승이시여! 지금부터 91겁 전에 비

팟싱이라는 이름의 여래께서 세상에 나시었습니
다. ··· 이제 저희들은 그 여래 아래에서 깨끗한
생활을 하며 욕망에 관해서는 애욕을 버린 까닭
에 이곳에 태어났던 것입니다."

이어서 그곳에 살고 있는 수천 명의 신들이 와
서 시킴 여래의 일대기를 말하며 그 부처님 아래
에서 깨끗한 생활을 한 까닭에 이곳에 태어났다
고 말했다.

다음의 신들은 벳사브 여래를, 다음의 신들은
카쿠산다 여래를, 다음의 신들은 코나가마나 여
래를, 다음의 신들은 카사파 여래를 설명하면서
자신들은 그 부처님 아래에서 깨끗한 생활을 하
여 이 아가니타 하늘에 태어났다고 말했다.

이어서 또 다른 신들이 수백 명 다가와 내게
절을 하며 나의 현생의 일들을 말하면서 그들이
나의 가르침 아래에서 깨끗한 생활을 하여 아가
니타 하늘에 태어났다고 말했다.

비구들의 환희

"비구들이여! 이와 같이 여래인 나는 진리에 잘 통달해 있기 때문에 완전한 깨달음에 들고 번뇌의 어려움을 끊고 윤회의 길을 끊고 윤회를 종식하여 모든 괴로움을 뛰어넘은 과거의 부처님들에 대하여 '그 부처님들은 이러이러한 출생이셨고 이러이러한 이름, 성, 계율, 가르침, 지혜를 지녔고 이러이러하게 지내시다가 이러이러하게 해탈하셨다'라고 하는 방식으로 출생부터 제자들의 일까지 아주 상세하게 기억하고 있는 것이다.

그리고 그것은 또한 신들이 여래인 나에게 고하였기 때문이기도 하다."

이와 같이 세존은 말씀하셨다.

그들 비구들은 마음에 기쁨이 차올라 세존께서 설하신 말씀을 높이 찬양하였다.

8. 푸라나를 가르치다
(教誡푸라나經)

푸라나에 대한 가르침

이와 같이 나는 들었다.

어느 때 세존께서 쉬라바스티에 있는 제타숲의 기원정사에 머무셨다.

한편 존자 푸라나(富樓那)는 저녁 무렵 선정에서 일어나, 세존의 처소에 가 친애와 우의로 가득 찬 인사말을 세존께 드린 다음 한쪽에 앉아 세존께 사뢰었다.

"존자 세존이시여! 부디 저에게 가르침을 간략

하게 설하여 주소서. 그러면 세존의 가르침을 듣고 저는 홀로 떨어져 살면서도 게으르지 않고 부지런히 정진하면서 생활할 수 있을 것입니다.”

“그럼 푸라나여! 잘 듣고 생각하여라. 설명하리라.”

“명심하겠습니다”라고 존자 푸라나는 대답하였다. 세존께서는 다음과 같이 설하셨다.

“푸라나여! 눈으로 지각하는 여러 모습은 좋아할 만하고 사랑스러우며, 유쾌하고 기쁘며, 쾌락적이어서 욕망을 불러 일으킨다.

만약 비구가 그것을 좋아하여 맞아들이고 집착한다면 그 비구에게는 기쁨이 생긴다. 기쁨이 생기면 괴로움이 생긴다.

푸라나여! 귀로 지각하는 소리, 코로 지각하는 향기, 혀로 지각하는 맛, 몸으로 지각하는 느낌, 마음으로 지각하는 것은 좋아할 만하고 사랑스러우며, 유쾌하고 기쁘며 쾌락적이어서 욕망을 불러일으킨다.

만약 비구가 그것을 좋아하여 맞아들이고 집착

한다면 그 비구에게는 기쁨이 생긴다. 기쁨이 생기면 괴로움이 생긴다.

푸라나여! 눈으로 지각하는 여러 모습은 좋아할 만하고 사랑스러우며, 유쾌하고 기쁘며, 쾌락적이어서 욕망을 불러일으킨다.

만약 비구가 그것을 맞아들이지 않고 집착하지 않는다면, 그 비구에게는 기쁨은 소멸한다. 기쁨이 소멸하면 괴로움이 소멸한다.

푸라나여! 귀로 지각하는 소리, 코로 지각하는 향기, 혀로 지각하는 맛, 몸으로 지각하는 느낌, 마음으로 지각되는 것은 좋아할 만하고 사랑스러우며, 유쾌하고 기쁘며, 쾌락적이어서 욕망을 불러일으킨다.

만약 비구가 그것을 맞아들이지 않고 집착하지 않는다면 그 비구에게는 기쁨이 소멸한다. 기쁨이 소멸하면 괴로움이 소멸한다."

푸라나의 마음가짐

"그런데 푸라나여! 이렇게 간단하게 가르침을 설하였는데 그대는 어느 지방에서 살려고 하는가?"

"이렇게 세존께서 간략하게 가르침을 설하셨습니다. 스나바란타라는 지방이 있는데 저는 이제 그곳에 머물고자 합니다."

"푸라나여! 스나바란타 사람들은 거칠다. 그 지방 사람들은 포악하다. 만약 그곳 사람들이 너를 매도하고 질타한다면 너는 어떻게 하겠는가?"

"만약 스나바란타 사람들이 저를 매도하고 질타한다면 저는 '이 스나바란타 사람들은 매우 좋은 사람들이다. 이 지방 사람들은 매우 좋은 사람들이다. 이 사람들은 나를 손으로 때리지 않는다'고 생각할 것입니다. 세존이시여! 그와 같을 때는 이렇게 생각할 것입니다. 행복한 이여! 그와 같을 때는 이렇게 생각할 것입니다."

"그럼 푸라나여! 만약 스나바란타 사람들이 너를 손으로 때린다면 너는 어떻게 하겠는가?"

"그와 같을 때 저는 '이 스나바란타 사람들은 매우 좋은 사람들이다. 나를 흙덩어리로 때리지 않는다'고 생각할 것입니다."

"그럼 만약 스나바란타 사람들이 너를 흙덩어리로 때린다면 너는 어떻게 하겠는가?"

"그와 같을 때 저는 '이 스나바란타 사람들은 매우 좋은 사람들이다. 나를 몽둥이로 때리지 않는다'고 생각할 것입니다."

"그럼 만약 그들이 너를 몽둥이로 때린다면 어떻게 하겠는가?"

"그와 같을 때는 '이 사람들은 매우 좋은 사람들이다. 나에게 칼로 상처주지 않는다'고 생각할 것입니다."

"그럼 만약 그들이 너에게 칼로 상처 준다면 어떻게 하겠는가?"

"그와 같을 때는 '이 사람들은 매우 좋은 사람들이다. 나를 예리한 칼로 죽이려 하지 않는다'고 생각할 것입니다."

“그럼 만약 그들이 너를 예리한 칼로 죽인다면 어떻게 하겠는가?”

“그와 같을 때는 ‘세존의 제자들 가운데에는 몸과 생명을 싫어하여 죽여 줄 사람을 구하려는 이가 있다. 나는 구하지 않아도 죽여 줄 사람을 얻었다’고 생각할 것입니다.”

“착하고 착하구나, 푸라나여! 너는 극기와 안락함을 갖추었으니 스나바란타지방에 살 수 있을 것이다. 자, 떠날 때가 왔다면 가거라.”

푸라나의 전도와 열반

그리하여 존자 푸라나는 세존의 가르침을 듣고 매우 기뻐하면서 자리에서 일어나 세존을 예배하고 오른쪽으로 돌아 예를 표하고, 방석을 챙기고 의발을 갖추어 스나바란타지방을 순례하기 시작하였다.

차례로 순례하여 마침내 그 지방에 들어가 그

곳에서 살았다. 그리고 그 해 우기(雨期)의 하안
거(夏安居)[28] 동안에 남·여 재가신자들을 5백 명
가량 부처님의 제자로 교화하였으며, 자신은 세
가지 초인적인 능력[三明][29]을 깨달았다. 그런 뒤
존자 푸라나는 열반에 들었다.

한편 많은 비구들은 세존의 처소에 가, 절을
올리고 한쪽에 앉았다.

한쪽에 앉은 비구들은 세존께 사뢰었다.

"존자이시여! 세존께서 간략하게 가르침을 설
해주셨던 '푸라나'라는 훌륭한 집안의 아들이 죽
었습니다. 그의 경지는 어떠하며 미래의 운명은
어떻게 되겠습니까?"

"비구들이여! 훌륭한 집안의 아들 푸라나는 현자
였다. 가르침을 가르침답게 실천하고 나로 하여금
가르치는 것에 대해 번민하게 하지 않았다. 비구들
이여! 훌륭한 집안의 아들 푸라나는 열반에 들었다."

이렇게 세존께서 말씀하시자 비구들은 세존께
서 설하신 바를 매우 기뻐하였다.

9. 카사파 장로
(가섭 比丘)

만족함

어느 때 세존께서는 쉬라바스티에 계셨다.

세존께서는 비구들에게 이렇게 설하셨다.

"비구들이여! 이 카사파(가섭)는 어떤 옷에도 만족한다. 또 그는 어떤 옷에도 만족하는 것을 찬양한다. 그는 옷 때문에 바람직하지 못한 부정에 빠져드는 일이 없다. 옷을 얻지 못했더라도 그는 마음이 동요되지 않는다. 옷을 얻었더라도 그는 그것에 집착하지 않고 미혹되지 않고 탐닉하지 않으며 옷에 의해서 일어나는 오류를 보고 '옷은 추위를 막을 정도면 만족한다'라고 하는 욕망을 떠난 지혜를 가지고 옷을 입는다.

비구들이여! 이 카사파는 어떤 음식에도 만족한다. 또 그는 어떤 음식에도 만족하는 것을 찬양한다. 그는 음식 때문에 바람직하지 못한 부정에 빠져드는 일이 없다. 음식을 얻지 못했더라도 그는 마음이 동요되지 않는다. 음식을 얻었더라도 그는 그것에 집착하지 않고 미혹되지 않고 탐닉하지 않으며 음식에 의해서 일어나는 오류를 보고 '음식은 몸을 유지할 정도면 만족한다'라고 하는 욕망을 떠난 지혜를 가지고 음식을 먹는다.

비구들이여! 이 카사파는 어떤 침구나 방석에도 만족한다. 그리고 어떤 약이나 필수품에도 만족하며 '침구와 방석은 추위와 더위를 막고 참선에 필요할 정도로만 만족하며 약과 필수품은 병의 고통을 없애는 정도로 만족한다'라고 하는 욕망을 떠난 지혜를 가지고 사용한다.

법을 설하고자 한다. '세존께서 내게 잘 설해주신 법은 바로 그 자리에서 과보를 불러일으키며, 와서 보라라고 말할 만하며, 열반으로 인도하는 것이며, 지혜 있는 사람들이 각자 알지 않으면 안 되는 것이다. 오오, 실로 나의 법을 사람들에게 들려 주고 싶다. 그들이 듣고 나서 법을 이해했으면 좋겠다. 이해했다면 그대로 실천했으면 좋겠다'라고.

그는 이처럼 법이 법인 까닭에 근거하여 다른 사람들에게 법을 설한다.

비심(悲心)에 근거하여 가련한 마음에 근거하여 동정에 의해서 다른 사람들에게 법을 설한다. 이 같은 비구의 설법이 깨끗한 설법이다.

비구들이여! 카사파는 이 같은 마음을 가지고 다른 사람들에게 설법을 하는 것이다. 나는 카사파의 이름을 높이 알림으로써 그대들을 가르쳐 깨우치고자 하는 것이다. 어쩌면 카사파와 똑같은 사람이 있다고 가르쳐 깨우치는 것이다. 깨우침을 받은 그대들은 그와 같이 실행하지 않으면 안 된다."

옷(衣)

어느 때 존자 마하카사파는 라자그리하에 있는 죽림정사의 대나무숲 동산에 머물고 있었다.

그때 존자 아난다는 많은 비구들과 함께 구키나거리땅을 유행하고 있었다. 그때 아난다 존자와 동행하고 있던 300여 명의 비구들이 수행을 버리고 환속하였다. 그리하여 남은 사람은 거의 어린아이들뿐이었다.

존자 아난다는 구키나거리땅을 마음대로 유행한 후에 라자그리하에 있는 존자 마하카사파가 있는 곳으로 왔다. 다가와서 존자카사파에게 절을 하고 한쪽에 앉았다. 한쪽에 앉은 존자 아난다에게 마하카사파는 이렇게 물었다.

"벗 아난다여! 세존께서는 몇 가지 이익 되는 일이 있기에 한 집에 세 사람까지는 함께 공양을 받을 수 있다고 하는 규칙을 정하셨는가?"

"존귀하신 카사파여! 세 가지 이익 되는 일이

있기 때문입니다.

즉 낯두꺼운 사람을 억제하기 위함이 첫째요, 경건한 비구들이 평온하게 머물게 하도록 하기 위함이 둘째요, 그리고 사악하고 욕심 많은 자들이 무리를 지어서 승단을 깨지 못하게 하기 위해서입니다. 이런 까닭에 세존께서 규칙들을 정하셨습니다.

또한 재가 사람들을 가엾이 여겨 적절한 음식을 보시함으로써 복을 짓도록 하셨습니다.

존귀하신 카사파시여! 이러한 세 가지 이익 되는 일이 있기 때문에 세존께서는 '한 집에 세 사람까지는 함께 보시된 음식을 받을 수 있다'라는 규칙을 정하셨던 것입니다."

"아난다여! 그렇다면 그대는 이러한 미숙한 비구들과 함께 유행하고 있는 것입니까? 그들은 감각기관의 문을 잘 지키지도 않을 뿐더러 음식에 대해서 절제가 없으며 밤의 수행에도 게으릅니다.

생각컨대 그대는 농작물을 마구 짓밟으면서 돌

아다니는 것과 같습니다. 집들을 파손하면서 돌
아다니고 있는 것과 같습니다.

벗 아난다여! 그대의 무리들은 모두 환속하고
남은 사람은 거의 어린아이들에 불과합니다. 또
어린아이들은 적당한 양을 알지 못합니다.”

“존귀하신 카사파시여! 내 머리는 백발이 성성
해 있습니다. 그런데도 존자 카사파께서는 우리
들을 어린아이라고 부르며 경멸하고 있으니 그
런 호칭은 거두어 주시기 바랍니다.”

“벗 아난다여! 왜냐하면 그대는 이러한 미숙한
비구들과 함께 유행하고 있기 때문입니다. 그들
은 감각기관의 문을 잘 지키지도 않고 음식에 대
해서 절제가 없으며 밤의 수행에도 게으르기 때
문입니다.

생각컨대 그대는 농작물을 막 짓밟으면서 돌아
다니고 있는 것과 같습니다. 집들을 파손하면서
돌아다니고 있는 것과 같습니다. 그대의 무리들
은 점점 없어져 환속하고 남은 사람은 거의 어린

사람들에 불과합니다. 어린 사람들은 적당한 양을 알지 못합니다.”

한편 투라난다 비구니는 현명한 ‘무니’[30]라 불리는 아난다 성자가 마하카사파 성자로부터 어린아이라고 불리면서 힐책당했다는 소식을 전해 들었다.

그러자 투라난다 비구니는 불쾌하게 생각하면서 그런 불쾌함을 그대로 입 밖으로 표현하였다.

“마하카사파 성자는 이전에는 다른 외도의 무리였음에도 불구하고 어째서 현명한 성자라고 불리는 아난다 성자를 아이라고 부르면서 힐책하는 것일까?”

그러자 존자 카사파는 그 비구니가 그런 말을 하고 있다는 소식을 전해 듣고 아난다에게 다음과 같이 말했다.

“아난다여! 분명 투라난다 비구니는 노여움에 사로잡혀 생각 없이 말을 해대고 있습니다.

　벗이여! 나는 머리와 수염을 깎고 가사의를 입고 집을 나와 집 없는 사람이 되어 출가하고부터는 응공이시며, 등정각자이신 세존 이외에는 그 누구도 스승으로 인정하지 않았습니다.

　벗이여! 나는 일찍이 재가인이었을 때 이렇게 생각하였습니다.

　'재가생활은 속박이 많고 티끌이 많은 길이다. 출가생활은 장애되는 바가 없으니 마치 대문 밖을 나선 것과도 같다. 집에 머무는 사람에게는 깨끗한 행위〔梵行〕를 완전히 만족스럽게 실천하고 완전히 청정하게 실천하며, 잘 닦인 조개같이 깨끗하게 실행하기란 여간 어려운 일이 아닌 것이다. 나는 머리와 수염을 깎고 가사를 입고 집을 떠나 출가해야 하지 않을까?'

　벗이여! 그후 나는 헝겊을 이어 가사를 만들었으며 세간의 아라한들을 따라서 수염과 머리를 깎고 가사를 입고 집을 나와 집 없는 자가 되어 출가하였습니다. 이리하여 출가한 나는 오랜 길을 걸었는데 라자그리하와 나란다의 중간에 있는 파풋타사당에 머물고 계시던 세존을 뵈었습니다. 뵙고 나서 나는 이렇게 생각하였습니다.

'스승을 만나고 싶어했던 나는 바로 이 세존을 만나고 싶어했던 것이다. 지복에 도달하신 분을 뵙고자 했던 나는 바로 이 세존을 뵙고 싶어했던 것이다. 등정각자를 뵙고자 했던 나는 바로 이 세존을 뵙고자 했던 것이다.'

벗이여! 나는 그 자리에서 세존의 발에 머리를 대고 경의를 표하면서 세존께 이렇게 아뢰었습니다.

'존귀하신 분이시여! 세존은 저의 스승이십니다. 저는 성문(聲聞)[31]입니다.'

벗이여! 이렇게 아뢰었을 때 세존께서는 나에게 이렇게 말씀하셨습니다.

'카사파여! 이렇게 마음을 기울여 따른 성문에 대해서 알지 못하는 것을 〈나는 알고 있다〉라고 말하는 사람, 또는 아직 보지 못한 것을 〈나는 보고 있다〉라고 말하는 사람이 있다면, 그 사람의 머리는 산산조각으로 부서지게 될 것이다. 그러나 카사파여! 나는 알고 있는 것만을 〈나는 알고 있다〉라고 말하고, 보고 있는 것만을 〈나는 보고 있다〉라고 말한다. 그런 까닭에 카사파여! 그대는 여기에서 이와 같이 배우지 않으면 안 된다.

즉 〈장로, 갓 들어온 수행자, 중견의 수행자들에 대해서 위대한 부끄러움을 일으켜야만 한다〉라고.

카사파여! 그대는 이와 같이 수행하지 않으면 안 된다. 또 그런 까닭에 그대는 여기에서 이렇게 수행하지 않으면 안 된다.

즉 〈선에 근거한 그 어떠한 법을 듣고서라도 나는 그 모든 것을 받아들이고 마음으로 그것을 관찰하고, 마음을 기울여서 주의를 하고, 귀를 기울여 법을 들으리라〉라고.

카사파여! 그대는 이와 같이 수행하지 않으면 안 된다. 그런 까닭에 카사파여! 그대는 여기에서 이와 같이 수행하지 않으면 안 된다.

즉 〈기쁨을 수반한, 몸에 관한 나의 배려는 버려지는 일은 없으리라〉라고. 카사파여! 그대는 이와 같이 수행하지 않으면 안 된다.'

한편 벗이여! 세존께서는 이러한 교계로써 나를 가르치신 후에 자리에서 일어나 떠나가셨다.

벗이여! 나는 그로부터 이레 동안 번뇌에 휩싸인 채 그 나라의 신도가 주는 음식을 받았다. 여드레째에 지혜가 생겼다.

벗이여! 그 무렵 세존께서는 길에서 떨어진 어떤 한 그루의 나무 아래에 다가가셨다.

그러자 나는 헝겊을 잘라 만든 나의 가사를 네 겹으로 접어서 세존께 이렇게 아뢰었다.

'존귀하신 분이시여! 세존께서는 여기에 앉아 주시기 바랍니다. 오랜 기간에 걸쳐서 저에게 이익이 있으며 즐거움이 있도록 말입니다.'

벗이여! 마련된 자리에 앉으신 세존께서는 이렇게 말씀하셨습니다.

  '카사파여! 헝겊을 잘라서 만든 그대의 가사는 부드럽구나.'

  '존귀하신 분이시여! 헝겊을 잘라서 만든 저의 가사를 부디 연민을 일으켜서 세존께서는 받아주소서.'

  '그렇다면 카사파여! 그대는 조잡하고 버려져 있던 나의 분소의[32)]를 받겠는가?'

  '존귀하신 분이시여! 저는 세존의 조잡하고 버려져 있던 분소의를 입겠습니다.'

  벗이여! 헝겊을 이어 만든 가사를 세존께 드렸고, 나는 세존의 조잡하고 버려져 있던 분소의를 입었습니다.

  벗이여! 만약 어떤 사람이 올바르게 말하고자 하여, 어떤 이를 '그는 세존의 적자이며, 세존의 입에서 태어났으며 법에서 태어났으며 법의 변현이요, 법의 상속자이다. 그는 세존의 분소의를 얻었다'라고 말한다고 한다면, 그는 바로 나를 가리켜서 세존의 적자라고 말해야 옳을 것이다.

벗이여! 나는 바라는 대로 모든 사악한 것을 떠나 거칠고 세밀한 사색을 갖춘, 또 악을 떠남으로부터 생기는 기쁨과 즐거움을 갖춘 첫번째 선에 들었다.

벗이여! 나는 바라는 대로 차례로 단계를 밟아 진행되어 가는 아홉 가지의 선정[33]과 다섯 가지의 신통력을 얻었다.

벗이여! 나는 번뇌를 모두 다하였고 마음의 해탈과 지혜의 해탈을 현세에서 스스로 환히 알고 체현하고 도달하였다.

벗이여! 설령 7주나 7주 반이나 되는 코끼리를, 타라나무잎 한 장으로 덮을 수 있다고 생각하는 사람이라도, 나의 여섯 가지 신통을 가릴 수가 있다고 생각하겠는가?”

한편 투라난다 비구니는 깨끗한 수행으로부터 탈락하였다.

10. 바칼리를 가르치다

참다움을 보라

이와 같이 나는 들었다.

어느 때 세존께서는 라자그리하에 있는 베루바나의 칼란다카니바파에 머물고 계셨다. 그런데 마침 그때 바칼리 존자는 도예가의 집에서 병을 앓고 있었는데 매우 중태였으므로 고통을 이기지 못하고 있었다. 그때 바칼리 존자는 간호하던 비구들에게 말하였다.

"벗이여! 그대들은 나를 위하여 세존이 계신 곳으로 가주기 바라오.

그리하여 세존께 나를 대신하여 '존귀하신 스승이시여! 비구 바칼리는 병을 앓고 있는데 매우 중태이므로 고통을 이기지 못하고 있습니다. 저 바칼리는 세존의 발에 머리를 조아려서 절을 올립니다'라고 말씀을 전해 주면서 세존께 대신 예를 올려 주시기 바라오.

그리고 '존귀하신 스승이시여! 부디 세존께서는 측은한 마음으로 비구 바칼리의 병석을 한 번 다녀가 주시지 않으시렵니까?' 하고 여쭈어 주기 바라오."

'그리 하겠습니다'라고 대답한 후에 비구들은 바칼리 존자의 부탁을 받고 세존을 찾아가 그대로 절을 올리면서 말씀을 전하였다.

비구들의 전언을 들은 세존께서는 침묵으로써 승낙을 표하였다. 그리하여 세존께서는 옷을 입으시고 가사와 발우를 들고 바칼리 존자가 있는 곳을 찾아가셨다.

바칼리 존자는 멀리서부터 세존께서 오시는 것

을 보고 침대에서 일어나려고 하였다.

그때 세존께서는 바칼리 존자에게 말씀하셨다.

"그대로 있으라. 바칼리여! 그대는 침대에서 일어나지 않아도 좋다. 여기에 자리가 마련되어 있으니 나는 이곳에 앉으리라."

그리고 나서 바칼리 존자에게 물으셨다.

"바칼리여! 그대는 견딜 만한가? 기력은 어떠한가? 혹 괴로움이 줄어들고 통증도 없어지지는 않는지…. 이제 완전히 완쾌하여 더 이상 아프지 않는 것처럼 보인다."

"존귀하신 스승이시여! 저는 견딜 수 없습니다. 기력은 하나도 없습니다. 격렬한 고통은 더 심해져가고 좀처럼 나아지지 않습니다."

"바칼리여! 뭔가 미련이 남는 일은 없는가? 뭔가 후회스러운 일은 없는가?"

"존귀하신 스승이시여! 분명 제게는 미련이 남는 일이 많이 있습니다. 후회스러운 일도 많이 있습니다."

"하지만 그대에게는 계율에 비추어 양심의 가책을 느낄 일은 없을 것이다."

"존귀하신 스승이시여! 그렇습니다. 제게는 계율에 비추어 양심의 가책을 느낄 일은 없습니다."

"바칼리여! 진실로 계율에 비추어 양심의 가책을 느낄 일이 없다고 한다면 대체 어떤 미련이 남아 있고 어떤 후회가 남아 있다는 말인가?"

"존귀하신 스승이시여! 저는 오랜 동안 세존을 직접 뵙고 싶어 찾아다니기를 원하였습니다. 하지만 이제 저의 몸에는 세존을 직접 찾아다닐 힘이 남아 있지 않습니다."

"바칼리여! 멈추어라. 그대가 이런 사라져 가야 할 몸을 보았다 한들 대체 그것이 뭐란 말인가?

바칼리여! 사물의 참다움을 보는 자는 나를 보고, 나를 보는 자는 사물의 참다움을 본다.

왜냐하면 바칼리여! 사물의 참다움을 현재 보고 있는 자는 나를 보고 있으며 나를 현재 보고 있는 자는 사물의 참다움을 보고 있기 때문이다.

바칼리여! 그대는 이것을 어떻게 생각하는가? 물질[色]은 항상한가, 덧없는가?”

“존귀하신 스승이시여! 덧없습니다.”

“느낌[受], 생각[想], 결합[行], 식별[識]은 항상한가, 덧없는가?”

“스승이시여! 덧없습니다.”

“따라서 바칼리여! 가르침을 많이 들은 성자의 제자는 이렇게 덧없다고 보아서 물질을 싫어하여 떠나며, 느낌과 생각과 결합과 식별도 싫어하여 떠난다. 싫어하여 떠남으로써 탐욕을 떠난다. 탐욕을 떠남으로써 해탈한다. 해탈하였을 때 ‘해탈하였다’ 하는 앎이 생기며 ‘삶의 의미는 완성돼 있다. 깨끗한 수행의 성취로 할 일을 마쳤다. 더 이상 괴로움에 빠지지 않는다’라고 아는 것이다.”

세존께서는 바칼리 존자를 이렇게 교화하고 모두 가르친 후에 자리에서 일어나 영취산으로 향하였다. 그런데 세존께서 떠나가시자 마자 바칼리 존자는 비구들에게 알렸다.

"벗이여! 나를 들것에 실어서 선인흑석굴로 데려다 주시오. 어찌 나 같은 자가 집 안에서 임종을 맞을 수 있으리."

"그리 하겠습니다."

비구들은 바칼리 존자를 들것에 실어서 선인흑석굴로 데려다 주었다. 그때 세존께서는 그날 오후와 밤을 영취산에서 보내셨다.

한편 그 밤이 지나 새벽녘에 더할 수 없이 아름다운 천신 둘이 영취산 전체를 환히 비추면서 세존이 계신 곳으로 다가왔다. 세존께 절을 하고 한편에 서자 천신 가운데 하나가 이렇게 여쭈었다.

"존귀하신 스승이시여! 바칼리 비구는 해탈하고 싶다고 소원하고 있습니다."

또 한 명의 천신도 세존께 이렇게 여쭈었다.

"존귀하신 스승이시여! 그는 반드시 능히 해탈할 것입니다."

두 명의 천신은 이렇게 말하였다. 그렇게 말하고 나서 그들은 세존을 오른쪽으로 돌고 나서 그 자리에서 사라졌다. 세존께서는 그날 밤이 지나고 아침이 오자 비구들에게 이렇게 이르셨다.

"비구들이여! 그대들은 어서 바칼리 비구가 있는 곳으로 달려가라. 가서 바칼리 비구에게 이렇게 전하라.

'벗이여! 세존과 두 명의 천신의 말을 들어보시오. 지난밤, 새벽녘에 지극히 아름다운 두 명의 천신이 영취산을 환히 비추면서 세존을 찾아와 그대가 해탈을 소원하고 있으며, 그대는 반드시 해탈할 것이라고 말씀드리고 떠나갔소.

벗이여! 세존께서도 그대에게 〈바칼리여! 두려워하지 말라. 그대의 죽음은 나쁘지 않으리라. 그대의 임종은 나쁘지 않으리라〉라고 말씀하셨소'라고 전하라."

"존귀하신 스승이시여! 그리 하겠습니다."

비구들은 세존의 명을 받고 바칼리 존자가 있는 곳으로 달려갔다. 그리하여 세존의 말씀과 천신의 이야기를 들려 주려 하였다.

그러자 바칼리 존자는 간호하는 비구에게 이렇게 말하였다.

"벗이여! 나를 침대에서 내려 주시오. 나 같은 자가 어떻게 높은 곳에 앉은 채 세존의 가르침을 들을 수 있겠습니까?"

간호하는 비구의 부축을 받아서 침대에서 내려온 바칼리 비구는 세존의 명을 받고 달려온 비구들을 통해 세존과 천신의 이야기를 전해 들었다.

다 듣고 난 그는 비구들에게 이렇게 말하였다.

"벗이여! 그렇다면 나를 대신하여 세존을 찾아뵙고 이렇게 전해 주시오. '존귀하신 스승이시여! 비구 바칼리는 병에 걸려 중태입니다. 고통에 몸부림을 치며 병은 더 나아지지 않습니다. 그런 바칼리가 세존의 두 발에 머리를 대고 절을 올립니다.'

이렇게 대신 인사를 올린 후에 또 이런 말을 전해 주시오.

'존귀하신 스승이시여! 저는 물질이 덧없다는 사실을 의심하지 않습니다. 덧없는 것은 괴롭다

는 사실에 의혹이 없습니다. 덧없으며 괴로움이
며 변하는 성질을 가진 것에 대해서 저에게는 욕
망이나 탐욕이나 애착이 없다는 것을 확신하고
있습니다.

　존귀하신 스승이시여! 느낌과 생각과 결합과
식별이 덧없다는 사실을 의심하지 않습니다. 덧
없는 것은 괴롭다는 사실에 의혹이 없습니다. 덧
없으며 괴로움이며 변하는 성질을 가진 것에 대
해서 제게는 욕망이나 탐욕이나 애착이 없다는
것을 확신하고 있습니다'라고 세존께 전해 주시
기 바라오.”

　“그리 하겠습니다. 벗이여!”

　저 비구들은 바칼리 존자에게 답하고 나서 귀
로에 올랐다.

　한편 저 비구들이 떠나가자마자 바칼리 존자는
날카로운 칼을 꺼내 들었다. 그 비구들은 세존
계신 곳으로 돌아와 한편에 앉았다. 그들은 세존
께 여쭈었다.

"존귀하신 스승이시여! 비구 바칼리는 병에 걸려 중태입니다. 그는 세존의 두 발에 머리를 대고 절을 올리면서 저희들에게 자신을 대신하여 이렇게 여쭙기를 부탁하였습니다."

비구들은 바칼리 존자의 말을 한 마디도 남김없이 세존께 아뢰었다.

그때 세존께서는 비구들에게 이르셨다.

"비구들이여! 우리 함께 선인혹석굴에 가자. 그곳에서 바칼리가 날카로운 칼을 꺼내 들고 있다."

"존귀하신 스승이시여! 그리 하겠습니다."

그리하여 세존은 수많은 비구들과 함께 선인혹석굴로 향하셨다. 세존께서는 아주 멀리 떨어진 곳에서 침대 위에서 허리를 구부리고 누워 있는 바칼리를 보셨다. 마침 그때 연기 같은 자욱한 검은 구름이 동쪽에서 서쪽으로 그리고 남쪽과 북쪽에서 불어오고 위로 오르고 아래로 내려오고 사방 가득히 움직이며 빙빙 돌고 있었다.

그러자 세존께서는 비구들에게 이르셨다.

　"비구들이여! 그대들은 사방에 가득히 차서 움직이고 있는 검은 구름이 보이는가?"

　"그렇습니다. 세존이시여!"

　"비구들이여! 이것은 악마 파피야스[34]가 바칼리의 혼이 어디 있는지 찾아다니고 있는 것이다.

　그러나 비구들이여! 바칼리는 그 혼이 어디에도 머무르지 않고 완전한 열반에 들었다."

11. 비구니와 악마의 대화

아라비카 비구니

이와 같이 나는 들었다.

어느 때 세존께서는 쉬라바스티의 교외에 있는 기원정사에 머물고 계셨다.

그때 아라비카 비구니는 아침에 옷을 입고 가사와 발우를 들고 걸식을 하러 쉬라바스티에 들어갔다. 쉬라바스티 시내를 다니면서 식사를 마친 뒤에, 걸식에서 돌아와 세상의 소음으로부터 멀리 떨어지기를 소원하여, 안다숲 쪽으로 걸어갔다.

그러자 악마 파피야스는 아라비카 비구니에게

온 몸의 털이 곤두설 정도로 겁을 주어서, 세상의 소음으로부터 멀리 떨어지려는 생각을 버리게 하고자 비구니가 있는 곳으로 다가갔다.

그리하여 아라비카 비구니에게 이런 시구로 말을 걸었다.

인간 세상에 영원한 벗어남이란 없다.
소음으로부터 멀리 벗어나 무엇을 구하고자 하는가.
애욕의 즐거움을 향수하라.
후에 이르러 후회하는 사람이 되지 말라.

그러자 아라비카 비구니는 이런 생각을 하였다.
'시구를 노래하고 있는 자는 사람인가, 사람 아닌 어떤 것인가? 이것은 내 몸이 털이 곤두설 정도로 겁을 주어서, 세상의 소음으로부터 멀리 떨어지려는 생각을 버리게 하고자 하여, 악마 파피야스가 시구를 설하고 있는 것이다.'

아라비카 비구니는 이 자가 악마임을 알아차리

고 악마 파피야스에게 시구로써 답하였다.

인간의 세상에 벗어남은 있다.
나는 지혜에 의해서 충분히 그것에 도달하였다.
게으른 자의 혈육인 파피야스여!
그대는 그 길을 알지 못한다.

애욕은 칼이나 창과 같으며
오온(五蘊)$^{35)}$은 그 단두대이다.
그대가 애욕의 즐거움이라 부르는 것은
내게 있어 혐오에 불과한 것일 뿐이다.

그러자 악마 파피야스는 아라비카 비구니가 자신을 알아차리자 괴로움에 몸을 떨다가 그 자리에서 사라져 버렸다.

소마 비구니

쉬라바스티에서의 이야기이다.

어느 날 소마 비구니는 이른 아침에 옷을 입고 가사와 발우를 들고 걸식을 하러 쉬라바스티에 들어갔다.

쉬라바스티 시내에서 걸식을 마친 후에 돌아와서 낮 동안의 폭염을 피하고 휴식을 취하려고 안다숲 있는 곳으로 갔다. 그 숲으로 들어간 소마 비구니는 어떤 나무 아래에 앉았다.

그때 악마 파피야스는 소마 비구니에게, 온 몸의 털이 곤두서도록 겁을 주어서 그 삼매를 저버리게 하고자, 소마 비구니가 있는 곳으로 다가갔다. 다가가서 소마 비구니에게 시구로써 말을 걸었다.

성자들이 도달한 경지는 쉽지 않다.
손가락 두 개의 지혜밖에 가지지 못한 여인들은
그곳에 도달할 수가 없다.

그러자 소마 비구니는 이런 생각이 떠올랐다.
'시구를 노래하고 있는 자는 사람인가, 사람 아

닌 어떤 것일까?'

　마침내 소마 비구니는 그가 사람이 아니라 자신에게 겁을 주어서 삼매를 즐기려는 마음을 달아나게 하려는 악마 파피야스임을 알아차리고 그에게 시구로써 이렇게 답하였다.

　　그 사람의 마음이 삼매에 잘 들며
　　지혜의 힘이 작용하고 있다면
　　올바른 법을 볼 터인데
　　여인이라는 것이 그 어떤 장애가 된다는 말인가

　　악마가 말 걸기에 적당한 상대는
　　'나는 여자다, 나는 남자다.
　　또는 나는 어떤 자이다'라고
　　염려하고 고민하는 사람이다.

　그러자 악마 파피야스는 소마 비구니가 자신을 알아차렸음에 괴로워하다가 그 자리에서 사라져 보이지 않았다.

고타미 비구니

쉬라바스티에서의 일이다.

어느 날 키사고타미 비구니는 아침에 옷을 입고 가사와 발우를 들고 탁발을 하러 쉬라바스티 시내로 들어갔다.

쉬라바스티 시내에서 걸식을 마치고 돌아와서 키사고타미 비구니는 한낮의 폭염을 피하고 휴식을 취하고자 안다숲 있는 곳으로 다가갔다. 숲에 들어가서 어떤 나무 아래에 앉아서 낮 동안의 휴식을 취하였다.

그때 악마 파피야스는 키사고타미 비구니에게 온 몸의 털이 곤두서도록 겁을 주어서 그 삼매를 저버리게 하고자, 그 비구니가 있는 곳으로 다가가서 시구로써 말을 건넸다.

예전에는 어린 자식이 죽어서
한 달 동안을 눈물에 젖어 지내던 그대가

지금 홀로 숲에 들어와 있는 것은
남자를 유혹하기 위함이 아닌가

그때 키사고타미 비구니는 이 노래를 부르고
있는 자가 사람인지, 사람이 아닌 어떤 것인지를
곰곰 생각하다가 자신의 삼매를 방해하려고 찾
아온 악마 파피야스임을 알아차리고 시구로써
답하였다.

내가 어린 자식을 잃은 것은 아주 오래 전의 일
남자란 어차피 아이를 갖게끔 해 주는 사람
이제 나에게 자식을 바라는 마음은 없어졌다.
자식을 잃었다는 것을 나는 더 이상 슬퍼하지 않는다.

나는 울지 않는다.
벗이여! 나는 아무것도 두려워하지 않는다.
모든 것에 대한 쾌락은 사라졌다.
어둠의 덩어리를 부수고
죽음의 신의 세력 좋은 군대를 쳐부수어

나는 번뇌가 없이 살아간다.

그러자 악마 파피야스는 키사고타미 비구니가
자신을 알아차렸음을 느끼고 괴로움에 몸을 떨
다가 그 자리에서 사라졌다.

비쟈야 비구니

쉬라바스티에서의 일이다.
어느 날 비쟈야 비구니는 이른 아침에 옷을 입
고 가사와 발우를 들고 걸식을 하러 쉬라바스티
로 들어갔다.
쉬라바스티 시내에서 걸식을 마치고 돌아와 한
낮의 폭염을 피하고 휴식을 취하고자 안다숲 있
는 곳으로 들어가, 어떤 나무 아래에 앉아서 낮
동안의 휴식을 취하였다.
그때 악마 파피야스는 비쟈야 비구니에게 겁을
주어서 삼매를 저버리게 하고자 그 비구니가 있

는 곳으로 다가가서 시구로써 말을 건넸다.

그대는 젊고 아름답다.
나도 젊은 청년이다.
자, 그대여 이리오라.
다섯 가지 악기로 즐기지 않으려는가!

그때 비쟈야 비구니는 이 노래를 부르고 있는
자가 누구인지 생각하다가 자신의 삼매를 방해
하려고 찾아온 악마 파피야스임을 알아차리고
시구로써 답하였다.

마음을 즐겁게 해 주는
색과 소리와 냄새와 맛의 촉감을
나는 그대에게 양보하노라.

악마여! 내게 그것은 필요치 않다.
부서지기 쉬운 이 더럽기 그지없는 몸뚱이를
나는 싫어하고 수치스럽게 여긴다.

애욕을 향한 욕망은 제거되었다.
색계에 속한 중생이건
무색계에 머무는 자들이건
고요한 삼매이건
그 모든 것에 대하여
내 마음의 어둠은 사라졌다.

그러자 악마 파피야스는 비쟈야 비구니가 자신을 알아차렸음을 느끼고 괴로움에 몸을 떨다가 그 자리에서 사라졌다.

우팔라바나 비구니

쉬라바스티에서의 일이다.
어느 날 우팔라바나 비구니는 이른 아침에 걸식을 하러 쉬라바스티에 들어갔다.
걸식이 끝난 후 한낮의 폭염을 피하고 휴식을 취하고자 안다숲으로 들어가서 꽃들이 만발한 사라나무 아래에 앉았다.

그때 악마 파피야스는 우팔라바나 비구니에게 겁을 주어서 삼매를 저버리게 하고자 이 비구니가 있는 곳으로 다가가서 시구로써 말을 건넸다.

꽃이 만발한 사라나무 가까이
비구니여! 그대는 홀로 나무 아래에 있구나.
그대의 아름다움에 버금가는 것은 없다.
어리석은 여인이여!
그대는 흉악한 사내들을 두려워하지 않는 것인가?

그때 비쟈야 비구니는 이 노래를 부르고 있는 자가 악마 파피야스임을 알아차리고 시구로써 답하였다.

그대 같은 흉악한 자들이 수천 명 이곳으로 온다 해도
나는 털끝 하나 동요하지 않는다.
나는 두렵지 않다.
악마여! 나는 홀로 있어도 그대가 두렵지 않다.

악마 파피야스가 말했다.

나는 이곳에서 모습을 감추리라.
어쩌면 그대의 뱃속에 들어갈지도 모르고
또 미간에 설지도 모른다.
이런 나를 그대는 볼 수 없으리.

비쟈야 비구니가 답하였다.

마음이 자재롭게 되었을 때
네 가지의 여의족(如意足)[36]은 잘 실천되었고
마음이 모든 번뇌의 속박으로부터 해방되었을 때
벗이여! 나는 그대를 두려워하지 않노라.

그러자 악마 파피야스는 비쟈야 비구니가 자신을 알아차렸음을 느끼고 괴로움에 몸을 떨다가 그 자리에서 사라졌다.

12. 독화살의 비유
(마룽키야經)

이와 같이 나는 들었다.

어느 때 세존께서는 쉬라바스티(사위성)의 기원정사에 계셨다. 그때 마룽키야풋타 존자는 홀로 고요한 곳에 앉아 다음과 같이 생각하였다.

'세존께서는 다음과 같은 문제들에 관해서는 말씀해 주시지 않는다.

우주는 영원한가? 영원하지 않은가? 우주는 끝이 있는가? 끝이 없는가? 영혼은 육체와 같은가? 육체와 다른가? 여래는 사후(死後)에도 존재하는가? 존재하지 않는가? 여래는 사후에 존재하기도 하며 존재하지 않는 것도 아닌가?

나는 이러한 문제에 관해서 답변해 주시지 않는 세존의 태도가 불만스럽기만 하다.

부처님 계신 곳에 가서 이와 같은 질문을 여쭙기로 하자. 만약 세존께서 나를 위해 이 의문에 답변해 주신다면 머물러 수행을 계속하겠지만 만약 답변해 주시지 않는다면 세존께 인사를 여쭙고 떠나야겠다.'

마룽키야풋타는 해가 질 무렵 자리에서 일어나 세존이 계신 곳으로 갔다.

그리고 세존께 예배 드리고 다음과 같이 여쭈었다.

"세존이시여! 제가 홀로 선정에 들어있을 때 우주는 영원한가? 영원하지 않은가? 우주는 끝이 있는가? 없는가? 영혼은 육체와 같은가? 육체와 다른가? 여래는 사후에도 존재하는가? 존재하지 않는가? 여래는 사후에 존재하기도 하며 존재하지 않는 것도 아닌가?라는 의문이 떠올랐습니다.

그러나 세존께서는 이런 의문에 한 번도 답변

해 주시지 않았습니다. 저는 세존께 이러한 것을 묻고 싶습니다. 만약 세존께서 저의 이러한 의문에 답변해 주신다면 저는 세존의 가르침 안에 머물며 거룩한 삶을 따를 것입니다.

여래께서 우주가 영원한 것인지 영원하지 않은 것인지, 영혼과 육체는 같은 것인지 다른 것인지, 여래는 사후에 존재하는 것인지 존재하지 않는 것인지, 알고 계신다면 그것을 저에게 말씀해 주십시오.

세존께서 알지 못하신다면 '나는 알지 못한다'라고 말씀해 주십시오."

세존께서 마룽키야풋타에게 말씀하셨다.

"마룽키야풋타여, 내가 일찍이 그대에게 '마룽키야풋타여, 어서 오너라. 나와 함께 청정한 행을 닦음이 좋으리라. 그러면 나는 그대에게 우주는 영원한지 영원하지 않은지, 영혼과 육체는 같은 것인지 다른 것인지, 여래는 사후에 존재하는지 존재하지 않는 것인지, 존재하는 것도 존재하지 않는 것도 아닌지에 대하여 분명히 말해 주리라'

라고 말했던 적이 있는가?"

"아닙니다. 세존이시여! 그와 같은 일은 없었습
니다."

세존께서 말씀하셨다.

"마룽키야풋타여, 또 그대는 일찍이 내게 다음
과 같이 말한 적이 있는가?

'세존이시여! 저는 세존의 가르침을 따라서 청
정한 행을 닦고자 합니다. 그러하오니 저에게 우
주는 영원한지 영원하지 않은지, 영혼과 육체는
같은 것인지 다른 것인지, 여래는 사후에 존재하
는 것인지 존재하지 않는 것인지, 존재하는 것도
존재하지 않는 것도 아닌지 분명히 말씀해 주소
서'라고 말한 적이 있는가?"

"아닙니다. 세존이시여! 그와 같이 말씀하신 적
은 없습니다."

"마룽키야풋타여, 그대는 어리석도다. 나는 그
와 같은 문제에 대해서 그대에게 말한 적이 없
고, 그대 또한 나에게 말한 적이 없는데 그대는

부질없는 번뇌로 스스로를 괴롭히고 여래를 비방하려 하는구나.”

마룽키야풋타는 세존의 말씀을 듣고 아무 말도 할 수 없었으나 의문은 가시지 않았다.

세존께서는 마룽키야풋타에게 다시 말씀하셨다.

“마룽키야풋타여, 어떤 어리석은 사람이 ‘만약 부처님께서 나를 위해 우주는 영원한가 영원하지 않은가, 영혼과 육체는 같은 것인지 다른 것인지, 여래는 사후에도 존재하는 것인지 존재하지 않는 것인지, 존재하는 것도 존재하지 않는 것도 아닌지에 대해서 분명히 말씀해 주시지 않는다면 나는 세존의 가르침을 따라 수행하지 않겠다’라고 생각한다면, 그는 그 의문을 풀지도 못한 채 도중에서 목숨을 마치고 말 것이다.

예를 들어 어떤 사람이 독 묻은 화살을 맞아 견디기 어려운 고통을 겪을 때 친족들이 빨리 의사를 부르려고 하였다. 그러나 화살을 맞은 사람이 ‘아직 이 화살을 뽑아서는 안 됩니다. 나는 먼

저 화살을 쏜 사람이 크샤트리야인지, 바라문인
지, 바이샤인지, 수드라인지, 또 그 이름과 성은
무엇인지, 그의 키가 큰지, 작은지 중간 정도인
지, 그의 얼굴색이 하얀지 검은지, 어떤 마을에서
왔는지 먼저 알아야겠습니다.

또한 내가 맞은 화살이 어떤 종류의 것인지 알
아야 화살을 뽑을 것입니다. 뿐만 아니라 어떤
새의 깃으로 장식된 화살인지, 화살 끝에 묻힌
독은 어떤 종류의 독인지 알아야 화살을 뽑을 것
입니다'라고 말한다면 그 사람은 이러한 사실을
알기도 전에 죽고 말 것이다.

마룽키야풋타여, 우주가 영원하다는 확실한 견
해가 있어야만 청정한 수행을 닦겠다고 생각하
는 것은 바르지 않다. 또 우주가 무상하다는 견
해가 있어야만 청정한 수행을 닦겠다고 생각하
는 것도 바르지 않다. 우주가 영원하거나 무상하
더라도, 사람에게는 생로병사와 근심과 번뇌가 있
다. 그러므로 여래는 '이것은 괴로움이다〔苦〕. 괴

로움은 모여서 생기는 것이다[集]. 괴로움은 반드시 없어진다[滅]. 그것이 길이다[道]'를 설하여 중생을 해탈에 이르게 한다.

마룽키야풋타여, 영혼과 육체는 같은 것인지 다른 것인지 분명히 알아야만 청정한 수행을 닦겠다는 생각은 바르지 않다.

영혼과 육체가 다르거나 같더라도, 사람에게는 생로병사와 근심과 번뇌가 있다. 그러므로 여래는 '이것은 괴로움이다. 괴로움은 모여서 생기는 것이다. 괴로움은 반드시 없어진다. 그것이 길이다'를 설하여 중생을 해탈에 이르게 한다.

마룽키야풋타여, 여래는 사후에 존재하는가 존재하지 않는가, 존재하는 것도 존재하지 않는 것도 아닌가를 분명히 알아야만 청정한 수행을 닦겠다는 생각은 바르지 않다. 그러므로 여래는 '이것은 괴로움이다. 괴로움은 모여서 생기는 것이다. 괴로움은 반드시 없어진다. 그것이 길이다'를 설하여 중생을 해탈에 이르게 한다.

또한 마룽키야풋타여, 여래는 우주가 영원하다
거나 무상하다거나, 영혼과 육체가 동일하다거나
다르다거나, 여래는 사후에 존재한다거나 존재하
지 않는다거나, 존재하는 것도 존재하지 않는 것
도 아니라고 단정적으로 말하지 않는다.

왜냐하면 그와 같은 의문은 도리와 법에 맞지
않으며 청정한 수행도 아니며, 깨달음으로 나아
가는 길도 아니며 열반의 길도 아니기 때문이다.

그렇다면 여래가 한결같이 설하는 법은 무엇인
가. 그것은 여래는 '이것은 괴로움이다. 괴로움은
모여서 생기는 것이다. 괴로움은 반드시 없어진
다. 그것이 길이다'라는 가르침이다.

그것은 도리와 법에 맞으며, 청정한 수행의 길
이며 깨달음과 성스러운 열반에 이르는 길이기 때
문이다. 그대는 이와 같이 깨닫고 배워야만 한다."

세존께서 이와 같이 말씀하셨을 때 마룽키야풋
타와 여러 제자들은 기뻐하며 그 가르침을 받들
어 실천했다.

13. 선(善)의 추구
(스바經)

출가와 재가

이와 같이 나는 들었다.

어느 때 부처님께서는 쉬라바스티의 기원정사에 계셨다.

그때 투데야 바라문[37]의 아들 스바는 쉬라바스티에 있는 한 장자의 집에 머물고 있었다.

바라문 청년 스바는 집 주인에게 물었다.

"장자여! 쉬라바스티는 성자(阿羅漢)들이 있는 곳에서 멀지 않다고 들었습니다. 오늘 사문이나

바라문 중 누군가를 방문하여 가르침을 받고자
합니다.”

“세존께서 기원정사에 계시는데 그분을 방문하
는 것이 좋을 것이요.”

바라문 청년 스바는 세존이 계시는 곳으로 가,
친애와 경의로 가득 찬 인사말을 세존께 올리고
한쪽에 앉았다.

바라문 청년 스바는 세존께 사뢰었다.

“세존이시여! 바라문들은 ‘재가자들은 바른 도
와 진리와 선을 구현하려고 노력하지만, 출가자
는 바른 도와 진리와 선을 구현하려고 노력하지
않는다’라고 말합니다. 이에 대해 당신은 어떻게
말하십니까?”

“청년 바라문이여! 나는 경우에 따라 말하는
사람이며 어느 한쪽만을 단정하는 사람은 아니
다. 왜냐하면 사악한 행을 하면 재가자가 행하거
나 출가자가 행하거나 칭찬하지 않는다. 왜냐하
면 재가자든 출가자든 사악한 행을 하는 사람은

그 사악한 행으로 말미암아 바른 도와 진리와 선
을 구현하려고 노력하지 않기 때문이다. 바른 행
은 재가자든 출가자든 칭찬한다. 왜냐하면 재가
자든 출가자든 바른 행을 하는 사람은 그 바른
행으로 말미암아 바른 도와 진리와 선을 구현하
려고 노력하기 때문이다."

"세존이시여! 바라문들은 '해야 할 일이 많습니
다. 노력으로 가득 찬 가정생활의 삶은 참으로
풍요롭습니다. 적어도 노력이 적은 출가생활의
삶은 참으로 빈곤하다'고 말하는데, 이것에 대해
당신은 어떻게 말하십니까?"

"청년 바라문이여! 그것에 대해서도 나는 경우
에 따라 말하는 사람이지 어느 한쪽만을 단정하
는 사람이 아니다. 해야 할 일이 많아 노력으로
가득 찬 삶이지만 실패하면 참으로 빈곤하고, 성
공하면 참으로 풍요로운 삶이 있다. 해야 할 일
이 적어서 수고로움이 적지만 실패하면 참으로
가난하고, 성공하면 참으로 풍요로운 삶도 있다.

그러면 어떤 삶이 해야 할 일이 많아 수고로움이
많으면서도 실패하면 참으로 가난하고 성공하면
참으로 풍요로운 것인가. 그것은 마치 농사를 짓
는 일과 같다.

　농사를 짓는 일은 해야 할 일이 많아 수고로움
이 가득하지만 실패하면 참으로 빈곤하고 성공
하면 참으로 풍요로운 삶이다. 또한 가정생활도
농사와 마찬가지로 이에 속하는 삶이다.

　반면 장사를 하는 일은 해야 할 일이 적어서
수고로움이 적지만 실패하면 참으로 빈곤하고
성공하면 참으로 풍요로운 삶이다. 또한 출가생
활도 이에 속하는 삶이다."

바라문의 덕목

　"세존이시여! 바라문들은 좋은 행을 하고 선을
구현하기 위해서 다섯 가지 덕목을 지킵니다."
　"청년 바라문이여! 바라문들이 지킨다는 그 덕목

을 번거롭겠지만 이 모임에서 설명해 보겠는가?”

“세존이시여! 존자나 존자의 위풍을 지닌 분들이 참석한 곳이니 번거로움이란 있을 수 없습니다.”

“그럼 설명하게.”

“세존이시여! 바라문들은 청정한 행을 실천하고 선을 구현하기 위해 첫째 덕목으로서 진실을 지킵니다. 둘째 덕목은 고행, 셋째 덕목은 순결, 넷째 덕목은 배우고 익힘, 다섯째 덕목은 보시입니다. 바라문들은 좋은 행을 하고 선을 구현하기 위해 이 다섯 가지 덕목을 지킵니다. 이것에 대해 당신은 어떻게 말하십니까?”

“청년 바라문이여! 그렇다면 바라문들 가운데서 어느 한 사람이라도 ‘나는 이 다섯 가지 덕목을 스스로 깨닫고, 체득하였으며 그 결과를 설한다’고 말하는 사람이 있는가?”

“아닙니다. 없습니다.”

“그렇다면 바라문들의 스승, 혹은 스승의 스승 내지는 스승의 7대까지 거슬러 올라가도록 어느 한 사람이라도 '나는 이러한 다섯 가지 덕목을 스스로 깨닫고 체득하였으며, 그 결과를 설한다'고 말한 사람이 있는가?"

"아닙니다. 없습니다."

"청년 바라문이여! 현재 바라문들이 반복해서 독송하고 읊조리고, 가르치고 있는 말씀은 옛 선인들이 부르고 설하였으며 집성한 그대로의 성구(聖句)인데, 이 성구를 만들고 널리 설한 선인들이 '우리들은 이러한 다섯 가지 덕목을 스스로 깨닫고 체득하였으며 그 결과를 설한다'고 말했던 적이 있는가?"

"아닙니다."

"청년 바라문이여! 그대의 말에 의한다면, 바라문들 가운데는 한 사람도 '나는 이러한 다섯 가지 덕목을 스스로 깨닫고 체득하였으며, 그 결과를 설한다'고 말한 사람은 없다. 그들의 스승 가운데서도, 또 스승의 스승 가운데서도, 그리고 스승의 7대까지 거슬러 올라간다 해도 누구 한 사람 그렇게 말한 사람은 없었다.

청년 바라문이여! 옛 선인들도 그것은 말하지 않았다. 그것은 마치 맹인들이 어느어느 마을에서는 음식을 잘 준다는 악한(惡漢)의 꾀임에 빠져 줄지어 가다가, 악한이 길 끝에 내버리고 가니 맨 앞의 맹인도 중간의 맹인도 마지막 맹인도 길을 찾지 못하고 도중에서 세월을 보내는 것처럼, 바라문들이 설하는 것은 이 맹인의 무리와 같다. 맨 앞의 선인도 중간의 스승도, 또 후대의 바라문들도 길을 발견하지 못했다."

초인적인 지견

이 말을 듣고 생각하면서 청년 바라문 스바는 세존께서 맹인의 비유를 든 것에 대해 화를 내고 불쾌해 하면서 '사문 고타마는 악의를 가지고 있음이 틀림없다'고 생각하면서, 세존을 매도하고 질책하며 이렇게 말했다.

　"세존이시여! 스바가숲에 사는 포카라사티 · 오바만야 바라문은 사문이나 바라문들 가운데서 가장 초인적이며 지극히 고귀하고 수승한 지혜를 체득하였다고 자칭하고 있습니다. 그에 대한 화제는 단지 일소해버릴 만한, 무의미한 소문은 아닙니다. 그런데 사람이면서 초인적이며, 지극히 고귀하고 수승한 지견을 알고 직관하였으며 체득하였다고 할 수 있겠습니까?"

　"청년 바라문이여! 스바가숲에서 사는 포카라사티 · 오바만야 바라문은 모든 사문이나 바라문의 마음을 자신의 마음으로 이해하고 숙지하고 있는가?"

　"세존이시여! 어떤 사람은 자신의 하녀 마음조차도 자신의 마음으로 이해하거나 숙지하지 못합니다. 하물며 모든 사문이나 바라문의 마음을 자신의 마음으로 이해하고 숙지하는 것이 어떻게 가능하겠습니까?"

　"청년 바라문이여! 선천적인 맹인은 검거나 흰

색을 보지 못함은 물론이며 그 밖의 모든 색들과
여러 가지 모습들을 보지 못하고 별이나 달, 태
양을 본 적이 없는 것처럼 이와 같은 사람에게는
검거나 흰 색은 존재하지 않는다. 그와 같이 색
을 본 일이 없는 사람에게는 모든 색들이나 모
양, 별이나 달, 태양은 존재하지 않는다. 그와 같
이 여러 가지 색깔이나 모양을 본 일이 없는 사
람은 '나는 그것을 모른다. 나는 그것을 보지 않
았다. 그러므로 그와 같은 것은 존재하지 않는다'
고 말할지도 모른다. 이와 같이 말하는 사람은
올바르겠는가?"

"아닙니다. 세존이시여! 검거나 흰색은 존재합
니다. 또 그것을 본 사람도 있습니다. 또한 푸르
거나 노란·붉은·진홍색, 모양이 같은 것·같
지 않은 것, 별빛·달과 태양은 존재합니다. 그
것을 본 사람도 있습니다. 그러나 나는 맹인이므
로 '나는 그것을 모른다. 나는 그것을 보지 않았
다. 그러므로 그와 같은 것은 존재하지 않는다'고

말한다면 그 사람은 바르게 이해하고 있는 것이
아닙니다."

"청년 바라문이여! 마찬가지로 스바가숲에 사
는 포카라사티·오바만야 바라문은 맹인이고 눈
이 없는 사람이다. 그는 초인적이고 지극히 고귀
하며 수승한 지혜를 깨달을 수 없으며 실천할 수
없다. 그리고 그대는 이것에 대해 어떻게 생각하
는가. 코살라국의 부호 바라문들과 그대의 아버
지 투데야 바라문들 가운데서, 통속적인 가르침
을 외우는 사람과 통속적이지 않은 가르침을 외
우는 사람 중 어느 쪽이 훌륭하겠는가?"

"통속적이지 않은 쪽입니다."

"깊이 생각하면서 가르침을 외우는 사람과 숙
고하지 않고 가르침을 외우는 사람 중 어느 쪽이
수승하겠는가?"

"깊이 생각하는 쪽입니다."

"주의력을 기울여 가르침을 외우는 사람과 주
의를 기울이지 않고 가르침을 외우는 사람 중 어

느 쪽이 수승하겠는가?”

“주의력을 기울이는 쪽입니다.”

“뜻이 있는 가르침을 외우는 사람과 뜻이 없는 가르침을 외우는 사람 중 어느 쪽이 수승하겠는가?”

“뜻이 있는 쪽입니다.”

“그럼 스바가숲에 사는 포카라사티 · 오바만야 바라문이 외우는 가르침은 통속적인가 아닌가?”

“통속적입니다.”

“깊이 생각되는 것인가 하지 않는 것인가?”

“깊이 생각되지 않은 것입니다.”

“주의력을 기울인 것인가 기울이지 않은 것인가?”

“기울이지 않았습니다.”

“뜻이 있는 것인가 없는 것인가?”

“뜻이 없는 것입니다.”

“청년 바라문이여! 다섯 가지 장애[五蓋]라는 것이 있다. 무엇이 다섯인가. 애욕이라는 장애 · 성냄이라는 장애 · 게으름과 수면이라는 장애 · 동요와 번민이라는 장애 · 의혹이라는 장애의 다섯 가지이다. 스바가숲에 사는 포카라사티·오바만야 바라문은 이러한 것의 방해를 받고 가리워졌으며 둘러싸여져 있다. 그는 초인적이지 못하며 지극히 고귀하고 수승한 지견을 알거나 직관하지 못하였고, 체득하지도 못했다.

청년 바라문이여! 다섯 가지 욕망의 대상이라는 것이 있다. 무엇이 다섯 가지 욕망의 대상인가? 좋아하고 사랑하며, 눈으로 지각되어 즐거워하고 기뻐하는 쾌락적인 욕망을 불러일으키는 여러 모양·귀로 지각되는 소리·코로 지각되는 향기·혀로 지각되는 맛·몸으로 지각되는 느낌의 다섯 가지이다.

스바가숲에 사는 바라문은 이러한 것에 사로잡히고 유혹받으며, 오류를 범하고, 재난을 보지 못하며, 벗어나는 지혜를 모른 채 그러한 것을 즐기고 있다. 그는 초인적이지 못하며 지극히 고귀하고 수승한 지견을 알거나 직관하지 못하였고 체득하지도 못했다."

욕망을 떠난 기쁨

"그대는 어떻게 생각하는가.

건초나 땔감 등에 의해 불이 일어나는 것과 건초나 땔감 등이 없이 불이 일어나는 것 중 어느 쪽이 불꽃·광채·불빛이 치성한 불이 되겠는가?"

"세존이시여! 만약 건초나 땔감 등의 연료 없이 불을 붙일 수 있다면, 그 쪽의 불꽃이나 광채·불빛이 치성하게 됩니다."

"청년 바라문이여! 건초나 땔감 등의 연료 없이 불을 일으키는 것은 신통력을 가진 사람만이 할 수 있다. 다섯 가지 욕망의 대상으로 생기는 기쁨은 건초와 같은 땔감 등에 의해서 일어나는 불과 같은 것입니다. 욕망을 떠나고 선함을 의지처로 하여 생긴 기쁨은 건초와 같은 땔감 없이 일어나는 불과 같다고 나는 설한다.

그렇다면 무엇이 욕망을 떠난 선함을 의지처로 하여 생긴 기쁨인가. 비구가 욕망을 떠나고 선함을 의지처로 하여, 선정의 제1단계[初禪]³⁸⁾를 체득하여 일어나는 것이다. 이것은 욕망을 떠나고 선의 실천에 의하여 생긴 기쁨이다. 또한 비구가 마음의 상태를 탐구하는 능력[尋]과 마음의 상태를 고정시키는 능력[伺]을 청정하게 닦아서 선정의 제2단계[第二禪]를 체득하는 것도 욕망을 떠나서 선의 실천에 의하여 생긴 기쁨이다.

불완전한 바라문들의 덕목

그런데 바라문들은 청정한 행을 실천하고 선을 구현하기 위해 다섯 가지 덕목을 지킨다고 했는데, 그 가운데서 어느 덕목이 좋은 행을 하고 선을 구현할 수 있는 보다 효과 있는 것으로 지켜지고 있는가?"

"세존이시여! 그들은 그 가운데서 보시가 청정한 행을 실천하고 선을 구현하기에 보다 효과 있는 덕목으로 지키고 있습니다."

　“청년 바라문이여, 이에 대해 그대는 어떻게 생각하는가? 여기에 어떤 바라문의 성대한 제사가 준비되어 있다고 하자. 그곳에 두 명의 바라문이 성대한 제사에 참석하려고 왔다. 그 가운데서 한 사람이 ‘나는 최상의 자리와 최상의 물, 그리고 최상의 음식을 얻을 것이다. 또 다른 바라문은 그러한 것을 얻을 수 없을 것이다’고 생각하였다.

　그러나 이미 한 바라문이 최상의 자리·최상의 물·최상의 음식을 얻었다면, 당연히 다른 한 바라문은 그것을 얻지 못한다. 그래서 ‘다른 바라문은 먼저 바라문은 최상의 자리·최상의 물·최상의 음식을 얻고, 나는 그것을 얻지 못하였다’고 하여 화를 내고 불쾌해 한다. 그렇다면 바라문들은 이 바라문에게 어떤 과보가 있다고 주장하겠는가?”

　“세존이시여! 그와 같은 경우 바라문들은 ‘이것으로 말미암아 다른 사람이 화를 내고 불쾌하게 되었다’고 생각하여 보시를 행하지 않습니다. 그와 같은 경우 상황에 따라 보시합니다.”

“청년 바라문이여! 그렇다면 바라문들에게 상황을 살피는 것이 청정한 행을 실천하기 위한 여섯째 항목으로 구비되어야 하지 않겠는가?”

“세존이시여! 그와 같은 경우 상황을 살피는 것은 좋은 행을 하기 위한 여섯째 항목이 됩니다.”

악을 떠나려는 마음가짐

“청년 바라문이여! 그대는 바라문들이 좋은 행을 하고 선을 구현하기 위해 지키는 다섯 가지 덕목을 재가자와 출가자 중 어느 쪽에서 더 많이 볼 수 있는가?”

“세존이시여! 저는 출가자 가운데서 더 많이 보았고 재가자에게서는 조금밖에 보지 못했습니다. 왜냐하면 재가자는 해야 할 일이 많고 수고로움이 가득하여 항상 진실을 말하는 것은 제한되어 있기 때문입니다. 한편 출가자는 해야 할 일이 적어

수고로움이 적고 항상 진실을 말할 수 있기 때문
입니다.

또 재가자들은 해야 할 일이 많아 수고롭기 때
문에 항상 고행하고 순결을 지키며, 배우고 보시
하는 일을 소홀히 하기 때문입니다. 한편 출가자는
해야 할 일이 적어 수고롭지 않아, 항상 고행하고
순결을 지키며, 배우고 보시하기 때문입니다.

저는 바라문들이 청정한 행을 실천하고 선을
구현하기 위해 지키는 다섯 가지 덕목을 출가자
가운데서 더 많이 보았고 재가자에게서는 조금
밖에 보지 못했습니다."

"청년 바라문이여! 나는 바라문들이 청정한 행
을 하고 선을 구현하기 위해 지키는 다섯 가지
덕목을 마음에 원한이나 악의가 없는 마음가짐
이라고 설한다. 즉 진실을 말하는 비구가 있다.
이 비구는 '나는 진실을 말하는 사람이다'라는 사
실을 알고 진실을 알며, 진실에 따른 큰 기쁨을
얻는다. 이 선함에 따른 기쁨을 일컬어 나는 마음

에 원한이나 악의가 없는 마음가짐이라 설한다. 능히 고행하고 순결을 지키며, 배우고 보시하는 비구가 있다. 이 비구는 '나는 능히 고행하고 순결을 지키며, 배우고 보시한다'라는 사실을 알고 진실을 알며, 진실에 따른 기쁨을 얻는다. 이 선함에 따른 기쁨을 나는 마음에 원한이나 악의가 없는 마음가짐이라고 설한다.

바라문들이 좋은 행을 하고 선을 구현하기 위해 지키는 다섯 가지 덕목을 나는 마음에 원한이나 악의가 없는 마음가짐이라 설한다."

법천의 세계에 도달하는 길

세존께서 이와 같이 말씀하셨을 때 투데야 아들, 바라문 청년 스바는 다시 세존께 사뢰었다.

"세존이시여! 저는 '사문 고타마는 범천에 도달하는 길을 알고 계신다'고 들었습니다."

"청년 바라문이여! 이곳에서 나라카라마을은

가까운 곳이라고들 하는데 그곳은 가까운 곳인
가, 먼 곳인가?”

“세존이시여! 말씀하신 대로 이곳에서 나라카
라마을은 가깝습니다.”

“청년 바라문이여! 그곳 나라카라마을에서 태
어나 자란 사람이 있다고 하자. 단지 나라카라마
을에서만 산 이 사람에게 어떤 사람이 마을로 가
는 길을 묻는다면, 이 사람은 그 길을 알려주는
데 더듬거리거나 곤란해하겠는가?”

“세존이시여! 그와 같은 일은 없습니다. 왜냐하
면 그 사람은 나라카라마을에서 태어나서 살았
으므로 마을로 통하는 모든 길을 잘 알고 있기
때문입니다.”

“청년 바라문이여! 이 나라카라마을에 태어나
자란 사람일지라도 혹시 다른 사람이 마을로 가는
길을 물을 때, 더듬거리거나 곤란해할지도 모른다.
그러나 여래는 범천의 세계나 범천의 세계에 도달
하는 길에 대해 묻는다 해도 결코 더듬거리거나

곤란해하지 않는다. 나는 범천도, 범천의 세계도, 범천의 세계에 도달하는 길도 알고 있다. 어떻게 실천하면 범천의 세계와 범천의 세계에 도달하는 길을 갈 수 있는지 알고 있다. 어떻게 실천하면 범천의 세계에 태어날 수 있는지도 알고 있다.”

“세존이시여! 저는 ‘사문 고타마는 범천에 도달하는 길을 설한다’고 들었습니다. 부디 저에게 범천에 도달하는 길을 설하여 주소서.”

“청년 바라문이여! 이제 그대에게 범천에 도달하는 길을 설하리니 잘 듣고 생각하여라.”

“명심하겠습니다”라고 바라문 청년 스바는 세존께 답하였다.

세존께서는 다음과 같이 말씀하셨다.

“청년 바라문이여! 무엇이 범천에 도달하는 길인가. 비구는 자애로운 마음[39]을 한 방향에 집중한다. 마찬가지로 제2·제3·제4 방향에도 집중한다. 이와 같이 상하·사방·주변의 모든 곳·일체세계에 광대무량하게, 원한이나 악의가 없는 자애로운 마음을 집중하여 생활한다.

이렇게 자애로움을 닦아 마음이 해탈하면, 원한이나 악의에 의한 행동은 이 사람에게는 존재하지 않는다. 마치 힘센 사람이 소라를 불어 쉽사리 사방에 알리게 할 수 있는 것처럼 자애로움을 닦아 마음이 해탈하면, 원한이나 악의에 의한 행동은 이 사람에게 더 이상 존재하지 않는다.

청년 바라문이여! 이것은 범천에 도달하는 길이다.

또 비구는 자비로운 마음·기뻐하는 마음·평정한 마음을 한 방향에 집중한다. 마찬가지로 제2·제3·제4의 방향에도 집중한다. 이와 같이 상하·사방·주변의 모든 곳·일체세계에 광대무량하게, 원한도 악의도 없는 연민의 마음·기쁨의 마음·평정한 마음을 집중하여 생활한다.

이렇게 자비·기쁨·청정을 닦아 마음이 해탈하면, 원한이나 악의에 의한 행동은 이 사람에게는 존재하지 않는다. 마치 힘센 사람이 소라를 불어 쉽사리 사방에 알릴 수 있는 것처럼 자애로움을 닦아 마음이 해탈하면, 분별하는 행위는 이 사람에게 더 이상 존재하지 않는다.

청년 바라문이여! 이것은 범천에 도달하는 길이다.”

스바의 귀의

세존께서 이와 같이 말씀하셨을 때 바라문 청년 스바는 세존께 사뢰었다.

“세존이시여! 훌륭합니다. 세존이시여! 훌륭합니다. 마치 넘어진 이를 일으켜 주시듯이, 덮개에 가려진 이를 걷어 주며, 헤매는 이에게 길을 제시하듯, 혹은 ‘눈 있는 사람은 사물을 보라’고 말하면서 어둠 속에 등불을 밝히듯, 세존께서는 다양한 방법으로 진리를 밝히셨습니다. 저는 존자 고타마께 귀의하겠습니다. 진리의 가르침에 귀의하겠습니다. 승단에 귀의하겠습니다. 부디 저를

재가신자(우바새)로 받아주소서. 오늘부터 목숨이
다할 때까지 귀의하겠습니다."

　바라문 청년 스바는 세존의 가르침을 듣고 매
우 기뻐하면서 자리에서 일어나, 세존께 예배하
고 오른쪽으로 돌아 경의를 표하고 떠났다.

쟈메소니 바라문의 찬탄

　그때 쟈메소니 바라문은 새하얀 양산이 드리워
진 마차를 타고 아침 일찍 쉬라바스티로 나왔다.
그는 바라문 청년 스바가 멀리에서 오는 것을 보
고 말했다.

　"이른 아침 어디에서 오는 것이오?"

　"나는 사문 고타마 처소에서 오는 것이오."

　"당신은 사문 고타마를 명철한 지혜가 있는 현
자라고 생각하시오?"

　"어떻게 제가 사문 고타마의 명철한 지혜를 알
수 있겠습니까? 만약 알 수 있다면, 나는 도대체

어떤 사람이겠습니까? 사문 고타마의 명철한 지혜를 알 수 있다면 그 사람은 사문 고타마와 어깨를 나란히 하게 될 것입니다."

"당신은 사문 고타마를 대단히 칭찬하는군요."

"어떻게 제가 사문 고타마를 칭찬하겠습니까? 사문 고타마는 신과 인간 가운데서 가장 훌륭한 사람으로서 찬양받습니다. 그분은 바라문들이 좋은 행을 하고 선함을 구현하기 위해 지키는 다섯 가지 덕목을, 마음에 원한이나 악의가 없도록 하는 마음가짐이라고 설하셨습니다."

이와 같이 말하니 쟈메소니 바라문은 새하얀 양산이 드리워진 마차에서 내려, 오른쪽 어깨가 나오도록 상의를 걸치고 세존께서 계시는 방향을 향해 감탄과 기쁨의 말을 했다.

"코살라국 프라세나짓왕은 이득을 얻었도다. 코살라국 프라세나짓왕은 행운과 이익을 얻었도다. 이 왕국에는 여래·성자·정각자가 머물고 계신다."

14. 지혜로운 자의 식견
(多界經)

어리석은 사람과 지혜로운 사람의 차이

이와 같이 나는 들었다.

어느 때 세존께서 쉬라바스티의 기원정사에 머물고 계셨다.

세존께서는 이와 같이 말씀하셨다.

"비구들이여! 무릇 생겨난 모든 두려움은 한결같이 어리석은 이에게서 일어난다. 지혜로운 이에게는 일어나지 않는다. 무릇 생겨난 모든 번민도 한결같이 어리석은 이에게서 일어나며, 지혜로운 이에게는 일어나지 않는다.

비구들이여! 마치 갈대로 엮은 집이나 초가집에서 일어난 불은, 설사 그 집이 안과 밖을 둘러싸고 바람을 막고 단단히 문단속을 하였으며, 창문을 닫은 높은 누각일지라도 그것을 모두 태워버린다.

그것과 마찬가지로 비구들이여! 무릇 생겨난 모든 두려움은 한결같이 어리석은 이에게서 일어나며, 지혜로운 이에게는 일어나지 않는다. 무릇 생겨난 모든 재난도 한결같이 어리석은 이에게서 일어나며, 지혜로운 이에게는 일어나지 않는다. 무릇 생겨난 모든 번뇌도 한결같이 어리석은 이에게서 일어나며, 지혜로운 이에게는 일어나지 않는다.

이와 같이 비구들이여! 어리석은 이는 두려움을 품지만, 지혜로운 이는 두려움을 떠난다. 어리석은 이는 재난을 만나고, 지혜로운 이는 재난을 여읜다. 어리석은 이는 번민을 갖고, 지혜로운 이는 번민을 갖지 않는다.

비구들이여! 두려움이란 지혜로운 이에게 존재

하지 않는다. 재난은 지혜로운 이에게 존재하지 않는다. 번민은 지혜로운 이에게 존재하지 않는다.

그러므로 비구들이여! 그대들은 지혜로운 이로서 사려 깊은 이가 되도록 마땅히 배워야만 한다.”

이와 같이 말했을 때 아난다 존자는 세존께 사뢰었다.

“세존이시여! 그러면 어떤 ‘비구가 마땅히 지혜로운 이로서 사려 깊다’고 말할 수 있습니까?”

“아난다여! 만약 비구가 존재의 ‘다양한 세계〔界〕’에 대해 환히 알고, 존재를 구분하는 ‘지각의 근거〔處〕’에 대해 환히 알며, 인과의 도리로서의 ‘조건관계에 의한 생기〔緣起〕’에 대해 환히 알고 ‘이치로서 가능한 것 · 불가능한 것〔處非處〕’에 대해 환희 안다면, 그로 인해 ‘비구가 지혜로운 이로서 사려 깊다’고 능히 말할 수 있다.

다양한 존재의 세계

"세존이시여! 어떤 점에서 '비구가 〈세계〉[40]에 대해 능히 환히 알고 있다'고 말할 수 있습니까?"

"아난다여! 18가지의 세계[十八界]가 있다. 즉 눈의 세계·모습의 세계·시각의 세계·귀의 세계·소리의 세계·청각의 세계·코의 세계·향기의 세계·후각의 세계·혀의 세계·맛의 세계·미각의 세계, 피부의 세계·느끼는 것의 세계·촉각의 세계, 마음(意)의 세계·관념(法)의 세계·인식의 세계이다.

아난다여! 이러한 18가지 세계를 여실히 알고 본다면, 그 점에서 '비구가 세계에 대해 환히 안다'고 능히 말할 수 있다."

"세존이시여! 달리 '비구가 세계에 대해 능히 환히 안다'고 말할 수 있도록 큰 설명은 없습니까?"

"있느니라, 아난다여! 여섯 가지 세계[六界]가 있느니라. 즉 땅의 세계·물의 세계·불의 세계·바람의 세계·허공의 세계·의식의 세계가 그것이다. 이러한 여섯 가지 세계를 여실히 알고서 본다면, 그 점에서도 '비구가 〈세계〉에 대해 능히 환히 안다'고 말할 수 있다."

"세존이시여! 또 달리 '비구가 〈세계〉에 대해 능히 환히 안다'고 말할 수 있도록 큰 설명은 없습니까?"

"있느니라, 아난다여! 다음의 여섯 가지 세계가 있다. 즉 쾌감의 세계·불쾌감의 세계·기쁨의 세계·근심의 세계·무관심의 세계·무지의 세계가 그것이다. 이러한 여섯 가지 세계를 여실히 알고서 본다면, 그 점에서도 '비구가 〈세계〉에 대해 환히 안다'고 능히 말할 수 있다."

"세존이시여! 또 달리 '비구가 〈세계〉에 대해 능히 환히 안다'고 말할 수 있도록 큰 설명은 없습니까?"

"있느니라, 아난다여! 다음의 여섯 가지 세계가 있다. 즉 욕망의 세계·이욕의 세계·악의의 세계·악의 없음의 세계·해치려는 생각의 세계·

해치지 않으려는 생각의 세계가 그것이다. 이러한 여섯 가지 세계를 여실히 알고서 본다면, 그 점에서도 '비구가 〈세계〉에 대해 능히 환히 안다'고 말할 수 있다."

"세존이시여! 또 달리 '비구가 〈세계〉에 대해 능히 환히 안다'고 말할 수 있도록 큰 설명은 없습니까?"

"있느니라, 아난다여! 다음의 세 가지 세계[三界]가 있다. 즉 욕망을 지배하는 세계(欲界)·깨끗하고 미세한 물질로 구성된 세계(色界)·물질 형태를 초월한 세계(無色界)이다. 이러한 세 가지 세계를 여실히 알고서 본다면, 그 점에서도 '비구가 〈세계〉에 대해 환히 안다'고 능히 말할 수 있다."

"세존이시여! 또 달리 '비구가 〈세계〉에 대해 환히 안다'고 능히 말할 수 있도록 분별된 설명은 없습니까?"

"있느니라, 아난다여! 다음의 두 가지 세계가 있다. 즉 현상으로서 형성된(有爲) 세계·현상을 초월한(無爲) 세계이다. 이러한 두 가지 세계를 여실히 알고서 본다면, 그 점에서도 '비구가 〈세계〉에 대해 능히 환히 안다'고 말할 수 있다."

지각의 근거

"세존이시여! 어떤 점에서 '비구가 〈지각의 근거〉에 대해 환히 안다'고 능히 말할 수 있습니까?"
"아난다여! 내부적 및 외부적인 지각의 근거가 있다. 즉 눈과 모양·귀와 소리·코와 향기·혀와 맛·피부와 느낌·마음(意)과 관념(法)이다. 이러한 여섯 가지의 내부적 및 외부적인 지각의 근거를 여실히 알고 본다면, 그 점에서 '비구가 〈지각의 근거〉에 대해 환히 안다'고 능히 말할 수 있다."

서로 의지해서 생겨난다

"세존이시여! 어떤 점에서 '비구가 〈연기(緣起)〉

에 대해 환히 안다'고 능히 말할 수 있습니까?"

"아난다여! 이것에 대해 비구는 다음과 같이 알아야만 한다.

이것이 있으므로 저것이 있다. 저것이 있으므로 이것이 있다. 이것이 소멸하므로 저것도 소멸한다. 저것이 소멸하므로 이것도 소멸한다.

즉 근원적인 어리석음[無明]을 조건으로 하여 행위의 잠재력[行]이 있고, 행위의 잠재력을 조건으로 의식[識]이 있으며, 의식을 조건으로 마음과 물질로 구성된 개체[名色]가 있고, 마음과 물질로 구성된 개체를 조건으로 여섯 가지 지각기능[六處]이 있으며, 여섯 가지 지각 기능을 조건으로 대상과의 접촉[觸]이 있고, 대상과의 접촉을 조건으로 감수[受]가 있으며, 감수를 조건으로 본능적인 욕망[渴愛]이 있으며, 본능적인 욕망을 조건으로 집착[取]이 있으며, 집착을 조건으로 생존[有]이 있고, 생존을 조건으로 태어남[生]이 있으며, 태어남을 조건으로 늙음과 죽음[老死]이 있고, 슬픔과 한탄·괴로움과 근심·번뇌가 있다.

이리하여 괴로움의 덩어리가 이루어진다.

그러나 근원적인 어리석음이 멸하므로 말미암아 행위의 잠재력이 멸하고, 행위의 잠재력이 멸하므로 말미암아 의식이 멸하며, 의식이 멸하므로 말미암아 마음과 물질로 구성된 개체가 멸하고, 마음과 물질로 구성된 개체가 멸하므로 말미암아 여섯 가지 지각기능이 멸하며, 여섯 가지 지각기능이 멸하므로 말미암아 접촉이 멸하고, 접촉이 멸하므로 말미암아 감수가 멸하며, 감수가 멸하므로 말미암아 본능적인 욕망이 멸하며, 본능적인 욕망이 멸하므로 집착이 멸하고, 집착이 멸하므로 말미암아 생존이 멸하며, 생존이 멸하므로 말미암아 태어남이 멸하고, 태어남이 멸하므로 말미암아 늙음과 죽음 그리고 슬픔과 한탄·괴로움과 근심·번민이 멸한다.

이리하여 괴로움의 덩어리 전체가 멸하게 된다.

아난다여! 이 점에서 '비구가 〈연기〉에 대해

환히 알고 있다'고 능히 말할 수 있다."

이치로서 가능한 것과 불가능한 것

"세존이시여! 어떤 점에서 '비구가 〈이치로서
가능한 것〉과 〈불가능한 것〉에 대해 환히 안다'
고 말할 수 있습니까?"

"아난다여! 그것에 대해 비구는 다음과 같이
알아야만 한다.

우선 진실한 견해를 갖춘 사람이 이루고 있는
현상[言者行]을 어떤 것이라도 항상하고 즐겁고
영원불변한 '나'라고 이해하는 것, 그것은 이치로
서 불가능하며 있을 수 없는 일이다. 그러나 세
간 사람들은 형성하고 있는 현상을 항상하고 즐
겁고 영원불변한 '나'라고 이해하는 것, 그것은
가능하다.

또 진실한 견해를 가진 사람이, 어떤 것이라도
그것을 즐거운 것으로 이해한다는 것, 그것은 이

치로서 불가능하며 있을 수 없다. 그러나 세간의
일반 사람은 형성하고 있는 현상을 즐거운 것으
로 이해하는 것, 그것은 이치로서 가능하다고 볼
수 있다.

또 진실한 견해를 가진 사람이 존재를 구성하
고 있는 것(法)의 어떤 것이라도 그것을 영원불변
한 본체(我)로서 이해하는 것, 그것은 이치로서
불가능하며 있을 수 없고, 그 가능성은 결코 볼
수 없다. 그러나 세간의 일반 사람이 존재를 구성
하고 있는 것을 영원불변의 본체로서 이해한다는
것, 그것은 이치로서 가능하다고 볼 수 있다.

또 진실한 견해를 가진 사람이 어머니의 목숨
을 빼앗는다는 것은 이치로서 불가능하며 있을
수 없고, 그 가능성은 결코 볼 수 없다. 그러나
세간의 사람들이 어머니의 목숨을 빼앗는다는
것은 이치로서 가능하다고 볼 수 있다.

또 진실한 견해를 가진 사람이 아버지의 목숨
을 빼앗고, 아라한의 목숨을 빼앗고, 악심을 품어

여래의 몸에서 피를 흘리게 하며, 승단의 화합을 깨며, 부처님 이외에 다른 이를 스승으로 섬긴다는 것은 이치로서 불가능하며 있을 수 없고, 그 가능성은 결코 볼 수 없다. 그러나 세간 사람들이 아버지의 목숨을 빼앗고, 아라한의 목숨을 빼앗고, 악심을 품어 여래의 몸에서 피를 흘리게 하며, 승단의 화합을 깨며, 부처님 이외에 다른 이를 스승으로 섬긴다는 것은 이치로서 가능하며 그 가능성을 볼 수 있다.

또한 하나의 세계에서 존경받을 만한 이·완전한 정각자인 여래가 두 사람 동시에 출현한다는 것은 이치로서 불가능한 것이며 있을 수 없고, 그 가능성은 결코 볼 수 없다. 그러나 하나의 세계에서 존경받을 만한 이·완전한 정각자인 여래가 한 사람 출현한다는 것은 이치로서 가능하며 그 가능성은 볼 수 있다.

또 하나의 세계에서 전세계의 통치자인 전륜왕이 두 사람 동시에 출현한다는 것은 이치로서 불가능하며 있을 수 없고, 그 가능성은 결코 볼 수 없다. 그러나 하나의 세계에서 전륜왕이 한 사람 출현한다는 것은 이치로서 가능하며 그 가능성은 볼 수 있다.[41]

또한 여성이 세상의 존경받을 만한 이·완전한 정각자가 된다는 것은 이치로서 불가능한 것이며, 있을 수 없고 그 가능성은 결코 볼 수 없다. 그러나 남성이 세상의 존경받을 만한 이·완전한 정각자가 된다는 것은 이치로서 가능하며 그 가능성은 볼 수 있다.[42]

또 여성이 전 세계의 통치자인 전륜왕이 된다는 것은 이치로서 불가능하며, 있을 수 없고 그 가능성은 결코 볼 수 없다. 그러나 남성이 전 세계의 통치자가 된다는 것은 이치로서 가능하며 그 가능성은 볼 수 있다.

또 여성이 신들의 왕인 제석천의 지위와 마왕의 지위, 사바세계의 주인인 범천의 지위를 얻는다는 것은 이치로서 불가능한 것이며 있을 수 없

고, 그 가능성은 결코 볼 수 없다. 그러나 남성이
제석천의 지위와 마왕의 지위, 범천의 지위를 얻
는다고 하는 것은 이치로서 가능하며 그 가능성
은 볼 수 있다.

또한 몸(身)으로 악행을 짓는 이에게 좋아할 만
하고 사랑할 만하며 즐거운 과보가 생긴다는 것
은 이치로서 불가능하며 있을 수 없고, 그 가능성
은 결코 볼 수 없다. 그러나 몸으로 악행을 짓는
이에게 좋지 않고 즐겁지 않은 과보가 생긴다는
것은 이치로서 가능하며 그 가능성은 볼 수 있다.

또한 입(口)으로 악행을 짓는 이에게 좋아할
만하고 사랑할 만하며 즐거운 과보가 생긴다는
것은 이치로서 불가능하며, 있을 수 없고, 그 가
능성은 결코 볼 수 없다. 그러나 입으로 악행을
짓는 이에게 좋지 않고 사랑스럽지 않으며, 즐겁
지 않은 과보가 생긴다는 것은 이치로서 가능하
며 그 가능성은 볼 수 있다.

또한 마음(意)으로 악행을 짓는 이에게 좋아할

만하고 사랑할 만하며 기쁜 과보가 생긴다는 것
은 이치로서 불가능하며 있을 수 없고, 그 가능
성은 결코 볼 수 없다. 그러나 마음으로 악행을
짓는 이에게 좋지 않고 즐겁지 않으며 기쁘지 않
은 과보가 생긴다는 것은 이치로서 가능하며 그
가능성은 볼 수 있다.

또한 몸으로 선행을 짓는 이에게 좋지 않고 사
랑스럽지 않으며 즐겁지 않은 과보가 생긴다는
것은 이치로서 불가능하며 있을 수 없고, 그 가
능성은 결코 볼 수 없다. 그러나 몸으로 선행을
짓는 이에게 좋아할 만하고 사랑할 만하며 즐거
운 과보가 생긴다는 것은 이치로서 가능하며 그
가능성은 볼 수 있다.

또 입으로 선행을 짓는 이에게 좋지 않고 사랑
스럽지 않으며 즐겁지 않은 과보가 생긴다는 것
은 이치로서 불가능하며 있을 수 없고, 그 가능
성은 결코 볼 수 없다. 그러나 입과 마음으로 선
행을 짓는 이에게 좋아할 만하고 사랑할 만하며

즐거운 과보가 생긴다는 것은 이치로서 가능하며 그 가능성은 볼 수 있다.

또 마음으로 선행을 짓는 이에게 좋지 않고 사랑스럽지 않으며 기쁘지 않은 과보가 생긴다는 것은 이치로서 불가능하며 있을 수 없고, 그 가능성은 결코 볼 수 없다. 그러나 마음으로 선행을 짓는 이에게 좋아할 만하고 사랑할 만하며 기쁜 과보가 생긴다는 것은 이치로서 가능하며 그 가능성은 볼 수 있다.

또한 몸과 입과 마음으로 악행을 쌓은 이가 육체가 무너져 죽은 다음 그러한 악행의 결과로 좋은 곳, 천계에 태어난다는 것은 이치로서 불가능하며 있을 수 없고, 그 가능성은 결코 볼 수 없다.

그러나 몸과 입과 마음으로서 악행을 쌓지 않은 이가 육체가 무너져 죽은 다음 그러한 악행의 결과로 고통스러운 곳, 나쁜 곳, 파멸의 세계, 지옥에서 태어난다는 것은 이치로서 가능하고, 그 가능성은 볼 수 있다.

또한 몸과 입과 마음으로서 선행을 쌓은 이가 육체가 무너져 죽은 다음 그러한 선행의 결과로 고통스러운 곳, 나쁜 곳, 파멸의 세계, 지옥에 태어난다는 것은 이치로서 불가능하며 있을 수 없고, 그 가능성은 결코 볼 수 없다. 그러나 몸과 입과 마음으로 선행을 쌓은 이가 육체가 무너져 죽은 다음 그러한 선행의 결과로 좋은 곳, 천계에 태어난다는 것은 이치로서 가능하고 그 가능성은 볼 수 있다.

아난다여! 이상과 같이 안다면, 그 점에서 '비구가 〈이치로서 가능한 것〉·〈불가능한 것〉에 대해 환히 안다'고 능히 말할 수 있다."

이 경의 이름

이와 같이 설하시자 아난다 존자는 세존께 사뢰었다.

"세존이시여! 훌륭하십니다. 참으로 훌륭하십

니다. 스승님! 가르침을 총정리한 이 설명법을 무엇이라 이름 붙이면 좋겠습니까?"

"아난다여! 가르침을 총정리한 이 설명법을 '존재의 다양한 세계[多界]'라 명명하고, 이것을 수지하여라. 또 '4장(四章)으로 구성된 것[四品]'[43]이라 명명하고 수지하여라. 또 '불사(不死)의 북', '위없는 전쟁의 승리'라 명명하고 수지하여라."

아난다 존자는 기뻐하면서 세존의 말씀을 찬탄하였다.

15. 바른 길과 삿된 길
(大四十經)

성스럽고 바른 정신통일

이와 같이 나는 들었다.

어느 때 세존께서 쉬라바스티의 기원정사에 머물고 계셨다.

"비구들이여! 나는 그대들에게 조건[44]을 구비하고 요건[45]을 갖춘, 성스럽고 바른 정신통일을 교시하리라. 그것을 듣고 잘 생각하여라. 나는 설하리라."

"세존이시여! 명심하겠습니다."

비구들은 세존께 대답하였다.

세존께서는 다음과 같이 설하셨다.

"비구들이여! 그럼 조건을 구비하고 요건을 갖춘, 성스럽고 바른 정신통일이란 무엇이겠는가.

비구들이여 바른 견해·바른 사유(思惟)·바른 말·바른 행동·바른 생활·바른 노력·바른 사념의 항목이 있다.

만약 마음을 한 곳에 집중시키는 자가 이것을 구비한다면, 이것이 조건을 구비한 성스럽고 바른 정신통일임과 동시에 요건을 갖춘 성스럽고 바른 정신통일이라고 말할 수 있다.

바른 견해

비구들이여! 이때 바른 견해는 다른 것보다 중요하다. 어째서 바른 견해는 중요한 것인가.

삿된 견해는 삿된 견해라 알고, 바른 견해는 바른 견해라 아는 사람에게는 이 바른 견해가 있는 것이다.

비구들이여! 삿된 견해가 무엇인가. 보시(布施)·제사·공양물은 무의미하여, 선행·악행의 결과나 과보 따위는 없다. 이 세상은 존재하지 않고, 저 세상도 존재하지 않는다. 어머니도 없고 아버지도 없다. 또 화생(化生)[46]의 생명체도 존재하지 않는다.

그리고 최고의 경지에 도달하고 바르게 실천하며, 이 세상이나 저 세상을 스스로 밝히고 깨달았으며, 그것을 실천하려는 사문·바라문들도 이 세간에 존재하지 않는다. 이것이 삿된 견해이다.

비구들이여! 그렇다면 바른 견해란 무엇이겠는가. 나는 바른 견해에 두 가지가 있다고 설한다. 유루(有漏)의 바른 견해와 무루(無漏)의 바른 견해가 그것이다.

유루의 바른 견해는 부분적으로 복덕을 지니며 과보로써 몸이라는 제약을 초래하지만 무루의 바른 견해는 성스럽고 티끌이 없어 세간을 초월한 길이다.

　비구들이여! 그렇다면 아직 더러움이 존재하는 유루의 바른 견해란 무엇이겠는가. 보시(布施)·제사·공양물은 의미 있으며, 선행·악행의 결과나 과보는 있다. 이 세상은 존재하고 저 세상도 존재한다. 어머니도 있고 아버지도 있다. 또 화생의 생명체도 존재한다. 그리고 최고의 경지에 도달하고 바르게 실천하며, 이 세상이나 저 세상을 스스로 밝히고 깨달았으며, 그것을 설시하려는 사문·바라문들도 이 세간에 존재한다.

　비구들이여! 이것이 바른 견해이다.

　또 비구들이여! 그렇다면 더러움이 없는 무루의 바른 견해란 무엇이겠는가. 성스러운 마음·더럽지 않은 마음을 갖고 성스러운 길을 몸에 익히며, 성스러운 길을 닦고 있는 사람들에게 나타나는 지혜, 지혜의 능력, 지혜의 힘, 깨달음의 요건인 법을 바르게 분별하고 판단하는 지혜〔擇法覺支〕[47] 길(道)이 부분이 되는 바른 견해, 이것이 무루의 바른 견해이다.

삿된 견해를 버리기 위해, 바른 견해를 체득하기 위해 노력하는 사람에게는 바른 노력이 있다. 그가 바르게 마음을 두루 미치게 하고 삿된 견해를 버리며, 바른 견해를 체득하여 살아간다면, 그에게는 바른 사념(思念)이 있다.

이와 같이 그에게는 이러한 세 가지가 바른 견해에 따라 함께 생하고 함께 전개한다. 즉 바른 견해·바른 노력·바른 사념이다.

바른 사유

비구들이여! 그 경우 바른 견해는 무엇보다도 중요하다. 비구들이여! 어째서 바른 견해는 중요한 것인가?

삿된 사유는 삿된 사유라 알고, 바른 사유는 바른 사유라 아는 사람에게는 이 바른 견해가 있다.

그럼 삿된 사유란 무엇이겠는가. 애욕의 사

유·증오의 사유·상해(傷害)의 사유, 이것이 삿
된 사유이다.

그럼 바른 사유란 무엇이겠는가. 나는 바른 사
유에는 두 가지가 있다고 설한다. 유루의 바른
사유와 무루의 바른 사유가 그것이다. 유루의 바
른 사유는 부분적으로 복덕을 지니며 과보로써
몸이라는 제약을 초래하지만, 무루의 바른 사유
는 성스럽고 티끌이 없어 세간을 초월한 길이다.

그렇다면 유루의 바른 사유란 무엇이겠는가.
탈속하려는 사유·증오하지 않는 사유·해치지
않는 사유이다.

그렇다면 무루의 바른 사유란 무엇이겠는가.
성스러운 마음·더럽지 않은 마음을 갖고 성스
러운 길을 몸에 익히며, 성스러운 길을 닦고 있
는 사람들에게 나타나는 사색·추구·사유·응
집·마음의 집중·마음의 확립·말을 형성하는
힘이다. 비구들이여! 성스럽고 더럽지 않으며, 세
간을 초월한 길(道)의 항목으로서 바른 사유이다.

삿된 사유를 버리기 위해, 바른 사유를 체득하기 위해 노력하는 사람에게는 바른 노력이 있다. 그가 마음을 바르게 확립하고 삿된 사유를 버리며 바른 사유를 체득하여 살아간다면, 그에게는 바른 사념이 있다.

이와 같이 그에게는 이러한 세 가지가 바른 사유에 따라 함께 생하고 함께 전개한다. 즉 바른 견해·바른 노력·바른 사념이다.

바른 말

비구들이여! 그 경우 바른 견해는 중요하다. 그럼 어째서 바른 견해는 중요한가?

삿된 말은 삿된 말이라 알고, 바른 말은 바른 말이라 아는 사람에게는 이 바른 견해가 있다.

그럼 삿된 말이란 무엇이겠는가. 거짓말·중상모략하는 말·거친 말·무의미한 말이다.

그럼 바른 말이란 무엇이겠는가. 나는 바른 말

에는 두 가지가 있다고 설한다. 즉 유루와 무루
의 바른 말이다.

비구들이여! 그렇다면 어떤 것이 유루의 바른
말인가. 거짓말·중상 모략하는 말·거친 말·무
의미한 말을 떠난 것, 이것이 유루의 바른 말이다.

비구들이여! 그렇다면 무루의 바른 말이란 무
엇이겠는가. 성스러운 마음·더럽지 않은 마음을
갖고 성스러운 길을 몸에 익히며, 성스러운 길을
닦고 있는 사람들에게 나타나는, 말의 네 가지
악행을 싫어하고, 회피하며 멀리하고 떠난 것, 이
것이 무루의 바른 말이다.

삿된 말을 버리기 위해, 바른 말을 체득하기
위해 노력하는 사람에게는 바른 노력이 있다. 그
가 바르게 마음을 두루 미치게 하며 삿된 말을
버리고, 바른 말을 체득하여 살아간다면, 그에게
는 바른 사념이 있다.

이와 같이 그에게는 이러한 세 가지가 바른 말
에 함께 생하고 함께 전개한다. 즉 바른 견해·

바른 노력·바른 사념이다.

바른 행동

비구들이여! 그 경우 바른 견해는 무엇보다도 중요하다. 어째서 바른 견해는 중요한가?
삿된 행동을 삿된 행동이라 알고, 바른 행동을 바른 행동이라 아는 사람에게는 이 바른 견해가 있다.
그럼 삿된 행동이란 무엇이겠는가. 살생·도둑질·애욕에 사로잡힌 음란한 행동이 있으니 이것이 삿된 행동이다.
그럼 바른 행동이란 무엇이겠는가. 나는 바른 행동에는 두 가지가 있다고 설한다. 즉 유루의 바른 행동과 무루의 바른 행동이다.
비구들이여! 그렇다면 유루의 바른 행동이란 무엇이겠는가. 살생·도둑질·애욕에 사로잡힌 음란한 행동을 떠난 것이니 이것이 유루의 바른 행동이다.

비구들이여! 그렇다면 무루의 바른 행동이란 무엇이겠는가. 성스러운 마음 · 더럽지 않은 마음을 갖고 성스러운 길을 몸에 익히며, 성스러운 길을 닦고 있는 사람들에게 나타나는, 몸의 세 가지 악행을 싫어하고 회피하며, 멀리하고 떠난 것, 이것이 무루의 바른 행동이다.

삿된 행동을 버리기 위해, 바른 행동을 체득하기 위해 노력하는 사람에게는 바른 노력이 있다. 그가 바르게 마음을 두루 미치게 하며 삿된 행동을 버리고, 바른 행동을 체득하여 살아간다면, 그에게는 바른 사념이 있다.

이와 같이 그에게는 이러한 세 가지가 바른 행동에 따라 함께 생기고 함께 전개한다. 즉 바른 견해 · 바른 노력 · 바른 사념이다.

바른 생활

비구들이여! 그 경우 바른 견해는 무엇보다도 중요하다. 어째서 바른 견해는 중요한 것인가?

삿된 생활을 삿된 생활이라 알고, 바른 생활을 바른 생활이라 아는 사람에게는 이 바른 견해가 있다.

그럼 삿된 생활이란 무엇이겠는가? 사기 · 점을 침 · 속임 · 이익을 보고서도 이익을 탐냄이니 이것이 삿된 생활이다.

그럼 바른 생활이란 무엇이겠는가? 나는 바른 생활에는 두 가지가 있다고 설한다. 즉 유루의 바른 생활과 무루의 바른 생활이다.

비구들이여! 그렇다면 유루의 바른 생활이란 무엇이겠는가? 예를 들어 성자의 제자가 삿된 생활을 버리고, 바른 생활법으로써 생활을 영위한다면 이것이 유루의 바른 생활이다.

비구들이여! 그렇다면 무루의 바른 생활이란

무엇이겠는가? 성스러운 마음·더럽지 않은 마음을 갖고 성스러운 길을 몸에 익히며, 성스러운 길을 닦고 있는 사람들에게 나타나는, 삿된 생활을 싫어하고 회피하며, 멀리하고 떠난 것, 이것이 무루의 바른 행동이다.

삿된 생활을 버리기 위해, 바른 생활을 체득하기 위해 노력하는 사람에게는 바른 노력이 있다. 그가 바르게 마음을 두루 미치게 하며 삿된 생활을 버리고, 바른 생활을 체득하여 살아간다면, 그에게는 바른 사념이 있다.

이와 같이 그에게는 이러한 세 가지가 바른 생활에 따라 함께 생기고 함께 전개한다. 즉 바른 견해·바른 노력·바른 사념이다.

팔정도·지혜·해탈

비구들이여! 그 경우 바른 견해는 무엇보다 중요하다. 어째서 바른 견해는 중요한 것인가?

비구들이여! 바른 견해의 사람에게는 바른 사유가 일어난다. 바른 사유의 사람에게는 바른 말이 생긴다. 바른 말을 하는 사람은 바른 행동을 한다. 바른 행동을 하는 사람은 바른 생활을 영위한다. 바른 생활을 하는 사람은 바른 노력을 한다. 바른 노력을 하는 사람에게는 바른 사념이 일어난다. 바른 사념이 일어나는 사람에게는 바른 정신통일이 있다. 바른 정신통일을 하는 사람에게는 바른 지혜가 생긴다. 바른 지혜가 있는 사람은 바른 해탈을 얻는다.

비구들이여! 이와 같이 하여 여덟 가지 덕목을 몸에 구비한 학자와 열 가지 덕목을 몸에 구비한 성자가 나타난다.

20가지 선한 것과 20가지 선하지 않은 것

비구들이여! 그 경우 바른 견해는 무엇보다 중요하다. 어째서 바른 견해는 중요한 것인가?

비구들이여! 바른 견해의 사람에게는 삿된 견
해는 멸한다. 또 삿된 견해로 인하여 생기는 착
하지 않은 무수한 것도 멸한다. 그리고 바른 견
해를 인연하는 무수한 선함은 완전히 닦고 익히
게 된다.

비구들이여! 바른 사유의 사람에게는 삿된 사
유가 멸한다. 또 삿된 사유를 인연하여 생기는
착하지 않은 무수한 것도 멸한다. 그리고 바른
사유를 인연하는 무수한 선함은 완전히 닦고 익
히게 된다.

비구들이여! 바른 말을 하는 사람에게는 삿된
말이 멸한다. 또 삿된 말을 인연하여 생기는 착하
지 않은 무수한 것도 멸한다. 그리고 바른 말을 인
연하는 무수한 선함은 완전히 닦고 익히게 된다.

비구들이여! 바른 행동의 사람에게는 삿된 행
동이 멸한다. 또 삿된 행동을 인연하여 생기는
착하지 않은 무수한 것도 멸한다. 그리고 바른
행동을 인연하는 무수한 선함은 완전히 닦고 익

히게 된다.

비구들이여! 바른 생활을 하는 사람에게는 삿된 생활이 멸한다. 또 삿된 생활을 인연하여 생기는 착하지 않은 무수한 것도 멸한다. 그리고 바른 생활을 인연하는 무수한 선함은 완전히 닦고 익히게 된다.

비구들이여! 바른 노력을 하는 사람에게는 삿된 노력이 멸한다. 또 삿된 노력을 인연하여 생기는 착하지 않은 무수한 것도 멸한다. 그리고 바른 노력을 인연하는 무수한 선함은 완전히 닦고 익히게 된다.

비구들이여! 바른 사념의 사람에게는 삿된 사념이 멸한다. 또 삿된 사념을 인연하여 생기는 착하지 않은 무수한 것도 멸한다. 그리고 바른 사념을 인연하는 무수한 선함은 완전히 닦고 익히게 된다.

비구들이여! 바르게 정신통일을 하는 사람에게는 삿된 정신통일이 멸한다. 또 삿된 정신통일을

인연하여 생기는 착하지 않은 무수한 것도 멸한
다. 그리고 바른 정신통일을 인연하는 무수한 선
함은 완전히 닦고 익히게 된다.

비구들이여! 바른 지혜의 사람에게는 삿된 지
혜가 멸한다. 또 삿된 지혜를 인연하여 생기는
착하지 않은 무수한 것도 멸한다. 그리고 바른
지혜를 인연하는 무수한 선함은 완전히 닦고 익
히게 된다.

비구들이여! 바르게 해탈한 사람에게는 삿된
해탈은 멸한다. 또 삿된 해탈을 인연하여 생기는
착하지 않은 무수한 것도 멸한다. 그리고 바른
해탈을 인연하는 무수한 선함은 완전히 닦고 익
히게 된다.

이와 같이 비구들이여! 20가지 선한 것과 20가
지 선하지 않은 것이 있다. 수승한 40가지 부문
에 대한 진리의 가르침이 이미 펼쳐졌으니, 이것
은 사문이나 바라문·신·악마·범천, 혹은 세
간의 어떤 사람도 거스를 수는 없다.

진리의 가르침을 비난하는 자에 대한 10가지 논란

비구들이여! 어떤 사문이나 바라문일지라도 만약 그가 이 수승한 40가지 부문에 대한 진리의 가르침을 비난할 만하고 책망할 만한 것이라고 생각한다면, 이 현세에서 진리에 입각한 10가지 어려운 논쟁이 그에게 생길 것이다.

만약 존자가 바른 견해를 비난한다면, 그때 존자는 삿된 견해를 지닌 사문·바라문들을 존경하고 찬탄하게 된다.

만약 존자가 바른 사유를 비난한다면, 그때 존자는 삿된 사유를 지닌 사문·바라문들을 존경하고 찬탄하게 된다.

만약 존자가 바른 말과, 바른 행동·바른 생활·바른 노력·바른 사념·바른 지혜·바른 해탈을 비난한다면, 그때 존자는 삿된 해탈을 지닌 사문·바라문들을 존경하고 찬탄하게 된다.

비구들이여! 어떤 사문 혹은 바라문일지라도 만약 그가 이 수승한 40가지 부문에 대한 진리의 가르침을 비난할 만하고 책망할 만한 것이라고 생각한다면, 이 현세에서 진리에 입각한 10가지 어려운 논쟁이 그에게 생길 것이다.

비구들이여! 무인론자(無因論者)[48] · 무행위론자(無行爲論者)[49] · 허무론자인 그들조차 수승한 40가지 부문에 대한 진리의 가르침을 비난할 만하고 책망할 만한 것이라고는 생각하지 않을 것이니 그것은 어째서인가. 비난이나 분노 · 질책을 두려워하기 때문이다."

이상과 같이 세존께서 설하셨다.

비구들은 감격하여 세존께서 설하신 바를 기뻐하며 받들어 행하였다.

16. 염마의 신문
(天使經)

인간이 가는 다섯 가지 세계

이와 같이 나는 들었다.

어느 때 세존께서 쉬라바스티의 기원정사에 머무셨다.

세존께서는 이와 같이 말씀하셨다.

"비구들이여! 마치 눈 있는 사람이 두 채의 집 중간에서 사람들이 들고나며 주변을 서성거리는 것을 보듯이 나는 청정하고 초인적인 천안(天眼)으로 모든 생명체들이 죽고, 태어나는 것을 보며,

비천한 이·존귀한 이·아름다운 이·추한 이·
행복한 이·불행한 이로서 생명체들이 각자의
업에 따르고 있는 것을 본다.

실로 현세에 태어난 이들이 몸에 대한 선행을
짓고, 말과 마음에 대한 선행을 짓고 성인을 비
방하지 않으며, 바른 견해를 지니고 바른 견해에
의한 행동을 한다면, 그들은 육체가 무너져 죽은
다음에 좋은 곳, 즉 천계에 태어난다.

또, 실로 현세에 태어난 이들이 몸에 대한 선
행을 짓고, 말과 마음에 대한 선행을 짓고, 성인
을 비방하지 않으며, 바른 견해를 지니고 바른
견해에 의한 행동을 한다면, 그들은 육체가 무너
져 죽은 다음에 좋은 곳, 즉 인간계에 태어난다.

그러나 실로 현세에 태어난 이들이 몸에 대한
악행을 짓고, 말과 마음에 대한 악행을 짓고 성
인을 비방하며, 삿된 견해를 지니고 삿된 견해에
의한 행동을 한다면, 그들은 육체가 무너져 죽은
다음에 아수라세계에 태어난다.

또, 실로 현세에 태어난 이들이 몸에 대한 악행을 짓고, 말과 마음에 대한 악행을 짓고 성인을 비방하며, 삿된 견해를 지니고 삿된 견해에 의한 행동을 한다면, 그들은 육체가 무너져 죽은 다음에 축생의 무리로 태어난다.

또, 실로 현세에 태어난 이들이 몸에 대한 악행을 짓고, 말과 마음에 대한 악행을 짓고 성인을 비방하며, 삿된 견해를 지니고 삿된 견해에 의한 행동을 한다면, 그들은 육체가 무너져 죽은 다음 지옥에 태어난다.

염마의 신문

비구들이여! 지옥에 태어난 자를 지옥의 나졸들은 각각 포박하여 염마왕(閻魔王)[50]에게 데리고 간다."

"대왕이시여! 이 사람은 어머니를 봉양하지 않았고 아버지를 봉양하지 않았으며, 사문을 공경하지 않았고 바라문을 공경하지 않았으며, 가정에서 연장자를 존경하지 않았습니다.

대왕께서는 이놈에게 벌을 가하소서."

〈제1의 저승사자〉

그러면 염마왕은 그에게 제1의 저승사자에 대해 신문·심판·훈계한다.

"에이 이놈, 너는 제1의 저승사자가 인간계에 태어난 것을 본 적이 있느냐?"

그는 이렇게 대답한다.

"보지 못했습니다. 대왕마마!"

비구들이여! 그에게 염마왕은 이렇게 말한다.

"이놈, 너는 인간계에서 갓난아이가 드러누운 채 제 똥·오줌을 방뇨하고 있는 것을 본 적이 있느냐?"

"보았습니다, 대왕마마!"

염마왕은 그에게 다시 이렇게 말했다.

"네 이놈, 나이가 들어 사리분별을 할 때 '나도

또한 윤회 세계를 초월할 수 없다. 그러니 나도 몸과 입과 뜻에 대한 선을 짓자'고 이러한 생각을 하지 않았던가?"

그는 이렇게 대답한다.

"저는 무의미하게 보냈습니다. 대왕마마! 저는 방일하게 보냈습니다, 대왕마마!"

비구들이여! 염마왕은 그에게 다시 이렇게 말한다.

"네, 이놈, 방일한 채 몸과 입과 뜻에 대한 선을 짓지 않았다면, 반드시 너는 그 방일한 것에 따라 벌할 것이니라. 너의 이러한 악업은 어머니가 지은 것도 아니고 아버지가 지은 것도 아니며, 형제가 지은 것도 아니고 자매가 지은 것도 아니며, 친구가 지은 것도 아니고 친척이 지은 것도 아니며, 사문·바라문이 지은 것도 아니고 신들이 지은 것도 아니다. 이 악업은 바로 너 자신이 지은 것이다. 너 자신이 이 악업의 과보를 받아야 한다."

〈제2의 저승사자〉

비구들이여! 염마왕은 그에게 제1의 저승사자에 대해 신문·심판·훈계를 하고 나서, 제2의 저승사자에 대해 신문·심판·훈계한다.

"네 이놈, 너는 제2의 저승사자가 인간계에 태어난 것을 본 적이 있느냐?"

그는 이렇게 대답한다.

"보지 못했습니다, 대왕마마."

비구들이여! 그에게 염마왕은 이렇게 말한다.

"네 이놈, 너는 인간계에 남녀가 태어나 여든·아흔·백살이 되어 늙고, 등이 서까래처럼 굽어 지팡이에 몸을 의존하여 걸으며, 병들고 기운은 쇠약하며, 치아는 빠지고 머리는 새하얗게 되어 빠지며, 대머리가 되고 주름살 투성이며, 몸속에는 빈대가 있는 것을 보지 않았는가?"

그는 이렇게 대답한다.

"보았습니다, 대왕마마!"

염마왕은 다시 이렇게 말한다.

"네 이놈, 나이가 들어 사려분별을 할 때 '나도 또한 늙음을 초월할 수 없다. 그러니 나도 몸에 대한·입에 대한·뜻에 대한 선을 짓자'고 이러한 생각을 하지 않았던가?"

"저는 무의미하게 보냈습니다. 대왕마마! 저는 방일하게 보냈습니다, 대왕마마!"

"네, 이놈, 방일한 채 몸과 입과 뜻에 대한 선을 짓지 못했다면, 반드시 너는 그 방일한 것에 따라 벌할 것이니라. 너의 이러한 악업은 어머니가 지은 것도 아니고 아버지가 지은 것도 아니며, 형제가 지은 것도 아니고 자매가 지은 것도 아니며, 친구가 지은 것도 아니고 친척이 지은 것도 아니며, 사문·바라문이 지은 것도 아니다. 이 악업은 바로 너 자신이 지은 것이다. 너 자신이 이 악업의 과보를 받아야 한다."

〈제3의 저승사자〉

비구들이여! 그에게 염마왕은 제2의 저승사자
에 대해 신문을 하고서, 제3의 저승사자에 대해
신문·심판·훈계한다.

"네 이놈, 너는 제3의 저승사자가 인간계에 태
어난 것을 본 적이 있느냐?"

"보지 못했습니다, 대왕마마."

염마왕은 다시 이렇게 말한다.

"네 이놈, 너는 인간계에 남녀가 병들고 괴로
워하며, 심히 근심하고 자신의 똥·오줌을 방뇨
하면서 누워 있고, 사람의 도움을 받으면서 일어
나거나 눕는 것을 보지 않았는가?"

"보았습니다, 대왕마마!"

"네 이놈, 너는 나이가 들어 사려분별을 할 때
'나도 또한 병을 초월할 수 없다. 그러니 나도 몸
과 입과 뜻에 대한 선을 짓자'고 이러한 생각을
하지 않았던가?"

"저는 무의미하게 보냈습니다. 대왕마마! 저는

방일하게 보냈습니다, 대왕마마!"

"네, 이놈 방일한 채 몸과 입과 뜻에 대한 선을 짓지 못했다면 반드시 너는 그 방일한 것에 따라 벌할 것이니라. 너의 이러한 악업은 어머니가 지은 것도 아니고 아버지가 지은 것도 아니며, 형제가 지은 것도 아니고 자매가 지은 것도 아니며, 친구가 지은 것도 아니고 친척이 지은 것도 아니며, 사문·바라문이 지은 것도 아니고 신들이 지은 것도 아니다. 이 악업은 바로 너 자신이 지은 것이다. 너 자신이 이 악업의 과보를 받아야 한다."

〈제4의 저승사자〉

비구들이여! 염마왕은 그에게 제3의 저승사자에 대해 신문을 하고서, 제4의 저승사자에 대해 신문한다.

"네 이놈, 너는 제4의 저승사자가 인간계에 태어난 것을 본 적이 있느냐?"

그는 이렇게 대답한다.

"보지 못했습니다, 대왕마마."

"네 이놈, 너는 인간계에서 여러 왕이 도둑·범죄자를 포박하고 여러 가지 형벌, 채찍이나 등나무·곤봉으로 때리고, 손과 발을 자르고 귀와 코를 자르고 죽과(粥鍋)·패독(貝禿)·귀구(鬼口)·화화륜(火花輪)·등화수(燈火手)·구전(驅轉)·피의(皮衣)·영양(羚羊)·구육(鉤肉)·전형(錢形)·회즙열(灰汁裂)·산회(鬥廻)·고포단(藁浦團)의 형벌[51]을 가하며, 뜨거운 기름을 붓고 개밥을 먹이며, 산 채로 꼬챙이에 끼워 칼로 목을 벤다는 형벌을 집행하는 것을 보지 않았는가?"

"보았습니다, 대왕마마!"

"네 이놈, 너는 나이가 들어 사려분별을 할 때 '실로 여러 가지 악업을 지은 사람은 현세에서마저 이와 같이 여러 가지 형벌을 받는데 하물며, 내세에서는 어떻겠는가. 그러니 나도 몸과 입과 뜻에 대한 선을 짓자'고, 이러한 생각을 하지 않았던가?"

"저는 무의미하게 보냈습니다. 대왕마마! 저는
방일하게 보냈습니다, 대왕마마!"

"네, 이놈, 방일한 채 몸과 입과 뜻에 대한 선
을 짓지 못했다면, 반드시 너는 그 방일한 것에
따라 벌할 것이니라. 너의 이러한 악업은 어머니
가 지은 것도 아니고 아버지가 지은 것도 아니
며, 형제가 지은 것도 아니고 자매가 지은 것도
아니며, 친구가 지은 것도 아니고 친척이 지은
것도 아니며, 사문·바라문이 지은 것도 아니고
신들이 지은 것도 아니다. 이 악업은 바로 너 자
신이 지은 것이다. 너 자신이 이 악업의 과보를
받아야 한다."

〈제5의 저승사자〉

비구들이여! 염마왕은 그에게 제4의 저승사자
에 대해 신문하고서, 제5의 저승사자에 대해 신
문·심판·훈계한다.

"네 이놈, 너는 제5의 저승사자가 인간계에 태

어난 것을 본 적이 있느냐?”

“보지 못했습니다, 대왕마마.”

“네 이놈, 너는 인간계의 남녀가 죽어 하루를 지내고 또는 이틀을 지내거나 사흘을 지내며, 부패하고 푸르스름해지며, 고름이 흐르는 시체로 된 것을 본 일이 있는가?”

“보았습니다, 대왕마마!”

“네 이놈, 너는 나이가 들어 사려분별을 할 때 ‘나도 또한 죽음을 본성으로 하고 죽음을 초월하지 않는다. 그러니 나도 몸에 대한·입에 대한·뜻에 대한 선을 짓자’고, 이러한 생각을 하지 않았던가.”

“저는 무의미하게 보냈습니다, 대왕마마! 저는 방일하게 보냈습니다, 대왕마마!”

비구들이여! 염마왕은 그에게 이렇게 말한다.

“네, 이놈, 방일한 채 몸과 입과 뜻에 대한 선을 짓지 못했다면, 반드시 너는 그 방일한 것에 따라 벌할 것이니라. 너의 이러한 악업은 어머니가 지은 것도 아니고 아버지가 지은 것도 아니며, 형제가 지은 것도 아니고 자매가 지은 것도 아니며, 친구가 지은 것도 아니고 친척이 지은 것도 아니며, 사문·바라문이 지은 것도 아니고 신들이 지은 것도 아니다. 이 악업은 바로 너 자신이 지은 것이다. 너 자신이 이 악업의 과보를 받아야 한다.”

비구들이여! 염마왕은 그에게 이렇게 제5의 저승사자에 대해 신문하고 심판하고 훈계하고 난 뒤 침묵한다.

지옥에서 받는 고통

비구들이여! 지옥의 나졸들은 그에게 ‘오처박(五處縛)’이라 이름하는 형벌을 가한다. 즉 벌겋게 달구어진 쇠막대기를 양손에 각각 찌르고 두 발과 가슴에 꽂는다.

그는 그때 매우 심한 고통을 받는다. 그러나

그의 악업이 다하지 않는 한, 죽지 않는다.

그런 그를 지옥의 나졸들은 다시 눕혀 놓고서 도끼로 자른다. 그는 그때 매우 심한 고통을 받는다. 그러나 그의 악업이 다하지 않는 한, 그는 죽지 않는다.

비구들이여! 지옥의 나졸들은 그를 수레에 매달아, 불길이 치성하게 타오르고 있는 땅 위를 오가게 한다. 그는 그때 매우 심한 고통을 받는다. 그러나 그의 악업이 다하지 않는 한, 그는 죽지 않는다.

비구들이여! 지옥의 나졸들은 다시 그를 매달아 불길이 치성하게 타올라 뜨거운 구리 가마솥에 집어 넣는다. 그는 그곳에서 익어버린다. 그를 그곳에서 익혀 아래위로 다니고 좌우로 다니게 한다. 그는 그때 매우 심한 고통을 받는다. 그러나 그는 그의 악업이 다하지 않는 한, 그는 죽지 않는다.

〈대지옥〉

비구들이여, 지옥의 나졸들은 그를 대지옥에 던져 넣는다. 비구들이여! 실로 대지옥이란,

사각으로 만들어 네 개의 문이 있고
같은 크기로 나누어져
철벽으로 둘러싸이고
철의 지붕으로 가려졌으며
철로 이루어진 그 땅은
불꽃이 치성하게 타오르며
1백 요자나 펼쳐졌으니
영원히 계속하리.

비구들이여! 다시 또 대지옥 동쪽 벽에서 불길이 타오르는데 서쪽 벽은 막혀 있다. 서쪽 벽에서 불길이 타오르는데 동쪽 벽은 막혀 있다. 동쪽 벽에서 불길이 타오르는데 북쪽 벽은 막혀 있다. 북쪽 벽에서 불길이 타오르는데 남쪽 벽은 막혀 있

다. 아래서 불길이 타오르는데 위쪽이 막혀 있다. 위에서 불길이 타오르는데 아래쪽이 막혀 있다. 그는 그때 매우 심한 고통을 받는다. 그러나 그의 악업이 다하지 않는 한, 그는 죽지 않는다.

비구들이여! 오랜 시간이 지난 다음에 언젠가 이 대지옥의 동문(東門)이 열릴 때가 있다. 그는 그곳을 향해 전속력으로 달린다. 그가 전속력으로 달리면, 겉 피부도 타고 속 피부도 타며, 살도 타고 근육도 타며, 뼈도 타버린다. 바로 이와 같은 상태에 빠지게 된다.

비구들이여! 그로 하여금 같은 시간을 거듭하게 한 다음 그 문은 닫힌다. 그는 그곳에서 매우 심한 고통을 받지만 그의 악업이 다하지 않는 한, 그는 죽지 않는다.

비구들이여! 오랜 시간이 지난 다음에 언젠가 이 대지옥의 서문(西門)과 북문(北門)과 남문(南門)이 각각 차례대로 열릴 때가 있다. 그는 그곳에서 전속력으로 달린다. 그가 전속력으로 달리면,

겉피부도 타고 속피부도 타며 살도 타고 근육도 타며, 뼈도 타버린다. 바로 이와 같은 상태에 빠지게 된다.

그리고 비구들이여! 그가 많은 시간을 거듭 한 다음 그 문은 닫힌다. 그는 그곳에서 매우 심한 고통을 받는다. 그러나 그의 악업이 다하지 않는 한, 그는 죽지 않는다.

비구들이여! 오랜 시간이 지난 다음에 언젠가 이 대지옥의 동문(東門)이 열릴 때가 있다. 그는 그곳을 향해 전속력으로 달린다. 그가 전속력으로 달리면, 겉피부도 타고 속피부도 타며, 살도 타고 근육도 타며, 뼈도 타버린다. 바로 이와 같은 상태에 빠지게 된다.

그는 마침내 이 문에서 탈출한다.

〈분뇨지옥〉

그런데 이 대지옥에 이어 광대한 분뇨지옥이 있다. 그는 그곳에 떨어진다.

비구들이여! 실은 이 분뇨지옥에는 예리한 촉이 있는 벌레가 있는데, 겉피부를 파괴하고, 속피부를 파괴하며, 다 파괴하고 나서는 살을 파괴하고, 살을 파괴하고 나서는 근육을 파괴하며, 근육을 파괴하고 나서는 뼈를 파괴하고, 뼈를 파괴하고는 골수를 파먹는다.

그는 그곳에서 매우 심한 고통을 받는다. 그러나 그의 악업이 다하지 않는 한, 그는 죽지 않는다.

〈열화지옥(熱火地獄)〉

또 이 분뇨지옥에 이어 광대한 열화지옥이 있다. 그는 그곳에 떨어진다. 그는 그곳에서 매우 심한 고통을 받는다. 그러나 그의 악업이 다하지 않는 한, 그는 죽지 않는다.

〈가시숲〉

또 이 열화지옥에 이어 광대한 가시숲이 있다. 그는 그곳에 떨어진다. 모든 나무는 1요자나 높

이로 솟아 있고, 16앙구라[52] 길이의 가시가 있으
며, 불이 타오르고 뜨거운 불꽃이 치성하고 있다.
그는 그곳에서 오르락내리락해야 한다. 그는 그
곳에서 매우 심한 고통을 받는다. 그러나 그의
악업이 다하지 않는 한, 그는 죽지 않는다.

〈칼숲〉

또 이 가시숲을 줄곧 이어 광대한 칼숲이 있다.
그는 그곳에 떨어진다. 바람에 날리어 떨어진 나
뭇잎이 그의 손과 발을 자르고 귀와 코를 자른다.
그는 그곳에서 매우 심한 고통을 받는다. 그러나
그의 악업이 다하지 않는 한, 그는 죽지 않는다.

〈뻘강〉

또 이 칼숲을 줄곧 이어 광대한 뻘강이 있다.
그는 그곳에 떨어진다.
그는 그곳에서 에울살에 따라 흐르고 에울살에
거역하여 흐르며, 에울살에 따르고 거역하면서

흐른다. 그는 그곳에서 매우 심한 고통을 받는다. 그러나 그의 악업이 다하지 않는 한 그는 죽지 않는다.

비구들이여! 그런 그를 지옥의 나졸들은 갈고리로 끌어올려 뭍에 세워 두고 이렇게 말한다.

"네 이놈, 무엇이 하고 싶으냐."

그는 이렇게 말한다.

"저는 배가 고픕니다, 역사님."

그러자 지옥의 나졸들은 그에게 치성하게 타오르고 있는 뜨거운 쇠부집게로 입을 열고 나서 치성하게 타오르고 있는 불꽃에 달군 동환(銅丸)을 입 속에 처넣는다. 그것은 그의 혀를 태우고 입을 태우며, 기도를 태우고 가슴을 태우며, 소장(小腸)·대장(大腸)과 함께 쏟아져 내린다. 그는 그곳에서 매우 심한 고통을 받는다. 그러나 그의 악업이 다하지 않는 한, 그는 죽지 않는다.

비구들이여! 그에게 지옥의 나졸들은 이렇게 말한다.

"네 이놈, 무엇이 하고 싶으냐."

"저는 목이 마릅니다, 역사님."

그에게 지옥의 나졸들은 치성하게 타오르고 있는 뜨거운 쇠부집게로 입을 열고 나서 치성하게 타오르고 있는 불꽃에 녹인 동(銅)을 입 속에 처넣는다. 그것은 그의 혀를 태우고 입을 태우며, 기도를 태우고 가슴을 태우며, 소장(小腸)·대장(大腸)과 함께 쏟아져 내린다. 그는 그곳에서 매우 심한 고통을 받는다. 그러나 그의 악업이 다하지 않는 한, 그는 죽지 않는다.

비구들이여! 그런 그를 지옥의 나졸들은 또 다시 대지옥에 던져 넣는다.

염마의 술회와 세존의 시(詩)

비구들이여! 옛날에 염마왕은 이러한 생각을 하였다.

"실로 이 세상에서 많은 악업을 지은 사람들은

이와 같은 여러 가지 악업을 받아야만 한다. 아,
원컨대 나는 인간의 지위를 얻고 싶다. 그리고
세존·존경받을 만한 이·완전한 정각자·여래
가 이 세상에 현현하기를 원한다. 그리고 나는
세존을 모시고 싶다. 그리고 세존은 나에게 진리
의 가르침을 설하시기를 원한다. 그리고 나는 세
존으로부터 가르침을 받아서 깨닫고 싶다.”

비구들이여! 진실로 나는 이것을 다른 사문이
나 바라문에게 들은 것은 아니다. 단지 내가 스
스로 알고 스스로 보았으며, 스스로 요해한 것만
을 나는 이야기한다.

이와 같이 세존께서는 말씀하셨다.

이와 같이 설하신 뒤에 대사(大師)·행복한 이
(善逝)는 거듭 이와 같이 노래했다.

저승사자 재촉하니
방일하게 보낸 사람은
하열한 몸 받아

영원히 근심하리.

세상에서 바르게 보낸 사람은
저승사자 재촉하니
항상 법을 근거하여
한시도 방일하지 않네.

생사의 미망 초월하고
집착 속의 두려움 보니
집착하는 마음 사라지고
생사를 멸하여 해탈하네.

그는 안온쾌락하고
현세에서 적정하니
원망과 두려움 모두 여의고
모든 괴로움 초월하네.

17. 밤 사이에 어진 사람이 되다
(一夜賢者經)

밤 사이에 어진 사람이 되다

이와 같이 나는 들었다.

어느 때 세존께서는 쉬라바스티의 기원정사에 머무셨다.

세존께서는 이와 같이 말씀하셨다.

"비구들이여! 밤 사이 어진 사람 되는 법을 나는 그대들에게 설하리라. 그것을 듣고 명심하여라."

"존귀하신 스승이시여! 그리하겠나이다."

비구들은 진지하게 대답하였다.

세존께서 이와 같이 말씀하셨다.

흘러간 과거를 뒤쫓지 말라.
오지도 않은 미래를 갈구하지도 말라.
과거는 이미 흘러가 버린 것.
미래는 아직 오지 않은 것.
그러므로 현재의 일을
있는 그대로 흔들리지 말고 보아야 한다.

또 흔들림 없이 동요됨이 없이
정확히 보고 실천하여야 한다.
다만 오늘 해야 할 일을 열심히 하라.
누가 내일 죽는 것을 알리오.

저 죽음의 군대와 마주치지 않을 자는 없다.
이와 같이 잘 깨닫는 사람은
한마음으로 게으름 없이
오늘의 일을 실천한다.

이와 같은 사람은
'밤 사이에 어진 사람이 되었다'라고 하며
마음의 평정을 얻은 성자라고 한다.

　비구들이여! '과거를 쫓는다'는 것은 무엇인가?
'과거에는 이와 같은 물질적 현상[色]이 있었다'고
하면서 그것에 기쁨을 얻으려고 애쓴다. '과거에
는 이와 같은 느낌[受]·생각[想]·결합[行]·
식별[識]이 있었다'고 하면서 그것에 기쁨을 얻
으려고 애쓴다.
　비구들이여! 바로 이것이 진실로 과거를 쫓는
것이다.
　비구들이여! 그럼 '과거를 쫓지 않는다'는 것은
무엇인가? '과거에 이와 같은 물질적 현상이 있
었다'고 하여 그것에 기쁨을 얻으려고 애쓰지 않
는 것이다. '과거에는 이와 같은 느낌, 생각, 결
합, 식별이 있었다'고 하여 그것에 기쁨을 얻으려
고 애쓰지 않는다.

비구들이여! 바로 이것이 진실로 과거를 쫓지 않는 것이다.

비구들이여! '미래를 갈구한다'는 것은 무엇인가? '미래에는 이와 같은 물질적 현상이 있을 것이다'면서 그것에 기쁨을 얻으려고 애쓴다. '미래에는 이와 같은 느낌, 생각, 결합, 식별이 있을 것이다'면서 그것에 기쁨을 얻으려고 애쓴다.

비구들이여! 이와 같음이 진실로 미래를 갈구하는 것이다.

비구들이여! 그럼 '미래를 갈구하지 않는다'는 것은 무엇인가? '미래는 이와 같은 물질적 현상이 있을 것이다'면서 그것에 기쁨을 얻으려고 애쓰지 않는다. '미래는 이와 같은 느낌, 생각, 결합, 식별이 있을 것이다'면서 그것에 기쁨을 얻으려고 애쓰지 않는다.

비구들이여! 이와 같음이 진실로 미래를 갈구하지 않는 것이다.

비구들이여! '현재의 일에서 흔들린다'는 것은

무엇인가?

비구들이여! 이 세상에서 법을 듣지 못한 범부는 성자들을 모르고 성스러운 법을 숙지하지 않으며, 선인의 법으로 나아가지 않는다. 선인(善人)들을 모르고 선인의 법을 숙지하지 않으며, 선인의 법으로 나아가지 않는다. 물질적 현상을 자신이라고 본다거나 자신을 물질적 현상이라 본다. 혹은 자신에서 물질적 현상을 보거나 물질적 현상에서 자신을 본다. 느낌과 생각과 결합과 식별을 자신이라고 보거나 자신을 식별이라 본다. 혹은 자신에서 식별을 보거나 식별에서 자신을 본다.

비구들이여! 이와 같음이 진실로 현재의 일에 흔들리는 것이다.

비구들이여! '현재의 일에서 흔들리지 않는다'는 것은 무엇인가?

비구들이여! 이 세상에서 법을 들은 성스러운 제자가 성자들을 알고 성스러운 법을 익히 알며, 성스러운 법으로 나아간다. 선인(善人)들을 알고 선인의 법을 익히 알며, 선인의 법으로 나아간다.
물질적 현상을 자신이라 보지 않고 자신을 물질
적 현상이라 보지 않는다. 혹은 자신에서 물질적
현상을 보지 않고 물질적 현상에서 자신을 보지
않는다. 느낌과 생각과 결합과 식별을 자신이라
보지 않고 자신을 식별이라 보지 않는다. 혹은
자신에서 식별을 보지 않고 식별에서 자신을 보
지 않는다.

　비구들이여! 이와 같음이 진실로 현재의 일에
서 흔들리지 않는 것이다.

　흘러간 과거를 뒤쫓지 말라.
　오지도 않은 미래를 갈구하지도 말라.
　과거는 이미 흘러가 버린 것.
　미래는 아직 오지 않은 것.
　그러므로 현재의 일을
　있는 그대로 흔들리지 말고 보아야 한다.

또 흔들림 없이 동요됨이 없이
정확히 보고 실천하여야 한다.
다만 오늘 해야 할 일을 열심히 하라.
누가 내일 죽는 것을 알리오.

저 죽음의 군대와 마주치지 않을 자는 없다.
이와 같이 잘 깨닫는 사람은
한마음으로 게으름 없이
오늘의 일을 실천한다.

이와 같은 사람은
'밤 사이에 어진 사람이 되었다'고 하며
마음의 평정을 얻은 성자라고 한다.

비구들이여! 밤 사이에 어진 사람되는 법을 그
대들에게 설하노니 그것은 이와 같은 이유에서
였다. 이와 같이 세존께서 말씀하셨다.
　기뻐하는 비구들은 세존께서 설하신 가르침을
크게 찬양하고 받들어 행하였다.

18. 네 가지 성스러운 진리
(四諦分別經)

네 가지 성스러운 진리

이와 같이 나는 들었다.

어느 때 부처님께서는 바라나시의 선인이 사는 사슴동산에 계시면서 여러 비구들에게 말씀하셨다.

"비구들이여, 여래·존경받을 만한 이[阿羅漢]·바르게 깨달은 이[正等覺者]는 일찍이 바라나시 외곽, 선인이 모이는 곳에 있는 사슴동산에서 위없는 법륜을 굴렸나니, 이것은 사문·바라문·신·악마·범천·혹은 세간의 어떤 사람도 부정할 수 없는 것이다. 즉 그것은 네 가지 성스러운 진리[四聖諦]를 잘 분별하여 설함이다.

네 가지의 진리란 무엇인가? 괴로움이 소멸하는 길의 성스러운 진리[苦滅道聖諦]가 그것이다.

비구들이여! 여래·존경받을 만한 이·바르게 깨달은 이는 일찍이 바라나시의 선인이 사는 사슴동산에서 위없는 법륜을 굴리셨는데, 이것은 사문·바라문·신·악마·범천·혹은 세간의 어떤 사람도 부정할 수 없는 것이다. 즉 그것은 이러한 네 가지 성스러운 진리를 잘 분별하여 설함이다.

비구들이여! 사리불과 목건련을 잘 섬기고 따라 배워야 한다.

사리불과 목건련을 친절히 대하여라. 그들은 현명한 비구이고, 청정한 생활을 하는 이들의 교호자(敎護者)이다.

비구들이여! 사리불은 마치 생모(生母)와 같고 목건련은 마치 태어난 아이를 양육하는 것과 같으니라.

비구들이여! 사리불은 성자의 흐름에 드는 경지〔預流果〕를 향해 인도하고, 목건련은 최고의 목적을 향해 인도한다. 사리불은 네 가지 성스러운 진리를 상세하게 분별하여 설할 수 있다.”

세존께서는 이와 같이 설하셨다. 그리고 행복한 이〔善逝〕께서는 자리에서 일어나 정사로 돌아가셨다.

사리불의 설법

그리고 사리불 존자는 세존께서 가신 지 얼마 되지 않아 비구들에게 “우애로운 비구들이여”라고 불렀다. “벗이여”라고 비구들이 대답하자 존자는 다음과 같이 말하였다.

“벗들이여! 여래·존경받을 만한 이는 선인이 모이는 곳에 있는 사슴동산에서 위없는 법륜을 굴리셨는데, 이것은 사문·바라문·신·악마·범천·혹은 세간의 어떤 사람도 부정할 수 없는 것이다. 즉 그것은 네 가지 성스러운 진리를 잘 분별하여 설하는 것이다.

네 가지의 진리란 무엇인가?

괴로움[苦]이 모이고[集] 없어져[滅] 도[道]는 성스러운 진리를 잘 분별하여 설하는 것이다.

괴로움이라는 성스러운 진리

벗들이여! 그렇다면 괴로움이라는 성스러운 진리란 무엇이겠는가?

태어남은 괴로움이고 늙음도 괴로움이며, 죽음도 괴로움이고 근심·슬픔·아픔·번뇌·번민도 괴로움이다. 구하여도 얻지 못하니 그것도 괴로움이다. 요컨대 다섯 가지로 이루어져 집착된 물질과 마음의 덩어리[五取蘊]는 괴로움이다.

벗들이여! 태어남이란 무엇인가?

생명체가 여러 부류로 태어나는 것, 출생·출현·생기(生起)·발생·생체를 구성하는 여러 요소의 현현(顯現)·여러 감각기관의 획득, 이것이 태어남이라 할 수 있다.

벗들이여! 늙음이란 무엇이겠는가?

생명체의 여러 생명들 가운데서 늙어 가는 것이니 노쇠·치아 훼손·백발·주름살·활력 감퇴·여러 감각기관의 노화, 이것이 늙음이라 하는 것이다.

벗들이여! 죽음이란 무엇인가?

생명체의 여러 생명들 가운데서 죽어 없어지는 것들, 사거(死去)·파멸·멸몰·사멸·사망·임종·생체를 구성하는 여러 요소의 파괴·시체의 버려짐이니 이것이 죽음이라 하는 것이다.

벗들이여! 근심이란 무엇인가?

무엇인가 불행을 느끼고 있는 이, 무엇인가 괴로움을 느끼고 있는 이에게 있는 근심·우수·근심스러운 마음 상태·내적인 근심·내적으로 깊은 근심이니 이것이 근심이라 하는 것이다.

벗들이여! 슬픔이란 무엇인가?

무엇인가 불행을 느끼고 있는 이, 무엇인가 괴로움을 느끼고 있는 이에게 있는 한탄·슬픔·비판·흐느낌·한스러운 마음 상태·슬픈 마음 상태이니 이것이 슬픔이라 하는 것이다.

벗들이여! 아픔이란 무엇인가?

몸의 통증·몸의 불쾌함·몸의 접촉에서 생기는 통증·불쾌한 감각이니 이것이 아픔이라 하는 것이다.

벗들이여! 번뇌란 무엇인가?

정신적인 불쾌함·마음의 접촉에서 생기는 괴로움·불쾌한 감각이니 이것이 번뇌라 하는 것이다.

벗이여 구해도 얻지 못하는 괴로움이란 무엇이겠는가?

태어나는 본성을 지닌 생명체는 이와 같은 바람이 일어난다.

'아, 실로 우리들이 태어나는 본성을 지닌 자가 아니라면, 또 실로 우리들에게 태어남이 일어나지 않는다면'이라고.

그러나 이것은 희구한다 해도 이루어질 수 없다. 이것이 구하여도 얻지 못하는 괴로움이라 하는 것이다.

벗들이여! 늙음이라는 본성을 지닌 생명체에게 이와 같은 희구가 일어난다.

'아, 실로 우리들이 늙음이라는 본성을 지닌 자가 아니라면, 또 실로 우리들에게 늙음이 일어나지 않는다면'이라고.

그러나 이것은 희구한다 해도 이루어질 수 없다. 이것이 구하여도 얻지 못하는 괴로움이라 하는 것이다.

벗들이여! 병(病)이라는 본성을 지닌 생명체는 이와 같은 바람이 일어난다.

'아, 실로 우리들이 병이라는 본성을 지닌 자가 아니라면, 또 실로 우리들에게 병이 생기지 않는다면'이라고.

그러나 이것은 희구한다 해도 이루어질 수 없

다. 이것이 구하여도 얻지 못하는 괴로움이라 하
는 것이다.

벗들이여! 죽음이라는 본성을 지닌 생명체에게
이와 같은 바람이 일어난다.

'아, 실로 우리들이 죽음이라는 본성을 지닌 자
가 아니라면, 또 실로 우리들에게 죽음이 없다면'
이라고.

그러나 이것은 희구한다 해도 이루어질 수 없
다. 이것이 구하여도 얻지 못하는 괴로움이라 하
는 것이다.

벗들이여! 근심·슬픔·고통·번뇌·번민이라
는 본성을 지닌 생명체에게 이와 같은 바람이 일
어난다.

'아, 실로 우리들이 근심·슬픔·고통·번뇌·
번민이라는 본성을 지닌 자가 아니라면, 또 실로
우리들에게 근심·슬픔·고통·번뇌·번민이 없
다면'이라고.

그러나 이것은 희구한다 해도 이루어질 수 없

다. 이것이 구하여도 얻지 못하는 괴로움이라 하는 것이다.

벗들이여! 그럼 요컨대, 다섯 가지로 이루어져 집착된 물질과 마음의 덩어리인 괴로움이란 무엇인가?

즉 집착된 물질의 덩어리〔色取蘊〕·집착된 느낌의 덩어리〔受取蘊〕·집착된 생각의 덩어리〔想取蘊〕·집착된 결합의 덩어리〔行取蘊〕·집착된 식별의 덩어리〔識取蘊〕, 이러한 것이 다섯 가지로 이루어져 집착된 물질과 마음의 덩어리를 괴로움이라 할 수 있다.

이상이 괴로움이라는 성스러운 진리라 하는 것이다.

괴로움의 원인이라는 성스러운 진리

벗들이여! 괴로움의 원인이라는 성스러운 진리란 무엇인가?

그것은 다시 미망(迷妄)의 생존으로 나아가고
기쁨과 탐욕을 쫓으며, 도처에서 환락을 구하는
갈애이다. 즉 욕망에로 나아가는 갈애·생존에
대한 갈애·생존의 단멸에 대한 갈애이다. 이것
이 괴로움의 원인이라는 성스러운 진리인 것이다.

괴로움의 멸진이라는 성스러운 진리

벗들이여! 괴로움의 멸진이라는 성스러운 진리
란 무엇인가?
그것은 이 갈애를 남김없이 떠나 모두 멸하며,
버리고 포기하며, 해탈하고 집착하지 않는 것이
다. 이것이 괴로움의 멸진이라는 성스러운 진리
인 것이다.

괴로움의 멸진에 도달하는 길이라는 성스러운 진리

벗들이여! 괴로움의 멸진에 도달하는 길이라는

성스러운 진리란 무엇이겠는가?

그것은 여덟 가지의 성스러운 길[八聖道]이다. 즉 바른 견해·바른 사유·바른 말·바른 행동·바른 생활·바른 노력·바른 사념·바른 정신통일이다.

벗이여! 바른 견해란 무엇이겠는가? 괴로움에 대한 지혜, 괴로움의 원인에 대한 지혜, 괴로움의 멸진에 대한 지혜, 괴로움의 멸진에 도달하는 길에 대한 지혜를 바른 견해라 한다.

바른 사유란 무엇이겠는가? 탈속(脫俗)하려는 사유, 증오하지 않는 사유, 해치지 않는 사유를 바른 사유라 한다.

바른 말이란 무엇이겠는가? 거짓말을 떠남, 중상모략하는 말을 떠남, 해치는 말을 떠남, 거친 말을 떠남, 무의미한 말을 떠남을 바른 말이라 한다.

바른 행동이란 무엇이겠는가? 살생을 떠남, 도둑질을 떠남, 애욕에 사로잡힌 음란한 행동을 떠남을 바른 행동이라 한다.

바른 생활이란 무엇이겠는가? 성자의 제자가 삿된 생활법을 버리고 바른 생활법에 의해 생활을 영위한다. 이것이 바른 생활이라 한다.

바른 노력이란 무엇이겠는가? 여기에서는 비구는 아직 일어나지 않은 악하고 착하지 않는 법이 발생하지 않도록 의욕을 발하며, 노력하고 부지런히 정진하며, 마음을 분발하고 정신을 가다듬는다. 이미 발생한 악하고 착하지 않은 법을 단절하고자 의욕을 발하며, 정신을 가다듬는다. 아직 일어나지 않은 선함이 일어나도록 의욕을 발하며, 정신을 가다듬는다. 이미 일어나 있는 선함이 지속되고 혼란되지 않으며, 증장하고 널리 커지고 닦아 익히며, 완전하게 되도록 의욕을 발하고 정신을 가다듬는다. 이것이 바른 노력이라 한다.

바른 사념이란 무엇이겠는가? 여기에서 비구는 몸에 대해 몸을 관찰하며, 열의를 갖고 바르게 의식하며, 바른 마음을 두루 미치게 하고 세간에 대한 욕심과 근심을 다스려야 한다. 여러

가지 느낌에 대해, 마음에 대해, 여러 가지 사물
에 대해 사물을 관찰하며, 열의를 갖고 바르게
의식하며, 바른 마음을 두루 미치게 하고 세간에
대한 욕심과 근심을 다스려야 한다. 이것이 바른
사념이라 한다.

그럼 바른 정신통일이란 무엇이겠는가? 여기에
서 비구는 욕망을 떠나고 선함에 어긋나는 일을
떠나, 혹은 거친 사고와 섬세한 사고가 남아 있고
원리에서 생기는 기쁨과 안락이 있는 선정의 제1
단계〔初禪〕를 체득하며 머문다. 혹은 거친 사고와
섬세한 사고를 가라앉게 하여 마음이 청정하게
되고 마음을 한 곳에 집중하며, 거친 사고와 섬세
한 사고를 여읜 정신통일에서 생기는 기쁨과 안
락함이 있는 선정의, 제2단계〔第二禪〕를 체득하여
머문다. 기쁨을 떠나 평정하게 지내고 바른 마음
을 두루 미치게 하며, 바르게 의식하고 몸에 안락
함을 느끼며, 그것을 성자들이 '평정하고 바른 마
음을 두루 미치게 하며, 안락함 속에서 지내는

것'이라 설하는 선정의 제3단계[第三禪]를 체득하여 머문다. 안락함과 괴로움을 버려 지금까지의 근심과 괴로움을 멸함으로써 괴롭지도 즐겁지도 않고 평정함과 바른 마음으로 청정해진 선정의 제4단계[第四禪]를 체득하여 머문다.

이것이 바른 정신통일이라 한다.

벗이여! 이것이 괴로움의 멸진에 도달하는 여덟 가지 성스러운 진리[八正道·八聖道]라 한다.

벗이여! 여래·존경받을 만한 이·바르게 깨달은 이께서 예전에 바라나시 외곽, 선인이 모이는 곳에 있는 사슴동산에서 위없는 법륜을 굴리셨는데, 이것은 사문·바라문·신·악마·범천·혹은 세간의 어떤 사람도 부정할 수 없는 것이다. 즉 그것은 이러한 네 가지 성스러운 진리를 잘 분별하여 설하고자 함이다."

이와 같이 사리불은 설하였다. 비구들은 감격하여 사리불 존자가 설한 바를 기뻐하였다.

19. 출가의 공덕
(沙門果經)

아쟈타삿투왕과 신하의 진언

이와 같이 나는 들었다.

어느 때 세존께서는 라자그리하(왕사성)에 있는 지바카코말라밧챠[53]의 망고숲에서 1,250인의 비구승단과 함게 머물고 계셨다.

같은 때에 마가다국의 왕이며 베데히(위제히)부인의 아들인 아쟈타삿투[54](아사세)왕은 캇티카월[55]의 보름날 달 밝은 밤, 포살일[56]에 즈음하여 신하들에게 둘러싸여 궁전의 높은 누각에 앉아 있었다.

그때 아쟈타삿투왕은 이렇게 감탄하며 말했다.

"아아! 이 얼마나 즐거운 일인가, 달빛이 환히 비추는 밤이여! 이 밤이 아름답지 않은가!

아아, 황홀하도다, 달밤이여! 이토록 달 밝은 밤에는 마음이 부드러워지고 무언가 좋은 일이 일어날 것만 같구나. 오늘 같은 날 어떤 사문, 바라문에게 가야 내 마음이 평안해지고 드맑아질 수 있을까?"

왕이 이렇게 말하자 신하들 가운데 한 사람이 아쟈타삿투왕에게 아뢰었다.

"폐하! 푸라나 카사파[57]라는 이가 있습니다.

이 사람은 승단의 주인이고 교단의 우두머리이며 교단의 스승으로서 널리 이름을 날려 그 덕이 높고, 종파를 연 이로서 수많은 사람들의 존경을 받고 있습니다. 한량없는 세월 동안 많은 수행을 쌓았으며, 출가한 지 오래되어 인생의 길고 긴 여정을 지나와 지금 노령에 달한 사람입니다.

폐하! 이 푸라나 카사파에게 나아가소서. 푸라

나 카사파에게 나아가신다면 두말할 것도 없이 폐하의 마음이 평온해지고 드맑아질 것입니다."

신하의 간곡한 권유를 들은 아쟈타삿투왕은 웬일인지 묵묵부답이었다.

그러자 이번에는 다른 신하가 아뢰었다.

"폐하! 막칼리 고살라라는 사람이 있습니다.

이 사람은 승단의 주인이고 교단의 우두머리이며 교단의 스승으로서 널리 이름을 날려 그 덕이 높고, 종파를 연 이로서 수많은 사람들의 존경을 받고 있습니다. 한량없는 세월 동안 많은 수행을 쌓았으며 출가한 지 오래되었고 인생의 길고 긴 여정을 지나와 지금 노령에 도달한 사람입니다.

폐하! 이 막칼리 고살라에게 나아가소서. 막칼리 고살라에게 나아가신다면 두말할 것도 없이 폐하의 마음이 평온해지고 드맑아질 것입니다."

이렇게 막칼리 고살라를 추천하여 아뢰어도 왕은 여전히 묵묵부답이었다.

그러자 또 다른 신하가 아뢰었다.

"폐하! 아지타 케사캄발리라는 사람이 있습니다."

이렇게 말하며 앞서의 신하들과 똑같은 말로 아지타 케사캄발리를 찬양하며 추천하였지만 왕은 여전히 묵묵부답이었다.

또다른 신하가 아뢰었다.

"폐하! 파쿠다 캇챠야나라는 사람이 있습니다."

그 역시 앞서와 같은 찬양의 말로 파쿠다 캇챠야나를 추천하여 아뢰었으나 왕은 대꾸가 없었다.

나아가 또다른 신하가 아뢰었다.

"산쟈야 벨랏티풋타라는 사람이 있습니다."

이렇게 산쟈야 벨랏티풋타를 추천하여 아뢰어도 왕은 대답이 없었다.

또 다른 신하가 아쟈타삿투왕에게 아뢰었다.

"니간타 나타풋타라는 사람이 있습니다.

이 사람은 승단의 주인이고 교단의 우두머리이며 교단이 스승으로서 널리 이름을 날려 그 덕이 높고, 종파를 연 이로서 수많은 사람들의 존경을 받고 있습니다. 한량없는 세월 동안 많은 수행을

쌓았으며, 출가한 지 오래되어 인생의 길고 긴
여정을 지나와 지금 노령에 도달한 사람입니다.
　폐하! 이 니간타 나타풋타에게 나아가소서. 니
간타 나타풋타에게 나아가신다면 두말할 것도
없이 마음이 평온해지고 드맑아질 것입니다.”
　그러나 여전히 아쟈타삿투왕은 묵묵부답, 침묵
한 채 앉아 있었다.

지바카의 제언

　그때 지바카 코말라밧차는 아쟈타삿투왕 옆에
조용히 앉아 있었다.
　그러자 왕이 궁금히 여겨 지바카에게 말을 건
넸다.
　“지바카여! 어찌하여 그대는 침묵하고 있는가?”
　“폐하! 지금 저의 망고숲에는 세상에서 존경받
을 만한 아라한이시며 완전한 깨달음에 도달하신
분께서 1,250인의 비구들과 함께 머물고 계십니다.

세상에서 가장 존귀한 고타마를 향해 사람들은 이렇게 경사스러운 찬양의 말을 널리 퍼뜨리고 있습니다.

'이 분은 아라한이시며, 완전하게 깨달음에 도달하신 이[正等覺者], 지혜와 행동을 두루 갖춘 사람[明行足], 잘 가신 분[善逝], 윤회하는 세상에 관한 모든 것을 알고 계신 사람[世間解], 위없는 사람[無上士], 중생을 가장 잘 다루는 조련사[調御丈夫], 신과 인간의 스승[天人師], 붓다[佛], 세상에서 가장 존귀하신 분[世尊]이시다'라고 말입니다."

"그렇다면 지바카여! 코끼리를 준비하라."

"그리 하겠나이다!"

지바카는 5백 마리의 암코끼리와 위풍당당한 수코끼리를 준비한 뒤 아쟈타삿투왕에게 아뢰었다.

"폐하! 코끼리가 준비되었나이다. 지체마시고 출발하소서."

아쟈타삿투왕은 5백 마리의 암코끼리에 5백 명

의 후궁을 태우고 자신은 위풍당당한 수코끼리 위에 올라타고서 횃불이 내걸린 사이로 국왕의 위엄을 찬란히 빛내면서 라자그리하거리를 나와 지바카의 망고숲으로 향하였다.

이렇게 망고숲을 향해 가까이 다가가는데 아쟈타삿투왕은 갑자기 머리털이 곤두서고 온 몸이 쭈뼛해지면서 두려움을 느꼈다.

그러자 왕은 지바카에게 물었다.

"지바카여! 그대는 혹시 나를 속이려 하는 것이 아닌가? 그대는 나를 속여서 적군에게 팔아 넘기려는 수작이 아닌가? 1,250명이나 된다는 비구의 대집단이 기침소리 하나 없이, 말소리 하나도 내지 않는다는 것이 도대체 이치에 맞는 말인가?"

"폐하! 두려움을 거두소서. 저는 대왕을 속이지도 않으며, 적군에게 팔아 넘기지도 않을 것입니다. 조금만 더 나아가소서. 조금만 앞으로 나아가소서. 원형강당에는 등불이 환히 타오르고 있나이다."

이리하여 아쟈타삿투왕은 갈 수 있는 곳까지 코끼리를 타고 가다가 코끼리에서 내린 뒤 걸어 원형강당의 입구에 다가갔다.

가까이 다가가서 지바카 코말라밧챠에게 물었다.

"지바카여! 대체 세존께서는 어디에 계시는가?"

"폐하! 저곳에 계십니다. 세존께서는 중앙의 기둥 쪽에서 동쪽을 향하여 비구들을 앞에 두고 앉아 계십니다."

마침내 마가다국왕이며 베데히부인의 아들인 아쟈타삿투왕은 세존께 다가가 한쪽에 섰다. 한쪽에 선 아쟈타삿투왕은 아주 고요한 연못처럼 평온하며 마음이 맑아 있는 비구무리를 둘러보다가 감탄하여 말했다.

"내 아들인 황태자 우다이 밧다[58]도 이 비구무리의 평온함과 고요함을 부디 갖추기를!"

세존께서 말씀하셨다.

"대왕이여! 자비로운 마음을 품고 계십니까?"

"스승이시여! 저는 황태자 우다이 밧다를 사랑

하고 있습니다. 스승이시여! 이 비구들의 평온함과
고요함을 제 아들도 갖추었으면 하고 바랍니다."
　아쟈타삿투왕은 세존께 절을 하고 비구들에게
합장한 뒤 한쪽에 물러나 앉았다.
　자리를 잡고 나자 왕은 세존께 아뢰었다.

아쟈타삿투왕, 세존께 여쭈다

　"세존이시여, 만약 질문에 답해 주신다면 사소
하나마 여쭙고 싶습니다."
　"대왕이여! 무엇이든 궁금한 일은 물으십시오."
　"스승이시여! 세상에는 수많은 직업이 있습니다.
예를 들면 코끼리 타는 직업, 말 타는 직업, 전
차(戰車)를 조종하는 직업, 활 쏘는 직업, 깃발을
드는 직업, 군대의 참모, 식량배급하는 병사, 왕족
출신의 무관(武官), 척후병, 수코끼리 같은 전사,
용사, 가죽군복을 입은 병사, 노예출신의 병사, 요
리사, 이발사, 욕실의 하인, 수프 만드는 사람, 화

환 만드는 사람, 염색인, 직물인, 바구니 짜는 사람, 항아리 만드는 사람, 회계사, 산술가 등등.

뿐만 아니라 더 많은 직업이 세상에는 있습니다. 사람들은 현세에서 눈으로 볼 수 있는 기술에 의해 생계를 유지하며 스스로 안락하고 쾌적하게 지내며, 또 부모를 모시고 처자식을 부양하며, 친구나 동료와 즐겁게 지내고 사문, 바라문에게 알찬 보시를 합니다.

그리고 그로 인해 하늘에 태어나 즐거운 과보를 받아서 하늘에서의 영화를 누릴 수 있게 되는 것입니다.

그렇다면 스승이시여! 이런 사람들과 마찬가지로 사문이 현세에서 받는, 눈으로 볼 수 있는 과보[59]를 가르쳐 주지 않으시렵니까?"

"대왕이여! 그 질문을 다른 사문, 바라문에게도 해 보았습니까? 그런 적이 있다면 혹시 그 일을 기억하고 있습니까?"

"스승이시여! 저는 이 질문을 다른 사문, 바라

문에게도 하였으며, 그 일을 기억하고 있습니다.”

“번거로운 일인지는 모르겠으나 그 때의 상황을 고스란히 이야기해 주지 않겠습니까?”

“세존이나 세존에 버금가는 이가 계시는 곳에서 제게 번거로움이란 있을 수 없습니다.”

“그렇다면 이야기해 보십시오.”

육사외도(六師外道)의 주장

“스승이시여! 어느 날 저는 푸라나 카사파에게 다가갔습니다. 그의 처소에 도착하자 서로 다정하게 인사와 안부를 주고받으며 허물없이 따뜻한 말을 건넨 후 저는 한쪽에 자리잡았습니다. 그리고 앞서와 똑같은 내용의 질문을 그에게 던졌습니다.

‘카사파여! 세상에는 수많은 직업이 있습니다. 코끼리 타는 직업, 말 타는 직업, 회계사, 산술가 등등 이 외에도 무수한 직업이 있습니다.

사람들은 현세에서 눈으로 볼 수 있는 기술에 의해 생계를 유지하며 자신을 편하고 안락하게 유지하고, 부모와 처자식 그리고 친구나 동료와 즐겁고 편안하게 생활하며 사문, 바라문에게도 알찬 보시를 합니다. 그리고 그로 인하여 하늘에 태어나 즐거운 과보를 받으며 하늘에서의 영화를 누릴 수 있게 되는 것입니다.

그렇다면 카사파여! 이런 사람들처럼 사문들이 현세에서 받는 눈으로 볼 수 있는 과보를 가르쳐 주지 않으시렵니까?'

이렇게 질문하자 푸라나 카사파는 다음과 같이 대답하였습니다.

'대왕이여! 행위를 하는 자, 하게끔 하는 자, 남을 다치는 자, 다치게끔 하는 자, 고통을 주는 자, 고통을 주게 하는 자, 슬프게 하는 자, 곤경에 빠뜨리는 자, 두근두근하는 자, 두근두근하게 하는 자, 살생하는 자, 주지 않는 물건을 갖는 자, 남의 집에 무단으로 출입하는 자, 강도질하는 자, 도둑질, 노상강도, 타인의 아내를 범하는 자, 거짓말하는 자 등등 이러한 행위를 하는 자에게는 죄악이란 없습니다.

또 면도날처럼 예리한 원반으로 땅 위의 모든 중생을 다지고 으깨서 한 덩어리의 살점으로 만든다고 할지라도 그 행위로 인해 일어나는 죄악은 없으며, 죄악의 갚음을 받는 일도 없습니다.

그리고 갠지스강 남쪽 언덕에서 살생하고 살생하게 시키고, 다치고 다치게 하고, 고통을 주고 고통을 주게 할지라도 그로 인해 죄악이 생길 리 없습니다. 갠지스 강 북쪽 언덕에서 보시를 하고 보시하게 하고, 제사를 지내고 제사를 지내게 할지라도 그것으로 인해 선업이 생길 리 없으며, 선업의 과보를 받는 일도 없습니다.

뿐만 아니라 보시, 자기제어, 감각기관의 통제에 의해서도, 진실을 말함에 의해서도 선업이 생기지 않으며, 그 과보를 받는 일도 없습니다.'

스승이시여! 이런 방식으로 푸라나 카사파는

눈으로 볼 수 있는 사문의 과보를 묻는 데에 대하여 행위는 아무런 과보도 받지 않는다는 지론을 전개했던 것입니다.

스승이시여! 흡사 망고에 대하여 묻는데 라부쟈나무를 설명하고, 라부쟈나무를 묻는데 망고를 설명하고 있는 것처럼 제가 눈으로 볼 수 있는 사문의 과보를 질문했는데 푸라나 카사파는 그 질문과는 아무런 상관도 없는 자신의 지론을 전개했던 것입니다.

그래서 저는 생각했습니다.

'내 영토 안에 있는 사문, 바라문이 나를 불만족스럽게 했다면 어떻게 처리해야 할까?'

그래서 스승이시여! 저는 푸라나 카사파의 말을 칭찬도 비난도 하지 않고 있었습니다. 칭찬도 할 수 없고 비난도 할 수 없기에 불만으로 가득 차 올랐지만 불만의 말을 내뱉지 않고 그의 말을 유감스럽게 생각하면서도 반론을 펼 수도 없어 자리에서 일어나 떠났던 것입니다.

스승이시여! 또 다른 어느 날, 저는 막칼리 고
살라가 있는 곳으로 나아갔습니다. 그래서 서로
인사를 주고받은 뒤 한쪽에 앉아서 이렇게 막칼
리 고살라에게 물었던 것입니다.

'고살라시여! 세상에는 수많은 직업이 있습니
다. 코끼리 타는 직업, 말 타는 직업… 회계사,
산술가 등등 이 외에도 무수한 직업이 있습니다.

고살라시여! 이런 사람들처럼 사문들이 현세에
서 받는 눈으로 볼 수 있는 과보를 가르쳐 주지
않으시렵니까?'

스승이시여! 이렇게 제가 질문하자 막칼리 고
살라는 대답했습니다.

'대왕이여! 중생이 번뇌에 물드는 데에는 원인
도 동기도 없습니다. 원인도 동기도 없이 중생은
번뇌에 물드는 것입니다.

또한 중생이 청정해지는 데에도 원인과 동기가
없습니다. 원인도 없고 동기도 없이 중생은 청정
해지는 것입니다. 자기 자신의 행위든 타인의 행

위든 인간의 행위에는 타락이나 청정함의 원인과 동기를 구할 수 없습니다. 힘도 없고 정진도 없고 인간의 강인함도 없고 인간의 기력도 없습니다. 모든 중생, 숨쉬는 모든 것, 태어난 모든 것, 목숨 있는 모든 것은 지배력이 없으며, 운명과 우연의 결합과 본성에 의해서 다양하게 변해져 흑, 청, 적, 황, 백, 순백이라는 여섯 가지 계급으로 나뉘어 괴로움과 즐거움을 체험하는 것입니다.

주되는 중생은 140만 종류, 나아가 6천 종류, 6백 종류가 있습니다. 행위(業)는 5백 종류, 나아가 다섯 가지 감각기관에 근거한 다섯 종류, 몸과 입과 뜻에 근거한 세 종류가 있습니다. 몸과 입의 행위라는 완전한 행위도 있지만 뜻의 행위라는 반 분의 행위도 있습니다.

실천도는 62, 중겁(中劫)[60]도 62, 사람의 출생신분은 6, 수행단계는 6, 직업은 4천9백, 유행자는 4천9백, 나가신(神)[61]이 오래도록 살아온 집도 4천9백, 감각기관은 2천, 지옥은 3천, 번뇌가 있는 장소는 36, 생물은 7, 무생물은 7, 마디 있는 식물은 7, 신과 인간과 귀신과 큰 호수도 각각 7, 파투바[62]는 7내지 7백, 꿈은 7내지 7백 가지가 있습니다.

8백4십만 대겁(大劫)이 있으며, 그 기간 동안 현명한 사람과 어리석은 사람이 똑같이 오고 가며 윤회한 후에 끝내는 괴로움에 종지부를 찍습니다.

그럴 경우 〈계라든가 서원, 고행이라든가 청정한 수행을 하여 미처 성숙하지 못한 행위를 성숙시키자〉라든가 〈성숙한 행위는 서서히 그 과보를 실현시키면서 멸해가자〉 따위란 있을 수 없습니다. 그런 것은 없는 것입니다. 괴로움과 즐거움은 헤아려지며 윤회에는 한도가 있는 까닭에 사람에 의해 증감하는 일도 없고, 과부족 같은 일이 생기지도 않는 것입니다.

예를 들면 끈에 매어져 있는 공은 끈의 길이만큼 나갔다가 그 이상은 나아갈 수 없듯이 현명한 사람이나 어리석은 사람 똑같이 오고 가며 윤회한 후에 끝내는 괴로움에 종지부를 찍는 것입니다.'

스승이시여! 이런 식으로 막칼리 고살라는 눈으로 볼 수 있는 사문의 과보를 질문했는데 중생은 윤회를 거듭하다 보면 자연스럽게 청정하게 된다는 지론을 전개했던 것입니다.

스승이시여! 흡사 망고에 대하여 물었는데 라부쟈나무를 설명하고 라부쟈나무를 물었는데 망고를 설명하고 있는 것과 같이 제가 눈으로 볼 수 있는 사문의 과보에 대하여 막칼리 고살라에게 질문한 데 대해 중생은 윤회를 거듭하면 자연스럽게 청정하게 된다는 지론을 전개했던 것입니다.

그래서 저는 아무런 대꾸도 하지 않고 자리에서 일어나 떠나왔던 것입니다.

또 다른 어느 날 저는 아지타 케사캄발리가 있는 곳으로 갔습니다. 서로 인사를 주고 받은 뒤 한쪽에 자리를 잡고 앉아서 저는 똑같은 질문을 하였습니다.

그러자 아지타 케사캄발리는 다음과 같이 답하였습니다.

‘대왕이여! 보시나 제사, 공물은 어떠한 의미도 없습니다. 이 세상도 없고 저 세상도 없습니다. 선악업의 과보도 없으며 어머니도 없고 아버지도 없습니다.

죽어서 또다시 태어나는 중생도 없고, 이 세상에서 진리에 잘 도달하여 길을 잘 가며, 이 세상과 저 세상을 스스로 알며 자신의 눈으로 보고 사람들에게 설해 주는 사문, 바라문도 없습니다.

사람이라는 것은 네 가지 원소로 이루어져 있어, 죽으면 땅의 요소는 땅으로 융합되고 물의 요소는 물로 융합되고 불의 요소는 불로 융합되며 바람의 요소는 바람에 융합되고 감각기관은 허공으로 융합됩니다.

네 사람이 시체를 관에 넣고 장송곡을 부르며 화장터까지 들고 가지만 뼈는 비둘기 같은 색을 띠고 죽은 이가 생전에 올린 공물은 재가 되어버리는 것입니다.

보시에 관한 이야기 따위는 바보의 가르침입니

다. 보시에 과보가 있다고 주장하는 자들이 있지만 그들의 말은 헛된 거짓말이며 가치 없는 말에 불과한 것입니다.

어리석은 사람도, 현명한 사람도, 육체가 멸하면 완전히 사라져 무(無)로 돌아가는 것이며, 사후에 존재하는 것은 아무도 없습니다.'

이런 식으로 제가 눈으로 볼 수 있는 사문의 과보를 물은 데 대해 아지타 케사캄발리는 육체의 죽음에 의한 소멸이라는 지론을 전개했던 것입니다.

스승이시여! 흡사 망고에 대해 질문하는데 라부쟈나무를 설명하고 라부쟈나무를 질문하는데 망고를 설명하는 것처럼 아지타 케사캄발리는 눈으로 볼 수 있는 사문의 과보에 대한 질문에 대해 육체의 죽음에 따른 소멸이라는 지론을 전개했던 것입니다.

그래서 저는 아무런 대꾸도 하지 않고 그대로 자리에서 일어나 떠나왔던 것입니다.

또 다른 어느 날 저는 파쿠다 캇챠야나가 있는 곳으로 갔습니다. 서로 인사를 주고받은 뒤 한쪽에 앉은 저는 앞서와 똑같은 질문을 하였습니다.

그러자 파쿠다 캇챠야나는 다음과 같이 답하였습니다.

'대왕이여! 여기에 있는 일곱 가지 요소는 만들어진 것이 아니고 명령으로 만들어진 것도 아니고 창출된 것도 아니고 창출되도록 시켜진 것도 아니며 아무것도 낳지 않고 산 정상처럼 부동하며 기둥처럼 흔들림 없는 것입니다.

그것들은 움직임이 없으며 변화하지 않고 서로 상처를 입히지도 않으며 서로 다른 것을 즐겁게 한다거나 괴롭게 한다거나 괴로움과 즐거움을 준다거나 하는 일도 할 수 없습니다.

일곱 가지 요소란 무엇인가 하면 땅, 물, 불, 바람, 즐거움, 괴로움 그리고 영혼입니다. 이들 일곱 가지 요소는 만들어진 것도 아니고 명령으로 만들어진 것도 아닙니다. 창출된 것도 아니며 창출되도록 시켜진 것도 아닙니다. 아무것도 낳지 않고 산 정상처럼 부동하며 기둥처럼 흔들림 없는 것입니다.

그것들은 움직임이 없고 변화하지 않으며 서로 상처를 입히지도 않으며 서로 다른 것을 즐겁게 한다거나 괴롭게 한다거나 괴로움과 즐거움을 준다거나 하는 일은 할 수 없습니다.

거기에는 죽인 자도 죽이게 하는 자도, 듣는 자도 듣게 하는 자도, 아는 자도 알게 하는 자도 없습니다.

예를 들면 예리한 칼로 머리를 잘라낸다 해도 누가 누구의 목숨을 빼앗은 것이 아닙니다. 일곱 가지 요소의 사이에 칼이 들어갔다 나온 것에 불과하기 때문입니다.'

스승이시여! 이런 식으로 제가 눈으로 볼 수 있는 사문의 과보를 질문한 데 대해 파쿠다 캇챠야나는 다른 것에 대한 지론을 전개했던 것입니다.

스승이시여! 흡사 망고에 대해 질문했는데 라

부쟈나무를 설명하고 라부쟈나무를 질문했는데 망고를 설명하는 것과 같이 파쿠다 캇챠야나는 눈으로 볼 수 있는 사문의 과보에 대한 질문에 자신의 지론을 전개했던 것입니다.

그래서 저는 아무런 대꾸도 없이 그대로 자리에서 일어나 떠나왔던 것입니다.

또 다른 어느 날 저는 니간타 나타풋타가 있는 곳으로 갔습니다. 서로 인사와 안부를 주고받은 뒤 한쪽에 앉아 저는 앞서와 똑같은 질문을 니간타 나타풋타에게 하였습니다.

스승이시여! 그러자 니간타 나타풋타는 그 질문에 대해 다음과 같이 답하였습니다.

'대왕이여! 세상에서 니간타의 신도들은 네 가지 자기 억제로써 스스로를 악에서 지키며 살아갑니다. 네 가지의 자기 억제란 다음과 같습니다.

세상의 모든 니간타 신도는 모든 찬물을 자제하여 마시지 않고, 모든 악을 멈추는 일에 전념하며, 모든 악을 멈춤으로써 악을 추방하고, 모든 악을 멈추는 일을 습관으로 하며 지냅니다.

대왕이여! 이 때문에 니간타의 신도는 그 마음의 궁극에 도달하였고 제어되어 있으며 흔들림이 없다고 일컬어지는 것입니다.'

이와 같이 니간타 나타풋타는 눈으로 볼 수 있는 사문의 과보에 대한 질문에 네 가지 자기 억제라는 지론을 전개했던 것입니다.

스승이시여! 흡사 망고에 대해 질문했는데 라부쟈나무를 설명하고, 라부쟈나무를 질문했는데 망고에 대해 답하는 것과 같이 니간타 나타풋타는 눈으로 볼 수 있는 사문의 과보에 대한 저의 질문에 네 가지 자기 억제라는 지론을 전개했던 것입니다.

그래서 저는 니간타 나타풋타의 말에 한 마디 대꾸도 하지 않고 그대로 자리에서 일어나 떠나왔던 것입니다.

스승이시여! 또 다른 어느 날 저는 산자야 벨랏티풋타가 있는 곳으로 갔습니다. 서로 인사를 주고받은 뒤 한쪽에 앉아 앞서와 똑같은 질문을 하였습니다.

'산자야시여! 세상에는 수많은 직업이 있습니다. 코끼리 타는 직업, 말 타는 직업…. 그런데 이들 사람들처럼 사문이 현세에서 받는 눈으로 볼 수 있는 과보를 가르쳐 주지 않으시렵니까?'

스승이시여! 제가 이렇게 질문하자 산자야 벨랏티풋타는 다음과 같이 답하였습니다.

'다른 세계가 있는가라고 당신이 물었을 때 만약 내가 있다고 생각한다면 다른 세계가 있다고 나는 답할 것입니다.

그러나 나는 그렇게는 생각하지 않습니다. 그렇게도 생각하지 않고 달리 생각하지도 않습니다. 다른 세계가 없다고도 생각하지 않고 없지도 않다고 생각하지도 않습니다. 다른 세계는 없는가라는 질문에 대해서도 마찬가지입니다.

다른 세계는 있음과 동시에 없는 것인가, 다른 세계는 없음과 동시에 없는 것도 아닌 것인가,

또한 원인 없이 죽어서는 태어나 변하는 중생은
있는 것인가 없는 것인가, 있는 것과 동시에 없
는 것인가, 없음과 동시에 없지도 않은 것인가.

또한 범부들은 사후에 존재하는가 존재하지 않
는가, 존재함과 동시에 존재하지 않는 것인가, 존
재하지 않음과 동시에 존재하지 않는 것도 아닌
것인가에 대해 나에게 질문하여도 일반인들이
사후에 존재하지 않음과 동시에 존재하지 않는
것도 아니라고 내가 생각한다면 나는 그렇게 답
할 것입니다.

그러나 나는 그렇게는 생각하지 않습니다. 그
렇게는 생각하지 않고 달리 생각하지도 않으며,
그렇지 않다고도 생각하지 않고 그렇지 않은 것
도 아니라고도 생각하지 않습니다.'

이와 같이 산자야 벨랏티풋타는 눈으로 볼 수
있는 사문의 과보를 묻는 저의 질문에 대해 어지
러운 지론을 전개했던 것입니다.

스승이시여! 마치 망고를 묻는 데 대해 라부쟈

나무를 답하는 것과 같고 라부쟈나무를 묻는데 망고를 설명하는 것과 같아, 산자야 벨랏티풋타는 눈으로 볼 수 있는 사문의 과보를 묻는 저의 질문에 어지러운 지론을 전개했던 것입니다.

그래서 저는 산자야 벨랏티풋타의 말에 한 마디 대꾸도 없이 그대로 자리에서 일어나 떠나왔던 것입니다.”

아쟈타삿투왕의 질문

“이제 스승이시여! 세존께도 여쭙겠습니다.

스승이시여! 세상에는 수많은 직업이 있습니다. 예를 들면 코끼리 타는 직업, 말 타는 직업, 전차를 조종하는 직업, 활 쏘는 직업, 깃발을 드는 직업, 참모, 식량배급하는 병사, 왕족출신의 무관, 척후병, 수코끼리 같은 전사, 용사, 가죽군복을 입은 병사, 노예출신의 병사, 요리사, 이발사, 욕실의 하인, 수프 만드는 사람, 화환 만드는 사람, 염색인, 직물인, 바구니 짜는 사람, 항아리 만드는 사람, 회계사, 산술가 등등. 이 밖에도 수많은 직업이 있습니다.

사람들은 현세에서 눈으로 볼 수 있는 과보에 의해 생계를 유지하고 자신을 안락하고 쾌적하게 유지하며, 부모와 처자식과 친구와 동료와 즐겁게 지내고 사문, 바라문에게도 알찬 보시를 합니다. 그리고 그로 인해 하늘에 태어나 즐거운 과보를 받아서 하늘에서의 영화를 누릴 수 있게 되는 것입니다.

그렇다면 스승이시여! 이런 사람들과 마찬가지로 사문이 현세에서 받는 눈으로 볼 수 있는 과보를 가르쳐 주시지 않겠습니까?"

"물론 가르쳐 드리겠습니다. 대왕이여! 이제 그에 관해 내 쪽에서 질문하고자 합니다. 바르게 생각하고 그대로 대답해 주십시오."

첫 번째 과보

"대왕이여! 어떻게 생각하십니까? 예를 들어 여기에 노예 신분의 하천한 남자가 있다고 합시다. 그 남자는 항상 시중을 들며 아침에는 왕보다 먼저 일어나고 밤에는 왕보다 늦게 자리에 듭니다. 어떠한 일에도 순종하며 기분좋게 움직이고 호감이 가는 말을 하며 대왕의 안색을 살피며 지냅니다. 그 남자가 어느 날 우연히 이렇게 생각을 합니다.

'선업의 행방과 과보라는 것이 얼마나 불가사의하고 경이로운 것인가? 저 마가다국왕이며 베데히부인의 아들인 아쟈타삿투왕은 다섯 가지 감각기관의 쾌락을 누리며 자신의 것으로 삼고 만족하며 지내고 있는 모양이 어느 신인들 부러울까보냐!

그러나 나는 어떠한가? 나는 왕의 시중이나 드는 노예로서 언제나 순종하며 왕의 안색을 살피면서 지낸다. 나도 선업을 쌓으면 저 왕처럼 될

것이 틀림없다. 머리와 수염을 깎고 누런 가사를
입고 집을 버리고 출가생활에 들어가기로 하자.'

그는 이윽고 머리와 수염을 깎고 누런 가사를
입고 집을 버리고 출가생활에 들어갑니다. 이렇
게 출가해서 몸과 입과 뜻을 제어하고 최소한의
옷과 음식에 만족하며 홀로 지내는 것을 즐기며
생활합니다. 그런데 대왕의 신하가 이렇게 아뢴
다고 합시다.

'폐하! 폐하의 노예였던 자가 지금 머리와 수염
을 깎고 누런 가사를 입고 출가생활에 들어갔다
고 하나이다. 그는 출가해서 몸과 입과 뜻을 제
어하며 최소한의 옷과 음식에 만족하고 홀로 지
내는 것을 즐기며 생활한다고 하나이다.'

대왕은 이 보고를 듣고 '보아라. 그 남자를 도
로 끌어다 예전의 노예신분으로 지내게 하라'고
말씀하시겠습니까?"

"아닙니다. 스승이시여! 절대로 그렇지 않습니
다. 오히려 제 편에서 그분에게 예를 올리며 자

리에서 일어나 자리를 권하며 옷과 음식과 침소
와 의약품을 공양하고 규칙에 따라 그를 돌보고
보호할 것입니다."
　"어떻게 생각하는가? 만약 그렇다면 사문이 현
세에서 받는 눈으로 볼 수 있는 과보는 있는가,
없는가?"
　"그렇다면 눈으로 볼 수 있는 사문의 과보는
분명히 있는 것입니다."
　"대왕이여! 이것입니다. 사문이 현세에서 받는
눈으로 볼 수 있는 첫번째 과보에 대한 가르침입
니다."

두번째 과보

　"스승이시여! 그러면 이 외에도 사문이 현세에
서 받는 눈으로 볼 수 있는 과보가 또 있겠습니
까? 있다면 그것은 어떠한 것입니까?"
　"물론 이 외에도 또 있습니다. 대왕이여! 이제

또다시 내가 대왕에게 질문하리니 잘 생각해서 그대로 대답하도록 하십시오.

대왕이여! 어떻게 생각하십니까? 예를 들면 여기에 대왕의 신하인 농부가 있다고 합시다. 그는 한 집안의 가장으로서 세금을 내어 대왕의 재산을 늘리는 데 보탬이 되고 있습니다. 이 남자가 어느 날 우연히 이렇게 생각을 합니다.

'오! 얼마나 불가사의하고 경이로운가! 저 마가다국왕이며 베데히부인의 아들인 아쟈타삿투왕이 사람이라면 나 또한 사람이다.

그런데 이 아쟈타삿투왕은 다섯 가지 감각기관의 쾌락을 누리며 자신의 것으로 삼고 만족하며 지내고 있는 모습이 어느 신인들 부러울까보냐! 그러나 나는 어떠한가? 왕에게 봉사하는 농부이며 가장으로서 세금을 내어 왕의 재산을 늘려 주고 있다. 이런 나도 선업을 쌓아 그와 같이 되고 싶다. 그렇다! 나도 머리와 수염을 깎고 누런 가사를 입고 집을 버리고 출가생활에 들어가자.'

이윽고 그는 있던 재산을 버리고 친족도 버리고 머리와 수염을 깎고 누런 가사를 입고 집을 버리고 출가생활에 들어갑니다.

이렇게 출가하여 몸과 입과 뜻을 제어하고 최소한의 옷과 음식에 만족하며 홀로 지내기를 즐기며 생활합니다. 그런데 이런 그의 모습을 보고 대왕의 신하가 대왕에게 알린다고 합시다.

'폐하! 폐하의 농부였던 남자가 머리와 수염을 깎고 누런 가사를 입고 출가생활에 들어갔나이다. 그는 출가하여 몸과 입과 뜻을 제어하고 최소한의 옷과 음식에 만족하며 홀로 지내는 것을 즐기며 생활하고 있나이다.'

대왕은 이 보고를 듣고 나서 '보아라! 어서 그 남자를 도로 끌어다 예전의 농부로 돌려놓아라'라고 명령하겠습니까?"

"아닙니다. 스승이시여! 절대로 그렇지 않습니다. 오히려 제 편에서 그분께 예를 올리고 자리에서 일어나 자리를 권하며 옷과 음식과 침소,

의약품을 공양하고 규칙에 따라 그를 돌보고 보호할 것입니다."

"대왕이여! 만약 그렇다면 사문이 현세에서 받는 눈으로 볼 수 있는 과보는 있는 것입니까, 없는 것입니까?"

"그렇다면 사문이 현세에서 받는 눈으로 볼 수 있는 과보는 틀림없이 있는 것입니다."

"대왕이여! 바로 이것입니다. 사문이 현세에서 받는 눈으로 볼 수 있는 두번째 과보에 대한 가르침입니다."

더 훌륭한 과보

"그런데 사문이 현세에서 받는 눈으로 볼 수 있는 과보로써 지금까지의 두 가지 과보보다 더 훌륭하고 뛰어난 과보를 보여 주지 않으시겠습니까?"

"물론 보여 줄 수 있습니다. 잘 듣고 주의 깊

438

게 생각하십시오. 대왕에게 말하겠습니다."

"그리 하겠나이다, 스승이시여!"

아쟈타삿투왕은 세존께 답하였다. 세존께서는 이렇게 말씀하셨다.

여래 출현과 출가

"대왕이여! 이 세상에 여래(진리에 도달한 사람)가 출현한다. 그는 아라한이며, 완전하게 깨달음에 도달한 사람이며, 지혜와 행을 두루 겸비한 사람이다. 또한 그는 잘 간[善逝] 사람이며, 윤회 세상의 모든 것을 아는 사람, 위없는 사람, 중생을 잘 다룰 줄 아는 사람이며, 신들과 인간의 스승이고 붓다이며, 세상에서 가장 존귀한 분이라 불리고 있다.

그 사람은 천상계와 악마계, 범천계를 포함한 이 세계와 사문, 바라문, 신, 인간을 포함한 중생계를 스스로 알고 스스로 보며 설하신다.

그 사람은 처음에도 훌륭했고 중간에도 훌륭했으며, 끝까지 훌륭하게 문자와 뜻을 가지고 가르침을 펼쳤으니 완전무결하고 청정하며 깨끗한 행을 가르치신다.

가장이나 가장의 아들, 혹은 다른 가문에서 태어난 사람이 이 가르침을 듣는다. 가르침을 듣고 여래에 대한 믿음을 얻는다. 믿음을 가진 이가 되어 그는 이렇게 깊이 생각한다.

'가정생활은 번거로운 일이 많아 먼지덩어리에 불과하다. 출가생활은 허공처럼 자유롭다. 가정생활을 하고 있는 사람이 완전하고 티끌 하나 없이 깨끗한 진주같이 닦여진 청정한 행을 실천한다는 일은 쉽지 않다. 그렇다. 머리와 수염을 깎고 누런 가사를 입고 집을 버리고 출가생활에 들어가자.'

이윽고 이 사람은 재산이 많고 적음을 따지지 않고 전부 버리고 친족을 떠나 머리와 수염을 깎고 누런 가사를 입고 출가생활에 들어갑니다.

이렇게 출가해서 파티목카[63]라는 계율에 따라

자기를 다스리게 됩니다. 올바른 행의 실천에 힘쓰고 사소한 잘못도 두려워하면서 배워야 할 계율 조항을 자신의 것으로 삼고 닦아서 바른 몸의 행과 말의 행을 지닙니다. 생활을 청정하게 하여 계율을 지니고 감각기관의 문을 보호하고 주의 깊게 생각하고 충분히 생각하며 만족하게 생활해 갑니다.

계율을 지님

그렇다면 비구는 어떻게 계율을 몸에 지녀야 하는 것일까요?

대왕이여! 비구는 현세에서 살생을 멈추고 살생을 그치며 막대기나 칼을 사용하지 않습니다. 살생을 부끄러이 여겨 자비로운 마음으로 목숨 있는 모든 것을 생각하며 위로하며 지냅니다.

이것은 비구가 지켜야 할 계율의 일부입니다.

자기에게 주어지지 않는 물건을 갖지 않고, 주

어지지 않는 물건을 갖기를 떠나, 주어진 물건을
갖고 그에 만족하며, 훔치려는 마음이 없이 스스
로 깨끗하게 지냅니다.

이것도 비구가 지켜야 할 계율의 일부입니다.

음란한 행동을 멈추고 청정한 행을 실천하며
음란한 행동에서 멀리 떠나 머물며, 성행위나 조
잡한 행위를 끊어 버립니다.

이것도 비구가 지켜야 할 계율의 일부입니다.

거짓말을 하지 않고 거짓말을 멈추며 진실을
말하고 진실을 따르며 확고하고 신뢰할 만하고
세상을 속이지 않습니다.

이것도 비구가 지켜야 할 계율의 일부입니다.

모함하지 않고 모함하는 말을 멈추며, 이쪽에
서 들은 말을 저쪽에 일러 이쪽 사람들을 이간질
시키거나, 저쪽에서 들은 말을 이쪽에 일러 저쪽
사람들을 이간질시키지 않습니다. 사이가 나쁜
사람들을 서로 화합케 하고, 사이좋은 사람들을
그 상태가 더 오래 유지되도록 하며 평화를 사랑

하고 평화를 기뻐하며 평화에 적극적이고 평화를 가져오는 말을 합니다.

이것도 비구가 지켜야 할 계율의 일부입니다.

거친 말을 쓰지 않고 거친 말을 멈추며, 결점이 없고 듣기 좋으며, 다정하게 마음을 적시고 세련되며, 많은 사람들에게 사랑받고 그들을 기쁘게 만드는 말을 합니다.

이것도 비구가 지켜야 할 계율의 일부입니다.

싱거운 말을 멈추고 싱거운 말을 멀리 떠나 때를 얻은 말을 하며 진실을 말하고 뜻있는 말을 하며 가르침에 어울리는 말을 하고 비구의 규칙에 있는 말을 합니다. 마음에 새기기에 어울리는 말을 적절한 때에 비유를 써서 맺고 끊음이 분명하게 요점을 또박또박 가려 말합니다.

이것도 비구가 지켜야 할 계율의 일부입니다.

씨앗이나 초목을 짓밟지 않고 1일 1식을 하며 밤에는 음식을 먹지 않고 정해진 시간 이외에는 식사하지 않습니다.

　연극이나 노래, 악기연주, 구경거리를 찾지 않고, 꽃다발이나 향료, 화장품을 사용하거나 치장하지 않습니다.

　높고 큰 침대를 사용하지 않고 금과 은을 받아서는 안 되며, 날곡류를 받지 말고, 날고기를 받아서도 안 됩니다.

　처녀나 나이 어린 소녀를 가까이 하지 않고, 남녀 노예를 거느리지 않으며, 암수 산양을 받지 않습니다.

　닭이나 돼지, 코끼리나 소, 암말, 수말을 받지 않고, 논밭이나 황무지조차도 받지 않습니다.

　심부름을 하거나 중개인의 역할을 하지 않고, 매매행위를 하지 않습니다.

　저울의 눈금을 속인다거나 화폐를 속이고 자의 치수를 속이지 않습니다.

　뇌물을 받거나 사기를 치거나 속임수와 같은 부정한 행위를 하지 않습니다.

　그리고 남을 다쳐서 불구자로 만들거나 살육,

포박, 노상강도, 폭력강도 등의 폭력행위를 하지 않습니다.

이것도 비구가 지켜야 할 계율의 일부입니다.

어떤 존경할 만한 사문, 바라문들은 사람들이 믿음에서 보시한 음식을 먹으면서도 다음과 같이 씨앗이나 초목의 생명을 빼앗으며 지냅니다.

다시 말하면 뿌리식물, 줄기식물, 가지식물, 이듬해 쓸 이삭을 종자로 하고 있는 것, 그리고 씨앗을 종자로 하고 있는 것이다. 이 같은 씨앗이나 초목의 생명을 빼앗는 일로부터 벗어나야 합니다.

이것도 비구가 지켜야 할 계율의 일부입니다.

또한 어떤 존경할 만한 사문, 바라문들은 사람들이 믿음에서 보시한 음식을 먹으면서도 다음과 같이 쌓고 저장하기를 즐기며 지냅니다.

다시 말하면 먹을 것, 마실 것, 옷가지, 수레, 침구, 향료, 기호품을 쌓고 저장하는 일로부터 벗어나야 합니다.

이것도 비구가 지켜야 할 계율의 일부입니다.

또한 어떤 존경할 만한 사문, 바라문들은 사람들이 믿음에서 보시한 음식을 먹으면서도 다음과 같은 구경거리를 즐기며 지냅니다.

다시 말하면 무용이나 노래, 악기연주, 구경거리, 환담, 심벌연주곡, 마술, 큰북 연주, 요염한 춤, 쇠구슬곡예, 대나무를 사용하는 곡예, 뼈를 씻는 행위, 코끼리나 말, 물소, 황소, 산양, 양, 수탉, 메추라기싸움, 작대기투기, 권투, 격투, 군대의 전투, 선진(先陣), 포진, 열병(閱兵)을 즐기며 지냅니다. 이와 같은 구경거리를 보는 일로부터 벗어나야 합니다.

이것도 비구가 지켜야 할 계율의 일부입니다.

또한 어떤 존경할 만한 사문, 바라문들은 사람들이 믿음에서 보시한 음식을 먹으면서도 다음과 같은 도박이나 게으름에 빠져 지냅니다.

다시 말하면 장기, 앙감질(한 발을 들고 한 발로만 뛰어가는 것), 모래성 허물기, 원반던지기, 길고 짧은 막대기로 서로 치는 놀이, 염료 속에 손을 넣어 물든 손으로 장난치는 수수께끼놀이, 공놀이, 풀피리놀이, 가래놀이, 물구나무서기, 종려나무로 만든 풍차놀이, 종려잎으로 모래를 세는 놀이, 장난감 수레놀이, 활놀이, 허공이나 등 뒤에 쓴 글씨를 읽어내는 놀이, 상대방의 마음을 알아맞추는 놀이, 사람의 단점 흉내내기 등입니다. 이와 같은 도박이나 게으른 놀이로부터 벗어나야 합니다.

이것도 비구가 지켜야 할 계율의 일부입니다.

또한 어떤 존경할 만한 사문, 바라문들은 사람들이 믿음에서 보시한 음식을 먹으면서도 다음과 같은 높고 큰 침대를 사용하면서 지내고 있습니다.

다시 말하면 규정된 것보다 높은 것, 다리 부분에 동물이 조각되어 있는 것, 털이 긴 양털홑이불, 색채가 진한 양털덮개, 흰 양털덮개, 꽃이 수놓인 양털방석, 솜을 넣은 방석, 동물을 수놓은 양털방석, 양끝에 수술이 달린 양털방석, 한쪽 끝에 수술이 달린 양털방석, 보석을 꿰매 단 팔걸이, 비단홑이불, 위에서 열여섯 사람의 무용수가 춤출 수 있을 정도로 커다란 양털깔개, 코끼리등깔개, 말안장, 수레의 깔개, 영양의 등가죽을 이어 재단한 깔개, 사자의 껍질을 이어서 재단한 깔개, 차양 있는 것, 위아래로 붉은 베개가 놓인 것입니다. 이 같은 높은 침대나 크고 훌륭한 침상을 사용하지 않습니다.

이것도 비구가 지켜야 할 계율의 일부입니다.

또한 어떤 존경할 만한 사문, 바라문들은 사람들이 믿음에서 보시한 음식을 먹으면서도 다음과 같이 몸을 치장하는 데에 빠져서 지내고 있습니다.

다시 말하면 향수를 뿌리는 일, 안마, 목욕, 맛사지하는 일, 거울 보는 일, 눈화장, 꽃다발, 향수, 입술연지, 화장품, 팔찌, 머리장식, 지팡이, 약주머니, 장식붙인 칼, 양산, 채색된 신발, 머리 수건, 보석, 부채, 소매에 장식달린 긴 흰 옷과 같은 것으로 장식하는 일입니다. 이 같은 장식품에 빠지지 않습니다.

이것도 비구가 지켜야 할 계율의 일부입니다.

또한 어떤 존경할 만한 사문, 바라문들은 사람들이 믿음에서 보시한 음식을 먹으면서도 다음과 같이 무익한 이야기에 빠져 지내고 있습니다.

다시 말하면 왕이나 도둑, 신하에 관한 이야기, 군대나 전쟁, 공포에 관한 이야기, 먹을 것과 마실 것에 관한 이야기, 옷이나 침대, 꽃다발, 향수에 관한 이야기, 친척의 신변에 관한 이야기, 수레나 마을, 거리, 도시나 국가에 관한 이야기, 여자나 남자에 관한 이야기, 영웅이야기, 길거리의 소문에 관한 이야기, 죽은 자에 관한 이야기, 두서 없는 잡담, 세계창조에 관한 이야기, 바다의 기원에 관한 이야기, 그 외 가타부타 여러 가지 이야기입니다. 이러한 무익한 이야기에 빠지지 않습니다.

이것도 비구가 지켜야 할 계율의 일부입니다.

또한 어떤 존경할 만한 사문이나 바라문들은 사람들이 믿음에서 보시한 음식을 먹으면서도 다음과 같은 말씨름에 열중해서 지내고 있습니다.

다시 말하면 ‘그대는 이 가르침과 실천을 이해하지 못하고 있지만 나는 이해하고 있습니다. 어떻게 그대가 이해할 수 있겠는가?’, ‘그대는 잘못된 길을 가고 있지만 나는 바른 길을 가고 있습니다’, ‘나의 말은 이치에 맞지만 그대의 말은 그렇지 않습니다’, ‘그대는 먼저 말해야 할 것을 뒤에 말하고 뒤에 말해야 할 것을 먼저 말했습니다’, ‘그대가 깊이 생각해보지도 않고 꺼낸 말을 내가 뒤엎어 버렸습니다’, ‘그대의 주장은 논의에 상정되겠지만 질 것입니다’, ‘그대의 생각에서 벗어나기 위해 편력하시오. 가능한 한 스스로 풀어 보시오’라는 것과 같은 말씨름입니다 이 같은 말씨름에서 벗어나야 합니다.

이것도 비구가 지켜야 할 계율의 일부입니다.

또한 어떤 존경할 만한 사문이나 바라문들은 사람들이 믿음에서 보시한 음식을 먹으면서도 다음과 같이 심부름을 하거나 중개인의 역할을 하면서 지내고 있습니다.

다시 말하면 '이리로 가시오, 저리로 가시오', '이것을 가지고 가시오', '이것을 가지고 저리로 가시오'라고 왕이나 신하, 크샤트리야, 바라문, 가장이나 젊은이의 부탁을 받고 일하는 것입니다. 이 같은 심부름이나 중개인의 역할로부터 벗어나야 합니다.

이것도 비구가 지켜야 할 계율의 일부입니다.

또한 어떤 존경할 만한 사문이나 바라문들은 사람들이 믿음에서 보시한 음식을 먹으면서도 거짓말하고 본심을 감추며 수다떨고 점치고 기도하여 이익을 얻고도 더 얻으려고 합니다. 이 같은 일을 하지 않아야 합니다.

이것도 비구가 지켜야 할 계율의 일부입니다.

또한 어떤 존경할 만한 사문이나 바라문들은 사람들이 믿음에서 보시한 음식을 먹으면서도 다음과 같은 저속한 주술에 의한 그릇된 방법으로 생계를 유지하고 있습니다.

다시 말하면 손바닥과 발바닥으로 보는 점, 어

떤 징조에 따라 보는 점, 날씨로 보는 점, 꿈을
풀이하는 점, 몸의 모습으로 보는 점, 쥐의 이빨
자국으로 보는 점, 그리고 신에게 공물을 올린다
든가 국자에 의한 공물, 달걀껍질공물, 쌀겨공물,
쌀공물, 녹인 버터공물, 기름공물, 입에서 토해내
는 공물, 피공물, 몸의 부분이나 관절의 모습을
보고 주문을 외면서 보는 운수판단, 집터의 길흉
을 점치는 주술, 나라를 다스리는 주술, 묘지의
악귀를 잠재우는 주술, 죽은 자의 영혼을 잠재우
는 주술, 노숙하기 위한 주술, 뱀에게 물렸을 때
의 주술, 뱀의 독을 푸는 주술, 전갈에게 물렸을
때의 주술, 쥐에게 물렸을 때의 주술, 새 울음소
리로 치는 점, 까마귀 울음소리로 치는 점, 수명
을 묻는 점, 화살로부터 몸을 보호하기 위한 주
술, 짐승의 소리를 해독하는 주술과 같은 것입니
다. 이 같은 저속한 주술을 하지 않아야 합니다.
　이것도 비구가 지켜야 할 계율의 일부입니다.
　또한 어떤 존경할 만한 사문이나 바라문들은

452

사람들이 믿음에서 보시한 음식을 먹으면서도
다음과 같은 저속한 기술에 의한 그릇된 수단으
로 생계를 유지하며 지냅니다.

다시 말하면 보석이나 막대기의 모습으로 점을
친다거나 옷, 칼, 화살, 활이나 무기의 모습으로
점을 친다거나 남녀노소의 모습, 노예의 모습으
로 점을 친다거나 코끼리, 말, 물소, 수소, 암소,
산양, 양, 닭, 메추라기, 도마뱀, 귀걸이, 거북이,
기타 동물의 모습으로 점을 치는 것이다. 이와
같은 저속한 기술로부터 벗어나야 합니다.

이것도 비구가 지켜야 할 계율의 일부입니다.

또한 어떤 존경할 만한 사문이나 바라문들은
사람들이 믿음에서 보시한 음식을 먹으면서도
다음과 같은 저속한 기술에 의한 그릇된 수단으
로 생계를 유지하고 있습니다.

다시 말하면 '왕은 진군할 것이다, 하지 않을
것이다', '아군의 왕은 진군하고 적군의 왕은 퇴
각할 것이다', '아군의 왕은 이기고 적군의 왕은

패할 것이다', '적군의 왕은 이기고 아군의 왕은 패할 것이다'라는 것처럼 '이쪽이 이길 것이라든가 이쪽은 패할 것이다'라고 말하는 것입니다. 이와 같은 저속한 기술에 의한 그릇된 수단으로 생계를 유지해서는 안 됩니다.

이것도 비구가 지켜야 할 계율의 일부입니다.

또한 어떤 존경할 만한 사문이나 바라문들은 사람들이 믿음에서 보시한 음식을 먹으면서도 다음과 같은 저속한 기술에 의한 그릇된 수단으로 생계를 유지하고 있습니다.

다시 말하면 '일식이 있을 것이다', '월식이 있을 것이다', '성식(星蝕)이 있을 것이다', '해와 달이 궤도를 따라갈 것이다', '이탈할 것이다', '별은 궤도를 따라갈 것이다', '유성이 있을 것이다', '산불이 일어날 것이다', '지진이 일어날 것이다', '벼락이 생길 것이다', '해와 달과 별이 차고 기울거나 명암이 생길 것이다', '이러이러한 결과를 예고하기 위해 일식·벼락이 있을 것이다', '이러이러한 결과를 예고하기 위해 해와 달과 별이 차고 기울거나 명암이 있을 것이다'라고 말하는 것이다. 이 같은 저속한 기술에 의한 그릇된 수단으로 생계를 유지해서는 안 됩니다.

이것도 비구가 지켜야 할 계율의 일부입니다.

또한 어떤 사문이나 바라문들은 사람들이 믿음에서 보시한 음식을 먹으면서도 다음과 같은 저속한 기술에 의한 그릇된 수단으로 생계를 유지하고 있습니다.

다시 말하면 '비가 많이 내릴 것이다', '극심한 가뭄이 있을 것이다', '수확은 충분할 것이다', '기근이 있을 것이다', '평화가 찾아올 것이다', '공황이 닥칠 것이다', '전염병이 창궐할 것이다', '건강해질 것이다'라고 말하거나 또는 손가락을 이용한 계산술, 암산, 수량을 어림짐작하는 기술이나 시작(詩作), 궤변술과 같은 것이 그것입니다. 이 같은 저속한 기술에 의한 그릇된 수단으로 생계를 유지해서는 안 됩니다.

이것도 비구가 지켜야 할 계율의 일부입니다.

또한 어떤 사문이나 바라문들은 사람들이 믿음에서 보시한 음식을 먹으면서도 다음과 같은 저속한 기술에 의한 그릇된 수단으로 생계를 유지하고 있습니다.

다시 말하면 결혼하기 적당한 길일을 정하는 일, 화목, 이별, 꿔준 돈을 받는 일, 돈을 벌기 위한 길일을 정한다든가 주술에 의해 행운이나 불행을 가져오게 하는 일, 낙태하기 위한 주술, 혀를 굳혀서 말 못하게 하는 주술, 턱을 붙들어 매어서 침묵하게 하는 주술, 양 손을 주먹쥐게 하거나 들지 못하게 하는 주술, 거울에 물어서 답을 얻는 주술, 어린 소녀에게 물어 답을 얻는 주술, 무당을 통해 신의 계시를 얻는 일, 태양숭배, 입에서 불을 내뿜는 일, 행운의 여신〔吉祥天〕[64]에게 기원하는 일과 같은 것입니다. 이 같은 저속한 기술에 의한 그릇된 수단으로 생계를 유지해서는 안 됩니다.

이것도 비구가 지켜야 할 계율의 일부입니다.

또한 어떤 존경할 만한 사문이나 바라문들은 사람들이 믿음에서 보시한 음식을 먹으면서도 다음과 같은 저속한 기술에 의한 그릇된 수단으로 생계를 유지하고 있습니다.

다시 말하면 신에게 기원하는 일, 기원을 푸는 일, 초가집에서 주문을 외우는 일, 정력을 왕성하게 하거나 감퇴하게 하는 일, 집터의 운세를 점치는 일, 부지를 깨끗하게 하는 공물을 바치는 일, 양치질하는 일, 목욕이나 공희, 구토, 설사, 토하거나 배변케 하는 일, 두통을 낫게 하려고 약을 지어 투여하는 일, 귀에 기름을 바르는 일, 눈이나 코의 치료, 수술, 어린이 치료, 약의 조제 및 해독법과 같은 것입니다. 이와 같은 저속한 기술에 의한 그릇된 수단으로 생계를 유지해서는 안 됩니다.

이것도 비구가 지켜야 할 계율의 일부입니다.

대왕이여! 만일 그 비구가 이와 같이 계율을

자신의 것으로 삼게 되면 어떠한 것으로부터도 두려움을 갖지 않게 됩니다.

예를 들면 크샤트리야가 관정즉위(灌頂卽位)[65]로서 그 적을 다스리고 있을 때에 무엇으로부터도 두려움을 느끼지 않나니, 즉 그 두려움이라는 것은 적이 있는 까닭에 생기는 것입니다. 그와 마찬가지로 비구가 계율을 자신의 것으로 삼으면 어떠한 것으로부터도 두려움을 갖지 않게 됩니다.

이 숭고한 계율의 조항들을 자신의 것으로 삼기 때문에 마음 깊이 티끌 하나 없는 깨끗한 평온을 느낍니다.

대왕이여! 이와 같이 비구는 계율을 자신의 것으로 합니다.

감각기관의 문을 보호하라

또한 대왕이여! 비구는 어떻게 감각기관의 문을 보호해야 하는 것일까요?

비구는 눈으로 형체를 보아도 외적인 특징에 이끌리는 일도 없고, 그 세세한 특징에 이끌리는 일도 없습니다. 그가 눈이라는 감각기관을 다스리지 않고 생활할 때 탐욕과 근심과 사악함과 부정한 상태가 그에게 일어나게 되므로 그 감각기관을 다스리고자 합니다. 눈이라는 감각기관을 보호하고 그 감각기관에 제어를 미치는 것입니다.

귀로 소리를 들을 때도 마찬가지이며 코로 냄새 맡을 때도 그러합니다. 혀로 맛볼 때도 그러하며 몸으로 느낄 때도 마찬가지입니다. 의지로 대상을 인식할 때에도 외적인 특징에 이끌리는 일이 없고 그 세세한 특징에 이끌리는 일도 없습니다.

그가 의지라고 하는 감각기관을 다스리지 않고 생활할 때 탐욕과 근심과 사악함과 부정한 상태가 그에게 일어나게 되므로 그 감각기관을 다스리고자 합니다. 의지라는 감각기관을 보호하고 그 감각기관에 제어를 미치는 것입니다. 이 숭고한 감각기관의 제어를 이루어 마음 깊이 티끌 하나 없는 깨끗한 평온을 느끼는 것입니다.

대왕이여! 이와 같이 비구는 감각기관의 문을
보호합니다.

주의 깊게 생각하고 충분히 생각하며 만족
하게 지낸다

또한 대왕이여! 비구는 어떻게 주의 깊게 생각
하고 충분히 생각하는 것일까요?

비구는 앞으로 나아가거나 뒤로 물러섬을 충분
히 깊게 생각하여 행하고 앞뒤를 보는 데에 충분
히 주의 깊게 생각하여 행하고, 손발을 움직일
때에나 옷과 발우를 지닐 때, 먹거나 마시거나
음식을 씹거나 맛볼 때에도 충분히 주의 깊게 생
각하여 행합니다. 뿐만 아니라 대소변을 볼 때나
걷거나 서거나 앉거나 눕거나 깨어 있을 때나 말
할 때나 침묵할 때에도 충분히 주의 깊게 생각하
여 행합니다.

대왕이여! 이와 같이 비구는 주의 깊게 생각하고 충분히 생각해야 합니다.

또한 대왕이여! 비구는 어떻게 만족하며 지내야 하는 것일까요?

비구는 몸을 지탱할 만큼의 주어진 음식에 만족합니다. 어디를 가든지 이것을 몸에 지니고 가야 합니다.

예를 들면 날개 가진 새가 어디를 가든지 항상 날개를 가지고 날아가듯이 비구는 몸을 보호하는 옷과 목숨을 지탱할 만큼 주어진 음식에 만족하며 어디를 가더라도 가지고 가야 하는 것입니다.

대왕이여! 이와 같이 비구는 만족하는 것입니다.

다섯 가지의 덮개를 버리다

그렇게 숭고한 계율조항을 몸에 지니고 숭고한 감각기관의 다스림을 몸에 지니고 이 숭고한 만족을 자신의 것으로 하여 삼림이나 나무 아래,

산과 동굴, 암굴이나 묘지, 우거진 숲이나 노천,
벗단과 같은 사람들 눈에 띄지 않는 곳을 즐겨야
합니다. 그리고 탁발에서 돌아온 후에는 두 발을
맺고 몸을 똑바로 펴서 자신의 주의력을 예민하
게 하여 앉아 있어야 합니다.
　세간의 탐욕을 버리고 탐욕이 없는 마음으로
지내며 탐욕으로부터 마음을 정화합니다.
　증오와 분노를 버리고 적의 없는 마음으로 지내
며 생명 있는 모든 것을 생각하며 사랑하는 마음으
로 지내며 증오와 분노로부터 마음을 정화합니다.
　침울한 마음과 수면을 버리며 그 의식은 또렷
하고 주의 깊고 생각 깊게 하여 침울한 마음과
수면으로부터 마음을 정화합니다.
　침착하지 못하며 애석해 하는 마음을 버리고
마음의 동요가 없이 지내며 내심 침착해서, 침착
하지 못하고 애석해 하는 마음으로부터 마음을
정화합니다.
　의혹을 버리고 의혹을 이겨내어 지내며 올바른

가르침에 대해서 의혹을 품지 않으며 의혹으로
부터 마음을 정화합니다.

예를 들면 대왕이여! 어떤 남자가 돈을 꾸어서
장사를 시작하였는데 장사는 나날이 번창하여서
이윽고 꾼 돈을 다 갚고도 돈이 남아 아내를 부
양할 수 있게 되었다고 합시다. 그는 이렇게 생
각할 것입니다.

'나는 일찍이 돈을 꾸어서 장사를 시작하였는
데 장사는 나날이 번창하여 꾼 돈을 다 갚고도
돈이 남아 아내를 부양할 수 있게 되었다.'

이리하여 이 사람은 기쁨과 마음의 평온을 얻
게 됩니다.

또한 예를 들면 어떤 남자가 병에 걸려 고통받
으며 중태에 빠졌는데 이윽고 병이 서서히 회복
되어 체력을 되찾고 입맛도 되찾았다고 합시다.
그는 이렇게 생각할 것입니다.

'나는 일찍이 병들어 고생하다가 이제는 병이
나아 입맛도 되찾고 체력도 회복하였다.'

　이리하여 이 사람은 기쁨과 마음의 평온을 얻게 됩니다.

　또한 예를 들면 감옥에 갇혀 있던 남자가 마침내 풀려 나왔으며, 재산은 하나도 몰수되지 않아 손해를 보지 않았다고 합시다. 그는 이렇게 생각할 것입니다.

　'나는 일찍이 감옥에 갇혀 있었는데 이제는 무사히 석방되었다. 게다가 재산도 잃지 않았다.'

　이리하여 이 사람은 기쁨과 마음의 평온을 얻게 됩니다.

　또한 예를 들면 어떤 남자가 노예의 신분이어서 독립하지 못하고 타인에게 예속되어 자기가 가고자 하는 장소에는 어디에도 가지 못하는 신세라고 합시다. 그는 이윽고 그 노예신분에서 벗어나 독립하고 타인의 예속을 벗어났으며, 제 원하는 곳은 어디로든지 갈 수 있게 되었다고 합시다. 그는 이렇게 생각할 것입니다.

　'나는 일찍이 노예로 지내면서 자유가 없다가

이제는 독립하여 타인의 예속을 벗어났고 내가 원하는 곳이라면 아무곳으로도 갈 수 있게 되었다.'

이리하여 이 사람은 기쁨과 마음의 평온을 얻게 됩니다.

또한 대왕이여! 예를 들면 돈이 많고 부유한 어떤 남자가 먹을 것 하나 없고 위험천만인 황야로 들어가게 되었다고 합시다. 그는 이윽고 그 황야를 빠져 나와 평화롭고 안전한 마을 변두리에 무사하게 도착할 수 있었다고 합시다. 그는 이렇게 생각할 것입니다.

'나는 예전에는 돈과 재산이 많았는데 어쩌다 먹을 것도 하나 없고 위험하기 짝이 없는 황야에 발을 들여 놓게 되었다. 그러나 지금은 그 황야에서 탈출해서 평화롭고 안전한 마을 변두리에 무사히 도착했다.'

이리하여 그 사람은 기쁨과 마음의 평온을 얻게 됩니다.

대왕이여! 마치 사람이 돈을 빌리거나, 병들거

나, 옥에 갇히거나, 노예신분이거나, 황야에 발을
들여 놓듯이 비구는 마음 속에 다섯 가지 덮개[五
蓋]가 버려지지 않고 그로부터 떠나지 않음을 보
는 것입니다.

또한 대왕이여! 빌린 돈이 없는 것, 병 없는
것, 속박에서 풀려난 것, 노예신분의 해방, 그리
고 평온한 장소를 발견하는 것처럼 비구는 마음
속에 그 다섯 가지 덮개가 버려지고 그로부터 떠
났음을 보는 것입니다.

선정의 제1단계

그 다섯 가지 덮개를 버리고 떠났다는 사실을
깨달은 사람에게는 흡족한 기분이 일어나며 흡족
함을 느끼고 있는 사람에게는 기쁨이 생깁니다.

마음에 기쁨을 가진 사람은 몸이 고요해지며,
고요한 몸을 가진 사람은 즐거움을 경험하고 즐
거움을 안 사람은 그 마음이 한 곳에 몰두하게

됩니다.

비구는 욕망을 떠나고 사악한 성격을 떠나 거친 생각과 세밀한 생각을 동반한, 떠남에서 생기는 기쁨과 즐거움에 의해 그 몸이 만족해지고 적셔지며 뿌듯해지고 충만해져 신체 어느 부분이라도 떠남에서 생긴 기쁨과 즐거움이 깊이 배어들지 않는 곳은 한 군데도 없게 됩니다.

예를 들면 대왕이여! 숙련된 이발사나 견습공이 그릇에 가루비누를 털어 넣고 물을 조금씩 넣으면서 개면 그 비누덩어리는 기름성분의 액체를 머금고 그 액으로 스며들어 안팎 모두 그 액이 배어듭니다. 그러나 흘러내리는 것은 없습니다. 바로 그것처럼 비구는 떠남으로부터 생기는 기쁨과 즐거움에 의해 그 몸이 만족해지고 적셔지며 뿌듯해지고 충만해져 신체 어느 부분이라도 떠남에서 생긴 기쁨과 즐거움이 배어들지 않는 곳은 한 군데도 없는 것입니다.

이것도 또한 눈으로 볼 수 있는 사문의 과보이

며 앞서 말한 눈으로 볼 수 있는 사문의 과보보
다도 더욱 훌륭하며 더욱 뛰어난 것입니다.

선정의 제2단계

　대왕이여! 나아가 거친 생각과 세밀한 생각을
자제한 까닭에 마음이 고요해지며 마음을 집중
해서 거친 생각과 세밀한 생각을 동반하지 않은,
마음의 오롯한 몰두에서 생긴 기쁨과 즐거움으
로 그 몸이 만족해지고 적셔지며 뿌듯해지고 충
만해져 신체 어느 부분이라도 마음의 오롯한 몰
두에서 생긴 기쁨과 즐거움이 배어들지 않은 곳
은 한 군데도 없습니다.
　예를 들면 대왕이여! 물이 솟아나는 어떤 호수
가 있는데 그 호수에는 동서남북 어느 쪽으로도
흘러드는 물줄기가 없으며 하늘에서 비가 내린
적도 없다고 합시다. 그렇지만 차가운 물이 그
호수에서 솟아나 호수를 가득 채우고 넘쳐 흐를

듯 충만해 있다고 합시다.

이 호수는 어느 부분이라도 차가운 물이 스며 들지 않은 곳이 없을 것입니다. 바로 그것처럼 비구는 마음의 오롯한 몰두에서 생긴 기쁨과 즐 거움에 의해 그 몸이 만족해지고 적셔지며 뿌듯 해지고 충만해져 신체 어느 부분이라도 마음의 오롯한 몰두에서 생긴 기쁨과 즐거움이 깊이 배 어들지 않은 곳은 한 군데도 없는 것입니다.

이것도 또한 눈으로 볼 수 있는 사문의 과보이 며 앞서 말한 사문의 과보보다도 더욱 훌륭하며 뛰어난 것입니다.

선정의 제3단계

대왕이여! 나아가 또한 비구는 기쁨을 떠남으 로부터 담담해져서 지내며 충분하고 깊이 생각 하여 몸으로 즐거움을 경험하는데 이것을 모든 성현은 '깊이 생각하고 담담한 사람의 즐거움에

머무는 사람이다'라고 설합니다. 이러한 선정의
제3단계에 도달하여 지냅니다.

비구는 기쁨이 없는 즐거움에 의해 그 몸이 만
족해지고 적셔지며 뿌듯해지고 충만해져 신체
어느 부분이라도 기쁨이 없는 즐거움이 깊이 배
어들지 않은 곳은 한 군데도 없습니다.

예를 들면 대왕이여! 연못에 파란 연꽃과 붉은
연꽃, 흰 연꽃이 물 속에서 자라나는데 물 밖으
로는 나오지 않고 완전히 물에 잠겨서 무성하게
자라고 있습니다. 그 연꽃의 제일 꼭대기부터 뿌
리 끝까지 차가운 물이 닿고 그 물에 적셔지며
물에 가득 채워져 모든 연꽃이 물에 적셔지지 않
은 부분은 한 군데도 없습니다.

바로 이와 같이 비구는 기쁨이 없는 즐거움에
의해 그 몸이 만족해지고 적셔지며 뿌듯해지고
충만해져 신체 어느 부분이라도 기쁨이 없는 즐
거움이 깊이 배어들지 않은 곳은 한 군데도 없는
것입니다.

이것도 또한 눈으로 볼 수 있는 사문의 과보이며, 앞서 말한 눈으로 볼 수 있는 사문의 과보보다도 더욱 훌륭하며 뛰어난 것입니다.

선정의 제4단계

나아가 대왕이여! 비구는 즐거움도 버리고 괴로움도 버림으로써, 또한 이미 기쁨과 슬픔을 멸함으로써, 괴로움도 없고 즐거움도 없는 담담함과 충분한 생각에 의한 마음의 청정이라고 하는 선정의 제4단계에 도달하여 지냅니다.

비구는 청정하고 순수한 마음으로 그 몸을 충족시켜서 앉는데 몸의 어느 부분이라도 청정하고 순수한 마음이 깊이 배어들지 않은 곳이 없습니다.

예를 들면 사람이 하얀 천을 머리끝까지 쓰고 앉아 있으면 그 사람의 몸은 하얀 천으로 가려지지 않은 곳이란 한 군데도 없게 됩니다.

바로 이와 같이 대왕이여! 비구는 청정하고 순

수한 마음으로 그 몸을 충족시켜서 앉으며 몸의
어느 부분이라도 청정하고 순수한 마음이 깊이
배어들지 않은 곳이란 없는 것입니다.

  이것도 또한 눈으로 볼 수 있는 사문의 과보이
며, 앞서 말한 눈으로 볼 수 있는 사문의 과보보
다도 더욱 훌륭하며 더욱 뛰어난 것입니다.

  지식에 의한 통찰

  이렇게 마음이 통일되고 청정무구하고 순수해
지며 부드러워지고 활동적이고 확고하며 쉽게
흔들리지 않을 때 그는 그 마음을 지식에 의한
통찰에 기울입니다.

  그래서 그는 이렇게 깨닫습니다.

  '나의 이 몸은 형체가 있으며 땅, 물, 불, 바람
의 네 가지 요소로 이루어졌고, 부모에게서 태어
났으며 쌀과 우유로 자라나 변하기 쉽고, 부식되
거나 마모되며 파손되고 무너지는 성질로 이루

어졌다. 또한 나의 의식은 여기에 의존하여 이어
지고 있는 것이다.'

예를 들면 대왕이여! 유리(瑠璃)는 빛이 나고
질이 좋은 팔면체로서 잘 닦여져 투명하고 순수
무구하며 온갖 뛰어난 성질을 갖추고 있습니다.

거기에 파란색이나 노란색, 빨간색, 흰색 또는
주황색의 실이 꿰어진다면 밝은 눈〔慧眼〕을 가진
사람이 그것을 보고 이렇게 생각할 것입니다.

'이것은 유리인데 빛이 나고 질이 좋은 팔면체
이다. 여기에 파란색이나 노란색, 빨간색, 흰색
또는 주황색의 실이 꿰어져 있다.'

이와 마찬가지로 비구는 이렇게 마음이 통일되
고 청정무구하고 순수해지며 부드러워지고 활동
적이고 확고하며 쉽게 흔들리지 않을 때 그는 그
마음을 지식에 의한 통찰에 기울입니다.

이것도 또한 눈으로 볼 수 있는 사문의 과보이
며 앞서 말한 눈으로 볼 수 있는 과보보다도 더
욱 훌륭하고 더욱 뛰어난 것입니다.

의지의 작용에 의해 다른 몸을 만들어 냄

이와 같이 마음이 통일되고 청정무구하고 확고
하며 쉽게 흔들리지 않을 때 그는 의지의 작용에
따라 몸을 만들어 내는 데에 마음을 기울입니다.

그는 이 몸으로부터 형체 있는 의지로 이루어
진, 길고 짧은 모든 사지를 갖추어 결함이 한 군
데도 없는 감각기관을 수반한 다른 몸을 만들어
냅니다.

예를 들면 대왕이여! 어떤 사람이 한 포기 문
쟈풀에서 줄기를 뽑아내며 이렇게 생각합니다.

'이것은 문쟈풀이고 이것은 줄기이다. 문쟈풀
과 줄기는 다른 것이지만 줄기는 문쟈풀에서 뽑
혀진 것이다.'

또 예를 들면 어떤 사람이 칼집에서 칼을 뽑아
들고 이렇게 생각한다고 합시다.

'이것은 칼이고 이것은 칼집이다. 칼과 칼집은
다른 것이지만 칼은 칼집에서 뽑혀진 것이다.'

또 다른 예를 들자면 어떤 사람이 뱀을 허물에

서 벗겨내고 이렇게 생각한다고 합시다.

'이것은 뱀이고 이것은 허물이다. 뱀과 허물은 다른 것이지만 뱀은 허물에서 나온 것이다.'

그와 마찬가지로 대왕이여! 비구는 이렇게 마음이 통일되고 청정무구하고 순수해지며 부드러워지고 활동적이고 확고하며 쉽게 흔들리지 않을 때 그는 의지의 작용에 따라 몸을 만들어내는 데에 마음을 기울입니다.

이것도 또한 눈으로 볼 수 있는 사문의 과보이며 앞서 말한 눈으로 볼 수 있는 사문의 과보보다도 더욱 훌륭하고 더욱 뛰어난 것입니다.

초인적인 신통력

이렇게 마음이 통일되고 청정무구하고 순수해지며 부드러워지고 활동적이고 확고하며 쉽게 흔들리지 않을 때, 그는 초인적인 신통력에 마음을 기울입니다. 그리고 그는 갖가지 초인적인 신통력을 체득합니다.

다시 말하면 한 사람이면서 여러 사람이 되고 여러 사람이면서 한 사람이 되며 흡사 공중에 있는 양, 나타났다 사라지며 벽을 뚫고 울타리를 뚫으며 산을 뛰어넘어 어디에도 의지하지 않고 다닙니다.

또 흡사 물 속에 있는 양, 땅 위로도 출몰하고 또 흡사 대지 위에 있는 양, 물 위를 파문이 일지 않게 걸어다니며 또 흡사 날개 가진 새인 양, 공중에서 결가부좌한 채 날아다닙니다.

그리고 위대하고 엄숙한 태양이나 달에 손을 뻗쳐 느낌을 받고 범천계에 이르기까지 합니다.

예를 들면 대왕이여! 숙련된 도공이나 그 견습공이 잘 이긴 흙으로 제가 원하는 도자기를 어떠한 형태로도 척척 만들어낸다고 합시다.

또 예를 들면 숙련된 상아세공인이나 그 견습공이 잘 갈려진 상아로 자기가 원하는 상아제품을 척척 만들어낸다고 합시다.

또 다른 예를 들자면 숙련된 금세공인이나 그 견습공이 잘 세공된 금으로 자기가 원하는 제품을 무엇이나 척척 만들어낸다고 합시다.

그와 마찬가지로 비구는 이렇게 마음이 통일되고 청정무구하고 순수해지며 부드러워지고 활동적이고 확고하며 쉽게 흔들리지 않을 때 그는 초인적인 신통력에 마음을 기울입니다.

이것도 또한 눈으로 볼 수 있는 사문의 과보이며 앞서 말한 눈으로 볼 수 있는 사문의 과보보다도 더욱 훌륭하고 더욱 뛰어난 것입니다.

하늘의 귀

이렇게 마음이 통일되고 청정무구하고 순수해지며 부드러워지고 활동적이고 확고하며 쉽게 흔들리지 않을 때 그는 깨끗하고 초인적인 하늘의 귀로써 하늘과 인간의 소리를 멀리서나 가까이서나 모두 들을 수 있게 됩니다.

　예를 들면 대왕이여! 사람이 큰길을 지나가고 있을 때 큰 북소리나 작은 북소리, 소라고둥소리나 심벌즈소리 등을 듣는다고 합시다.
　그때 그는 이렇게 생각할 것입니다.
　‘이 소리는 큰 북소리다’, ‘이 소리는 작은 북소리다’, ‘이 소리는 소라고둥소리이고 심벌즈소리이고 그 외 다른 악기 소리이다.’
　그와 마찬가지로 대왕이여! 비구는 이렇게 마음이 통일되고 청정무구하고 순수해지며 부드러워지고 활동적이고 확고하며 쉽게 흔들리지 않을 때 하늘의 귀에 마음을 기울여 멀리서나 가까이서나 하늘과 인간의 소리를 들을 수 있게 되는 것입니다.
　이것도 또한 눈으로 볼 수 있는 사문의 과보이며 앞서 말한 눈으로 볼 수 있는 사문의 과보보다도 더욱 훌륭하고 더욱 뛰어난 것입니다.

다른 사람의 마음을 아는 힘

이렇게 마음이 통일되고 청정무구하고 순수해지며 부드러워지고 활동적이고 확고하며 쉽게 흔들리지 않을 때 그는 다른 사람의 마음가짐에 마음을 기울이게 됩니다.

그는 여느 중생이나 다른 사람들의 마음을 자기 마음으로 완전하게 포착하여 알게 됩니다.

다시 말하면

욕망 있는 마음을 욕망 있는 마음이라고 분별한다..
욕망을 떠난 마음을 욕망을 떠난 마음이라고 분별한다.
성내고 있는 마음을 성내고 있는 마음이라고 분별한다.
분노를 떠난 마음을 분노를 떠난 마음이라고 분별한다.
어리석은 마음을 어리석은 마음이라고 분별한다.
어리석음을 떠난 마음을 어리석음을 떠난 마음이라고 분별한다.
집중하고 있는 마음을 집중하고 있는 마음이라고 분별한다.

산만한 마음을 산만한 마음이라고 분별한다.
넓은 마음을 넓은 마음이라고 분별한다.
좁은 마음을 좁은 마음이라고 분별한다.
열등한 마음을 열등한 마음이라고 분별한다.
뛰어난 마음을 뛰어난 마음이라고 분별한다.
담담한 마음을 담담한 마음이라고 분별한다.
담담하지 않은 마음을 담담하지 않은 마음이라고 분별한다.
해탈한 마음을 해탈한 마음이라고 분별한다.
해탈하지 않은 마음을 해탈하지 않은 마음이라고
분별한다.

예를 들면 대왕이여! 젊고 멋진 남녀가 맑고
깨끗한 거울이나 맑은 물을 가득 채운 그릇에 비
치고 있는 자기 얼굴을 주의해서 바라보며 얼굴
에 점이 있으면 점이 있다고 알고, 점이 없으면
점이 없다고 아는 것과 같습니다.
그와 마찬가지로 비구는 이렇게 마음이 통일되
고 청정무구하고 순수해지며 부드러워지고 활동
적이고 확고하며 쉽게 흔들리지 않을 때, 다른

중생이나 사람들의 마음을 자기 마음으로 완전하게 포착하여 알게 되는 것입니다.

이것도 또한 눈으로 볼 수 있는 사문의 과보이며, 앞서 말한 눈으로 볼 수 있는 사문의 과보보다도 더욱 훌륭하고 더욱 뛰어난 것입니다.

자신과 타인의 과거생을 기억하는 힘

이렇게 마음이 통일되고 청정무구하고 순수해지며 부드러워지고 활동적이고 확고하며 쉽게 흔들리지 않을 때 그는 과거생의 모습을 기억하여 아는 데에 마음을 기울입니다. 그는 갖가지 과거생의 모습을 기억해 냅니다.

다시 말하면 한 번의 생, 두 번의 생, 내지 백 번, 천 번, 십만 번도 더 되는 생의 세계의 생성기와 붕괴기, 생성과 붕괴의 교체기를 기억해 냅니다.

'저 세계에서 나는 이러이러한 이름이었고, 이러이러한 가문에 이러이러한 계급이었으며, 이러

이러한 음식을 먹었고 이러이러한 괴로움과 즐
거움을 경험했고 수명은 이러이러했다. 그곳에서
죽어서 나는 다른 곳에 태어났다. 다른 곳에서
나의 이름은 이러이러했고 다시 이곳에 태어났
다'라는 식으로 구체적이고 자세하게 과거생의
갖가지 모습들을 기억해 냅니다.

예를 들면 대왕이여! 어떤 남자가 자기 마을을
떠나 다른 마을로 갔고 그 곳에서 또 다른 마을
로 갔다가 다시 본래의 자기 마을로 돌아왔다고
합시다.

그는 이렇게 생각할 것입니다.

'나는 나의 마을을 떠나 저쪽 마을로 갔다. 그
곳에서 나는 이런 모습으로 서 있었고 이런 모습
으로 앉고 말하고 침묵했다. 그 마을에서 또 다
른 마을로 갔다. 그곳에서도 나는 이런 모습으로
서 있었고 이런 모습으로 앉고 말하고 침묵했다.
그리고 그 마을에서 다시 나의 마을로 돌아왔던
것이다.'

대왕이여! 그와 마찬가지로 비구는 이렇게 마음
이 통일되고 청정무구하고 순수해지며 부드러워
지고 활동적이고 확고하며 쉽게 흔들리지 않을 때
갖가지 과거생의 모습을 기억해 내는 것입니다.
　이것도 또한 눈으로 볼 수 있는 사문의 과보이
며, 앞서 말한 눈으로 볼 수 있는 사문의 과보보
다도 더욱 훌륭하고 더욱 뛰어난 것입니다.

중생의 생사를 앎

　이렇게 마음이 통일되고 청정무구하고 순수해
지며 부드러워지고 활동적이고 확고하며 쉽게
흔들리지 않을 때 그는 중생의 생사를 아는 데에
마음을 기울입니다.
　그는 티끌 하나 없는 초인적인 하늘의 눈〔天
眼〕으로 중생의 생사, 뛰어나고 천함, 아름답고
추함, 행복과 불행을 보며 중생이 업에 따라 그
갚음을 받고 있다고 압니다.

　다시 말하면 '실로 어진 이들이여! 이 중생은 몸과 입과 뜻에 의한 악한 일을 저질러 고매한 사람을 모욕하고 그릇된 견해를 품었으며 그릇된 생각으로 인해 생긴 업을 받는다. 그들은 죽어서 상실의 세계, 고난의 세계, 파멸의 세계 그리고 지옥에 또다시 태어난다.

　또는 어진 이들이여! 어떤 중생은 몸과 입과 뜻에 의한 착한 일을 하며 고매한 사람을 모욕하지 않고 바른 견해를 품었으며 바른 생각으로 인해 생긴 업을 받는다. 그래서 그는 죽은 뒤에 지극한 복을 누리는 하늘에 다시 태어난다'라고 압니다.

　이렇게 티끌 하나 없는 초인적인 하늘의 눈으로 중생의 생사 내지는 행복과 불행을 보며 중생이 업에 따라 그 갚음을 받고 있음을 압니다.

　예를 들면 대왕이여! 네거리 중앙에 난간이 달린 이층집이 있는데 그 난간에 어떤 사람이 서서 사람들이 출입하는 모습이며, 도로와 인도를 오가는 모습, 네거리 가운데에 앉아 있거나 하는 모습을 보고 있다고 합시다.

그때 그는 이렇게 생각할 것입니다.

'이런 사람들은 집으로 들어가고 이런 사람들은 집 밖으로 나오며 도로와 인도를 오가는 사람도 있고 네거리 가운데에 앉아 있는 사람들도 있다.'

그와 마찬가지로 비구는 이렇게 마음이 통일되고 청정무구하고 순수해지며 부드러워지고 활동적이고 확고하며 쉽게 흔들리지 않을 때 중생의 생사를 아는 데에 마음을 기울입니다.

그래서 그는 티끌 하나 없는 초인적인 하늘의 눈으로 중생의 생사 내지 행복과 불행을 보며 중생이 업에 따라 그 갚음을 받고 있음을 아는 것입니다.

이것도 또한 눈으로 볼 수 있는 사문의 과보이며 앞서 말한 눈으로 볼 수 있는 사문의 과보보다도 더욱 훌륭하고 더욱 뛰어난 것입니다.

더러움이 흐르는 번뇌의 소멸에 대한 앎

이렇게 마음이 통일되고 청정무구하고 순수해지며 부드러워지고 활동적이고 확고하며 쉽게 흔들리지 않을 때 그는 더러움이 흐르는 번뇌[漏][66]를 소멸하는 앎에 마음을 기울입니다.

그는 '이것은 괴로움이다'라고 참다이 알고, '이것은 괴로움의 모임이다'라고 참다이 알고, '이것은 괴로움의 소멸이다'라고 참다이 알고, '이것은 괴로움의 소멸에 이르는 길이다'라고 참다이 압니다.

'이것은 더러움이 흐르는 번뇌이다'라고 참다이 알고, '이것은 번뇌의 모임이다'라고 참다이 알고, '이것은 번뇌의 소멸이다'라고 참다이 알고, '이것은 번뇌의 소멸에 이르는 길이다'라고 참다이 아는 것입니다.

이렇게 알고 이렇게 볼 때 그의 마음은 욕계(欲界)의 번뇌로부터 자유롭게 되고 하늘의 번뇌로부터도 자유롭게 되며, 앞서 말한 네 가지 성

스러운 진리에 대한 무지에서 오는 번뇌로부터
도 자유롭게 되어 '마음이 자유로워졌을 때 해탈
한다'라는 앎이 생기고 '삶의 의미는 완성되었다.
깨끗한 수행의 성취로 할 일을 마쳤다. 더 이상
괴로움에 빠지지 않으리라'라고 아는 것입니다.
　예를 들면 대왕이여! 산 정상에 투명하고 티끌
하나 없는 호수가 있는데 어떤 눈밝은 사람이 호
숫가에 서서 굴이나 조개류, 자갈이나 물고기떼들
이 움직이거나 멈춰서 있는 모습을 본다고 합시다.
　그는 이렇게 생각할 것입니다.
　'이 호수는 참으로 투명하고 티끌 하나 없다. 이
곳에 이들 굴이나 조개류, 자갈이나 물고기떼들이
움직이기도 하고 꼼짝 않고 가만 서 있기도 한다.'
　그와 마찬가지로 비구는 이렇게 마음이 통일되
고 청정무구하고 순수해지며 부드러워지고 활동
적이고 확고하며 쉽게 흔들리지 않을 때 더러움
이 흐르는 번뇌를 소멸하는 앎에 마음을 기울이
는 것입니다.

그리하여 그의 마음은 욕계와 천계의 번뇌로부터 자유로워지고 무지에서 오는 번뇌로부터도 자유롭게 되어 '마음이 자유로워졌을 때 해탈한다'라는 앎이 생기고 '삶의 의미는 완성되었다. 깨끗한 수행의 성취로 할 일을 마쳤다. 더 이상 괴로움에 빠지지 않으리라'라고 아는 것입니다.

이것도 또한 눈으로 볼 수 있는 사문의 과보이며 앞서 말한 눈으로 볼 수 있는 사문의 과보보다도 더욱 훌륭하고 더욱 뛰어난 것입니다.

대왕이여! 눈으로 볼 수 있는 이 같은 사문의 과보보다도 더 훌륭하고 뛰어난, 눈으로 볼 수 있는 사문의 과보는 달리 존재하지 않습니다."

아쟈타삿투왕의 귀의와 뉘우침

이렇게 세존께서 설하셨을 때 마가다국왕이며 베데히부인의 아들인 아쟈타삿투는 다음과 같이 세존께 말씀드렸다.

"존귀하신 님이여! 훌륭하옵니다. 참으로 훌륭하옵니다, 존귀하신 님이여! 마치 넘어진 자를 일으켜 세우고 숨겨져 있던 것을 드러내며 길 잃은 사람에게 길을 가리키고, 사물을 분간하도록 어둠 속에서 등불을 내거는 것과도 같이 세존께서는 많은 방법으로 진실한 길을 가리키셨습니다.

존귀하신 님이시여! 저는 세존께 귀의하고 가르침에 귀의하고 승단에 귀의합니다. 오늘부터 목숨이 다하는 날까지 세존께서는 저를 재가신자(우바새)로 거두어 주소서.

존귀하신 님이시여! 저는 어리석고 그릇되게도 죄를 짓고 말았습니다. 왕권을 얻기 위해 인자한 아버지이며 어질고 올바른 국왕이었던 사람[67]의 목숨을 빼앗았습니다.

존귀하신 님이시여! 앞으로 제가 자기 억제를 실행할 수 있도록 세존께서는 저의 죄를 벗겨 주소서!"

"대왕이여! 그대가 부왕을 살해한 일은 참으로

어리석고 그릇된 일이었소. 그러나 그대가 죄를 고백하고 가르침대로 참회한다면 나는 그대를 용서하겠소. 사람이 죄를 고백하고 가르침대로 참회하여 장차 자기 억제를 실천한다면 그것은 성현의 계율에 영광을 가져오기 때문이오."

세존께서 이렇게 말씀하시자 마가다국왕이며 베데히부인의 아들인 아쟈타삿투왕은 말했다.

"세존이시여! 이제 돌아가고자 합니다. 나라 일이 바쁘고 해야 할 일이 많기 때문입니다."

"대왕이여! 그대의 생각대로 하시오."

그러자 아쟈타삿투왕은 세존의 말씀에 기뻐하고 즐거워하면서 자리에서 일어나 세존께 경례하고 오른쪽으로 돌고 나서 떠나갔다.

아쟈타삿투왕이 떠나가자마자 세존께서 비구들을 불러 모으셨다.

"비구들이여! 저 왕은 마음 속 깊이 느끼고 있다. 저 왕은 참회하고 있다. 만약 왕이 인자한 아버지이며 어진 국왕이었던 사람을 살해하지만 않앞어도 바로 이 자리에서 진리를 꿰뚫는 티끌 하나 없는 깨끗한 법의 눈이 그에게 생겼을 것이다."
이렇게 세존께서 말씀하셨다.
비구들은 세존의 말씀을 기뻐하며 받들어 행하였다.

20. 진정한 제사
(쿠다단타經)

세존의 명성

이와 같이 나는 들었다.

어느 때 세존께서는 5백 명의 비구들과 함께 마가다국을 유행하시다가 카누마타라고 하는 바라문마을에 들어가시게 되었다. 그곳에서 세존께서는 암발랏티카동산[68]에 머무셨다.

이 마을은 쿠다단타라는 바라문이 살고 있었는데 마을은 활기차고 풀과 나무와 물이 넘치는 풍요로운 왕의 땅으로 마가다국왕 세니야 빔비사

라왕으로부터 하사받은 은총과 권리가 으뜸가는
땅이었다.

마침 그때는 쿠다단타 바라문의 성대한 제사가
준비중이어서 황소와 암수 송아지, 수산양과 숫
양들이 각각 7백 마리씩 기둥에 묶여져 제사의
산제물이 되기를 기다리고 있었다.

카누마타마을의 바라문과 부호들은 때마침 이
런 소식을 들었다.

"사문 고타마라고 하는 샤카족 출신의 출가인이
5백 명의 비구승단과 함께 카누마타마을의 암발랏
티카동산에 머물고 계신다. 그런데 이 세존 고타
마에게는 다음과 같은 찬란한 명성이 일고 있다.

즉 이 세존은 존경할 만한 분〔應供〕이시며, 완
전하게 깨달음에 도달하신 이, 지혜와 행동을 두
루 갖춘 사람, 잘 가신 분, 윤회하는 세상에 대한
모든 것을 알고 계신 사람, 위없는 사람, 중생을
가장 잘 다루는 조련사, 신들과 인간의 스승, 붓
다, 세상에서 가장 존귀하신 분[69]이라는 명성이

일고 있는 것이다.

이 분은 신들의 세계와 악마, 범천의 세계를 포함한 이 모든 세계를 알며, 사문 바라문과 천신, 인간을 포함한 중생을 스스로 알고 깨달아 가르치신다.

이 분은 처음도 좋고, 가운데도 좋으며 마지막도 좋은 뜻깊은 가르침을 설하시니 오로지 원만하고 티끌 하나 없는 깨끗한 생활을 밝혀 설하신다.

그러니 이토록 존경할 만한 분을 뵙는다는 것은 좋은 일이 아닐 수 없다."

그래서 카누마타마을의 바라문과 부호들은 무리를 지어 마을을 떠나 암발랏티카동산으로 향하였다.

쿠다단타 바라문

그런데 그때 쿠다단타 바라문은 발코니에서 낮잠을 즐기려다 마을 사람들이 무리지어 몰려가는 모습을 보고 하인에게 물었다.

"하인이여! 무슨 까닭으로 마을의 바라문과 부호들이 무리를 지어 암발랏티카동산으로 가는가?"

"주인이시여! 사문 고타마께서 비구승단 5백 명과 함께 카누마타마을의 암발랏티카동산에 머물고 계신다고 합니다. 그런데 이 세존께서는 존경할 만한 분 등의 열 가지 이름[如來十號]으로도 불리며 찬란한 명성을 날리고 계신다고 합니다. 저 사람들은 그러한 분을 만나 뵙고자 지금 달려가고 있는 중입니다."

그러자 쿠다단타 바라문은 생각하였다.

'들리는 바에 의하면 사문 고타마는 세 가지와 열여섯 가지의 조건이 완벽하게 갖추어진 제사[70]를 알고 계신다고 했다. 하지만 지금 성대한 제사를 올리려고 하는 나는 그것을 모르고 있지 않은가? 자, 이제 나도 사문 고타마가 계신 곳으로 가서 세 가지와 열여섯 가지 조건이 갖추어진 제사에 대해 여쭈어야 하겠다.'

그래서 그는 하인에게 말했다.

"자, 하인이여! 저 바라문과 부호들에게 가서 내가 함께 가기를 원하니 잠시 기다려 달라고 전하라."

"그리 하겠나이다, 주인이시여!" 하고 답하고 나서 하인은 그들에게 달려가 주인의 말을 전했다.

그런데 그때 카누마타마을에는 수백 명도 더 되는 바라문들이 쿠다단타 바라문의 성대한 제사에 참가하려고 머물고 있었다.

그들은 쿠다단타 바라문이 사문 고타마를 만나러 간다고 전해 듣자 그에게 달려가 이렇게 말했다.

"쿠다단타시여! 그대가 사문 고타마를 만나러 가신다는데 그 말이 사실입니까?"

"그렇습니다. 저도 사문 고타마를 만날 셈입니다."

"쿠다단타시여! 만나러 가지 마십시오. 그 사람을 만나서는 안 됩니다. 만약 그대가 사문 고타마를 만나러 간다면 그대는 명성을 잃게 될 것이요, 사문 고타마의 명성은 높아질 것입니다. 그러니 사문 고타마를 만나러 가서는 안 됩니다. 오히려 그가 당신을 만나러 와야 마땅할 것입니다.

쿠다단타님은 부친과 모친의 두 가계가 혈통이 순수하여 7대를 거슬러 올라가 보아도 혈통이 섞인 적이 없으니 출생에 관해 흠잡을 데가 없습니다. 그대는 이와 같은 분이시니 사문 고타마를 만나러 가서는 안 됩니다. 오히려 그가 당신을 만나러 와야 마땅할 것입니다.

쿠다단타님은 막대한 재산을 갖고 계십니다. 성전에 밝으며, 성구(聖句)를 잘 이해하고 계시며, 세 가지 베다[71]의 깊고 어려운 뜻에 통달해 계시고, 어휘록, 활용론(活用論), 음운론, 어원론(語源論)과 베다의 사전(史傳)[72]의 구절에 통달해 계시며 해석이 정교하며, 세속의 철학과 위인의 특징을 알고 계십니다.

그 모습이 더할 나위 없이 수려하고 으뜸가는 연꽃처럼 아름다운 용모를 갖추었고, 훌륭한 자태와 풍채를 지니셨으니 흠잡을 데가 없습니다.

품성이 올바르고 장로의 품성과 품격을 갖추고 계십니다. 말씨가 세련되고 화술에 뛰어나 명료하고 간단하게 의미를 전하십니다.

수많은 사람을 가르치는 스승 중의 스승이며 3백 명의 청년에게 성전을 가르치고 계시니, 수많은 젊은이들이 나라마다 돌아다니며 성전을 구하고 배우고자 할지면 모두 당신 아래로 와서 모이고 있습니다.

쿠다단타님은 마가다국의 세니야 빔비사라왕에게 존경과 숭배를 받고 있습니다. 폭칼라사디바라문[73]에게도 존경과 숭배를 받고 있습니다. 쿠다단타님은 카누마타마을에 살고 계시고 이 마을은 활기차고 풍요로운 왕의 땅으로써 세니야 빔비사라왕이 하사한 은총과 권리가 넘쳐 흐르는 땅입니다.

당신은 이러한 분이시니 사문 고타마를 만나러 가셔서는 안 됩니다. 오히려 그가 당신을 만나러 와야 마땅합니다."

부처님을 찬양하다

바라문들이 이렇게 말하자 쿠다단타 바라문은 말했다.

"그렇다면 여러분! 제 말도 들어보십시오.

우리가 존귀하신 고타마를 만나러 가야 마땅한 일이지 그분이 우리를 만나러 오셔서는 안 됩니다.

여러분! 사문 고타마는 부친과 모친의 두 가계가 혈통이 순수하여 7대를 거슬러 올라가 보아도 혈통이 섞인 적이 없으며, 출생에 관해 흠잡을 데가 없습니다. 그러므로 우리야말로 존귀하신 고타마를 뵈러 가야 마땅할 것입니다.

사문 고타마는 위대한 일가친척을 버리고 출가하셨습니다. 막대한 양의 황금과 금화, 비밀리에 숨겨져 있는 그 모든 보물들을 버리고 출가하신 것입니다. 저분은 나이 젊고 머리칼은 칠흑같이 검은, 훌륭한 젊은이로서 청년시절에 그의 양친이 출가를 반기지 않아 눈물로 뒤범벅이 된 채 비탄에 젖어 있었음에도 불구하고 머리털과 수염을 깎고 가사를 입고 출가인이 되신 것입니다.

사문 고타마는 그 모습이 더할 나위 없이 수려하여 으뜸가는 연꽃과도 같은 용모를 갖추셨고 훌륭한 자태와 풍채를 지니셨으니 흠잡을 데가 없습니다.

성스러운 계율을 지키고 따르며, 바른 계율을 지키고 보호하고 계십니다.

말씨가 세련되고 화술에 뛰어나 명료하고 간단하게 의미를 전달하십니다.

수많은 사람을 가르치는 스승 중의 스승이십니다.

욕망과 탐욕을 다스리셨고 들뜬 데가 없습니다.

사문 고타마는 행위[業]란 나중에 작용하는 힘이 되어 과보를 일으킨다는 설을 주창하신 행위론자이며, 행위에는 선악이 있어 작용을 미친다고 하는 설을 주창하신 작용론자이고, 그야말로 바라문이라 불리는 사람들 사이에서 선(善)을 존중하는 분이십니다.

그분은 고귀한 집안이며 왕족의 시조에 해당하

는 가문을 버리고 출가하셨습니다. 엄청난 재산이 쌓여 있는 부유한 집을 버리고 출가하신 것입니다. 먼 나라, 먼 지방에서 고민을 해결하고자 저분이 계신 곳으로 사람들이 몰려들고 있습니다.

사문 고타마는 수천이 넘는 신들의 마음 속 깊은 귀의를 받으셨습니다. 저분은 '세상의 존경을 받을 만한 분이시며…' 등의 열 가지 이름으로 불리며, 찬란한 명성을 날리고 계십니다.

사문 고타마는 위대한 인물이 갖고 있는 32가지 특징〔三十二相〕을 갖추고 계십니다.

정중하고 친근감이 있고 친절하여 잘 이해할 수 있도록 말씀하시며 간절하게 이야기하시는 분이십니다. 비구와 비구니, 우바새와 우바이로 이루어진 4부대중에게 존경과 숭배를 받고 계십니다.

사문 고타마가 머물고 계신 곳이라면 그 곳이 어떠한 마을이나 도시라 할지라도 악귀가 사람을 괴롭히지 못합니다.

저분은 교단의 주인이시고 승단의 지도자이시

며 스승으로서 많은 교조(敎祖) 가운데 으뜸가는 분이라고 일컬어지고 있습니다.

어떤 사문 바라문들 중에는 무의미한 일에 근거해서 이러저러한 명성을 얻는 사람도 있지만 사문 고타마의 명성은 그렇지 않습니다. 저분의 명성은 으뜸가는 지혜와 행을 두루 겸비하신 까닭에 생겨난 것입니다.

사문 고타마는 마가다국의 세니야 빔비사라왕과 그의 왕자와 왕비, 신하에게 마음 속 깊은 귀의를 받고 계십니다. 코살라국의 프라세나짓왕과 그의 왕자, 왕비, 신하에게 마음 속 깊은 귀의를 받고 계십니다. 폭칼라사디 바라문과 그의 아들, 아내, 하인과 친구들의 귀의를 받고 계십니다.

저분은 카누마타마을에 도착하셔서 마을의 암발랏티카동산에 머물고 계시는데 우리 마을에 온 사람은 어떠한 사문 바라문일지라도 모두 우리의 손님이며, 우리는 손님을 지극한 예우로써 맞이하고 존중해야 합니다.

사문 고타마는 이러한 분이신 까닭에 저분이 우리를 만나러 오셔야 한다는 말은 당치도 않습니다. 도리어 우리가 만나 뵈러 가야 합니다.

여러분! 존귀하신 고타마에 대한 찬양은 이뿐만이 아닙니다. 존자 고타마는 한량없는 찬양을 받을 만한 분이십니다."

이렇게 말하자 바라문들은 쿠다단타 바라문에게 말했다.

"쿠다단타님께서 사문 고타마를 그토록 찬양하시는 데에야 설령 그분이 수백 요자나 떨어진 곳에 계신다 할지라도 열렬한 믿음을 가진 양가의 아들이라면 쌀자루를 짊어지고라도 만나 뵈러 가야 마땅할 것입니다. 자! 모두들 사문 고타마를 뵈러 갑시다."

그러자 쿠다단타는 수많은 바라문들과 함께 무리를 지어 세존께서 계신 암발랏티카동산으로 나아갔다.

그리고 존경과 애정으로 가득 찬 인사를 세존

께 올리고 그 곁에 앉았다.

카누마타마을의 바라문과 부호들도 어떤 이는 세존께 절을 하고, 또 어떤 이는 존경과 애정으로 가득 찬 인사말을 올리고, 또 다른 이들은 세존 계신 곳을 향해 합장하기도 하고, 자기의 이름을 대기도 하고, 또 어떤 이들은 아무 말 없이 자리잡고 앉기도 했다.

곁에 앉은 쿠다단타 바라문은 세존께 아뢰었다.

"고타마시여! 저는 '사문 고타마는 세 가지와 열여섯 가지의 조건이 완벽하게 갖추어진 제사를 알고 계신다'라고 들어왔습니다. 그에 반해 성대한 제사를 올리려고 마음먹고 있는 저는 그것을 알지 못합니다. 고타마시여! 부디 저에게 세 가지와 열여섯 가지 조건이 완벽하게 갖추어진 제사를 가르쳐 주소서."

"그렇다면 바라문이여! 잘 듣고 생각하시오. 이제 그것을 설하리라."

"그리 하겠나이다."

쿠다단타 바라문은 답했다. 세존은 다음과 같
이 말씀하셨다.

마하비지타왕의 제사

"바라문이여! 옛날에 마하비지타라고 이름하는
왕이 살고 있었다. 왕은 엄청난 재산가여서 그의
보배창고에는 언제나 수많은 보물과 화폐와 곡
식과 과일이 가득 차 있었다. 그런데 왕이 혼자
조용한 곳에서 명상에 잠겨 있을 때 이런 생각이
떠올랐다.

'나는 사람이 소유할 수 있는 만큼의 재산을
모두 지녔고, 광대한 영토를 정복하여 지내고 있
다. 이제 성대한 제사를 올리는 것이 어떨까? 그
것은 오래도록 내게 이익과 행복을 가져다 줄 것
임에 틀림없다.'

그러자 마하비지타왕은 궁정제관(宮廷祭官)을
지내는 바라문을 불러 자기의 생각을 말하면서

이렇게 청했다.

'바라문이여! 나는 성대한 제사를 올리려 합니다. 부디 방법을 가르쳐 주십시오. 그것은 오래도록 내게 이익과 행복을 가져다 줄 것입니다.'

바라문이여! 왕이 이와 같이 말하자 궁정제관은 말했다.

'폐하의 국토는 억압을 받고 있으며, 도둑이 들끓고 있습니다. 마을이며 거리, 도시에서는 약탈과 강도가 일어나고 있습니다. 만일 폐하께서 이러한 국토에서 세금을 거둬들이신다면 그것은 법다운 일이 될 수 없습니다.

또한 폐하께서는 이 도둑의 재난을 사형이나 금고형, 재산의 몰수, 교수형, 국외추방 등의 방법으로 뿌리 뽑으려 생각하고 계실지 모르겠습니다만, 그렇게 한다 해도 이 도둑의 재난은 완전하게 뿌리 뽑히지 않습니다. 살아남은 자들이 나올 것입니다. 그들은 후에 폐하의 국토를 박해할 것이 분명합니다.

하지만 다음과 같은 묘책을 강구한다면 이 도둑의 재난은 완전히 사라질 것입니다.

다시 말하면 폐하의 국토에서 농경과 목축에 종사하는 사람들에게는 종자와 사료를 베풀어 주고, 상업에 종사하는 사람들에게는 자금을 주고, 관직에 있는 사람들에게는 식료품과 봉급을 주도록 하십시오. 그러면 폐하의 세금은 늘어날 것이며, 국토는 평화로워져서 도둑이나 박해와 같은 일은 일어나지 않을 것입니다. 그래서 틀림없이 사람들은 기뻐하고 아이들은 마음껏 뛰놀며 대문을 활짝 열어 놓고 지내게 될 것입니다.'

'나는 그렇게 하겠소.'

마하비지타왕은 궁정제관인 바라문에게 답하고 나서 바라문이 일러준 대로 하였다. 궁정제관은 바라문을 다시 불러 말했다.

'그대가 일러준 묘책 덕분에 도둑의 재난은 사라지게 되었소. 바라문이여! 성대한 제사를 올리고 싶소. 부디 가르쳐 주시오. 그것은 오래도록

내게 이익과 행복을 가져다 줄 것이오.'

제사의 조건

'그러면 먼저 도시에 살고 있거나 시골에 살고 있는 모든 제후에게 〈여러분! 성대한 제사를 올리고자 한다. 그것은 오래도록 내게 이익과 행복을 가져올 것이기 때문이니 모두 다 동의해 주기를 바란다〉라고 찬성을 구하십시오.

그리고 이어서 도시에 살고 있거나 시골에 살고 있는 대신과 관리, 부유한 바라문, 재산가 모두에게도 마찬가지 방법으로 찬성을 구하십시오.

'그렇게 하겠소'라고 마하비지타왕은 궁정제관인 바라문에게 답하고 나서 그의 국토에 살고 있는 모든 제후에게 찬성을 구하였다.

'여러분, 나는 성대한 제사를 올리고자 하오. 그것은 오래도록 내게 이익과 행복을 가져다 줄 것이기 때문이오. 모두 다 동의해주기 바라겠소.'

'폐하! 제사를 행하십시오. 대왕이시여! 제사를 올릴 좋은 기회입니다'라고 모두들 답하였다.

이어서 도시에 살고 있거나 시골에 살고 있는 대신과 관리, 부호인 바라문, 부유한 재산가 모두에게도 똑같이 물어보았다. 모두들 답하였다.

'폐하! 제사를 올리십시오. 대왕이시여! 제사를 올릴 좋은 기회입니다.'

이상 제사를 올리는 데 동의하는 네 가지의 무리가 제사의 요건이다. 마하비지타왕은 여덟 가지 훌륭한 성질을 갖추고 있다.

즉, 어머니와 아버지의 가계가 결함이 없고 혈통이 순수하며, 7대에 거슬러 올라가도록 가문에 결함이 없어 출생에 관해서는 흠잡을 데가 없었다. 그 모습이 더할 나위 없이 수려하고 으뜸가는 연꽃 같은 아름다운 용모를 갖추었고, 뛰어난 풍채와 풍모를 지녔다.

막대한 재산을 가졌으니 창고마다 금은보화와 곡식이 가득 차 있었다. 코끼리와 전차와 기병과

보병이 잘 훈련되어져서 왕을 옹위하니 그 세력이 든든하였고 그 명성을 듣는 것만으로도 적군은 혼비백산하여 도망을 갔다.

왕은 신앙심이 두터웠고 사람들에게 잘 베푸는 이였으며, 보시하는 사람들의 귀감이 되었고 사문, 바라문, 빈민, 부랑자, 여행자, 걸식하는 이를 향해 문을 닫는 일이 없이 자선을 행하는 모습은 샘물 같았다.

그뿐만 아니라 배워야 할 것이라면 무엇에 관해서건 드넓은 지식을 갖고 있었다. 어떠한 말일지라도 그 의미하는 바에 관해서는 〈이 말은 이러한 의미이고, 그 말은 그러한 의미이다〉라고 알고 있었다. 현명하고 총명하며 사려 깊고 과거와 현재와 미래의 일들에 대하여 사고하는 능력이 있었다.

마하비지타왕은 이러한 여덟 가지 뛰어난 성질을 갖추고 있다. 이상의 여덟 가지 뛰어난 성질 모두는 이 제사의 요건이 된다.

궁정제관인 바라문은 네 가지 뛰어난 성질을

갖추고 있다.

다시 말하면 이 바라문 역시 7대를 거슬러 올라가도록 가문에 결함이 없었다. 성전을 잘 읽었으며, 성구를 잘 이해하였고 세 가지 베다의 깊고 어려운 뜻을 다하였고 어휘록, 활용론, 음운론, 어원론과 베다의 사전어구에 통달했으며, 해설이 교묘하고, 세속철학과 위인의 특징을 알고 있었다.

품성도 바르고 장로의 품성과 품격을 갖추고 있다. 현명하고 총명하며 사려 깊고 제사의 국자[74]를 잡는 사람들 가운데 첫째가는 사람, 또는 그에 버금가는 사람이었다.

궁정제관인 바라문은 이러한 네 가지 뛰어난 성질을 갖고 있었다. 이상의 네 가지 뛰어난 성질이 이 제사의 요건이다.

제사의 마음가짐

이제 바라문이여! 궁정제관인 바라문은 마하비

지타왕의 제사에 앞서 다음의 세 가지 마음가짐을 설했다.

'폐하께서 성대한 제사를 올리고 싶은 마음이 일어났을 때 〈아아! 이제 나는 재산의 대부분을 잃게 되겠구나〉라는 후회심이 일어날지도 모릅니다.

또한 폐하께서 성대한 제사를 올리고 있을 때 〈아아! 재산의 대부분을 잃어가고 있다〉라는 후회심이 일어날지도 모릅니다.

그리고 마지막으로 성대한 제사를 마쳤을 때 〈아아! 이제 내 재산의 대부분을 잃어버리고 말았구나〉라는 후회심이 일어날지도 모릅니다.

이와 같은 세 가지 마음이 일어나서는 안 됩니다.'

궁정제관인 바라문은 마하비지타왕의 제사에 앞서 이러한 세 가지 마음가짐에 관해 설하였다.

그리고 바라문이여, 궁정제관인 바라문은 마하비지타왕의 제사에 앞서 열 가지 구체적인 방법에 의해 참가자에 관한 후회를 없앴다.

'폐하의 제사에는 중생을 살생한 자도, 살생하지 않은 자도 모두 오도록 하십시오. 그 중 살생한 자는 그 갚음을 받는 대로 내버려 두고 살생하지 않은 자를 위해 제사를 올리어 그 마음이 흡족하고 깨끗하게 하소서.

폐하의 제사에는 도둑질을 한 사람이건, 하지 않은 사람이건 또한 삿된 음행을 저지른 사람이건 저지르지 않은 사람이건 또한 거짓말을 한 사람이건, 하지 않은 사람이건 또한 남을 중상모략을 한 사람이건, 하지 않은 사람이건 또한 난폭한 말을 한 사람이건, 하지 않은 사람이건 또한 쓸데없는 말을 한 사람이건, 하지 않은 사람이건 또한 탐욕스런 사람이건, 욕심 없는 사람이건 또한 악의를 품은 사람이건, 품지 않은 사람이건 또한 그릇된 견해를 가진 사람이건, 바른 견해를 가진 사람이건 모두 오게 하십시오.

그리고 악한 일을 저지른 사람은 제 지은 죄대로 과보를 받게 내버려두고 악한 일을 저지르지

않은 사람을 위해 제사를 올리어 그 마음이 흡족
하고 깨끗하게 하소서.'

궁정제관인 바라문은 마하비지타왕의 성대한
제사가 올려지기에 앞서 이와 같은 열 가지 구체
적인 방법에 의해 참가자에 관한 후회를 없앴다.

그리고 바라문이여, 궁정제관인 바라문은 마하
비지타왕의 성대한 제사가 올려지고 있을 때 열
여섯 가지의 구체적인 방법에 의해 왕의 마음을
가르치고 인도하고 격려하고 기쁘게 하였다.

'폐하께서 성대한 제사를 올리고 계실 때 누군
가가 〈마하비지타왕은 성대한 제사를 올리고 있
지만 도시에 살고 있거나 시골에 살고 있는 신하
인 제후, 대신과 관리, 부호인 바라문, 재산가 모
두를 초대하지 않았을 것이다. 그럼에도 불구하
고 왕은 이렇게 성대한 제사를 행한다〉라고 말하
는 자가 나올지도 모르겠지만 폐하에 관해 이렇
게 말하는 자는 올바른 사람이 아닙니다.

또한 폐하께서 성대한 제사를 올리고 계실 때

누군가가 〈마하비지타왕은 성대한 제사를 올리
고 있지만 어머니와 아버지 쪽의 어느 혈통도 순
수하지 않으며 7대를 거슬러 올라가 보아도 가계
가 복잡하여 출생에 관해서 흠잡을 데가 분명히
있을 것이다. 연꽃과도 같이 아름다운 용모도, 의
젓한 풍모와 풍채도 갖추지 않았을 것이다. 유복
하지도 않을 것이니 재산과 보물이 있을 리 없
다. 훈련이 잘 된 코끼리와 전차, 기병과 보병이
있지 않을 것이니 적군이 그 앞에서 겁먹을 리
없을 것이다. 왕은 신앙심이 두텁지 않아 베풀기
를 좋아하지 않는 사람이다. 모든 배워야 할 것
에 대해서는 넓은 지식을 갖고 있지 않다. 의미
하는 바에 관해서도 잘 모른다. 현명하지도 않고,
총명하지도 않으며 사려 깊지도 않으며 과거와
현재, 미래에 관한 일에 대해서 사고하는 능력이
없다. 그럼에도 불구하고 왕은 이렇게 성대한 제
사를 올리고 있다〉라고 말하는 자가 나올지 모르
겠지만 폐하에 관해 이렇게 말하는 자는 올바른

사람이 아닙니다.

　폐하께서는 이러한 여덟 가지의 뛰어난 성질을 모두 갖추고 계십니다.

　그러므로 폐하께서는 제사를 올리시어 그 마음이 흡족하고 깨끗하게 해야 마땅한 일이옵니다.

　또한 폐하께서 성대한 제사를 올리고 계실 때 누군가가 궁정제관인 바라문의 품격과 지식에 대해 비난하는 일이 있을지도 모르겠으나 그런 사람은 올바른 사람이 아닙니다. 폐하의 궁정제관인 바라문은 네 가지의 뛰어난 성질을 갖추고 있으므로 폐하께서는 제사를 올리시어 그 마음이 흡족하고 깨끗하게 하시옵소서.'

　궁정제관인 바라문은 마하비지타왕의 성대한 제사가 올려지고 있을 때 이러한 열여섯 가지의 구체적인 방법으로 왕의 마음을 가르치고 인도하며 격려하고 기쁘게 하였다.

　바라문이여! 이 제사에는 소나 양, 돼지 등과 같은 생물이 도살되지 않았다. 도살당할 위험에

516

처하지도 않았다. 산제물로 바쳐질 동물을 위해 나무가 베어지지도 않았으며 제단의 깔개[75]를 목적으로 닷바풀이 잘려지지도 않았다.

하인이나 심부름꾼, 잡역부도 모두 채찍을 겁내지 않았으며 주문에 겁내지 않았고 눈물로 얼굴을 적시며 탄식하면서 제사를 준비하지도 않았다. 하려고 생각하는 사람만이 하고, 하려고 생각하지 않는 사람은 하지 않았다. 하려고 생각하는 일만을 하였고, 하려고 생각하지 않는 일은 하지 않았다.

이 제사는 버터, 기름, 생버터, 요구르트, 꿀, 사탕수수만으로 끝났다.

후속제

그러자 바라문이여! 도시에 살고 있거나 시골에 살고 있는 신하인 제후, 대신과 관리, 부호인 바라문, 재산가들은 너나할 것 없이 모두 수많은 재보를 가지고 마하비지타왕에게로 가서 말했다.

'폐하! 이 많은 재보는 폐하를 위하여 가져온 것입니다. 부디 받아주소서.'

'내게는 정당한 세금으로 거둬들인 재보가 많이 있고 그것으로 충분하다. 그것은 그대들의 것이다. 아울러 여기에 있는 것도 함께 가져가라.'

그들은 왕 앞에서 물러나와 서로 의논했다.

'우리들이 이 재보를 다시 집으로 가져간다는 것은 옳지 못하다. 마하비지타왕이 성대한 제사를 마친 뒤이니 우리는 그 후속제[76]를 올리기로 하자.'

그리하여 바라문이여! 도시나 시골에 살고 있는 모든 제후들은 동쪽 제사장에 공물을 갖추었고, 남쪽 제사장에는 대신과 관리, 서쪽 제사장에는 부호인 바라문, 북쪽 제사장에는 부유한 재산가가 공물을 갖추었다.

바라문이여! 이 제사에도 소나 돼지, 양 등이 도살되지 않았고 도살당할 위험에 처하지도 않았다.

나무와 풀도 잘려지지 않았고 하인이나 심부름

꾼들도 비탄에 젖지 않았다. 이 제사도 또한 버터, 기름, 생버터, 요구르트, 꿀, 사탕수수만으로 치러졌다.

이상이 네 가지 찬성하는 무리, 여덟 가지 마하비지타왕의 뛰어난 성질, 네 가지 궁정제관인 바라문의 뛰어난 성질 및 세 가지 제사의 마음가짐이며, 이것이 세 가지와 열여섯 가지의 조건이 완벽하게 갖추어진 완전한 제사라고 일컬어지는 것이다.”

더 훌륭한 제사

이와 같이 설하시자 바라문들은 모두다 소리 높여 이렇게 외쳐댔다.

“훌륭한 제사로다. 진정 완전한 제사로다.”

그러나 쿠다단타 바라문은 아무 말 없이 앉아 있었다. 그러자 바라문들은 그에게 물었다.

“쿠다단타님이여! 어찌하여 그대는 사문 고타

마의 훌륭한 말씀을 듣고 훌륭히 설하셨다고 기
뻐하지 않습니까?”

　“여러분! 저는 기뻐하지 않는 것이 아닙니다.
만일 사문 고타마의 말씀을 듣고 기뻐하지 않는
사람이 있다고 한다면 그 사람의 머리는 박살이
나고 말 것입니다. 그렇지만 사문 고타마는 ‘나는
이와 같이 들었다’라든가, ‘당연히 이와 같은 것
이다’라고는 말씀하지 않으셨고, ‘그때는 이러하
였다. 이때는 이러하였다’라고만 말씀하신 것으
로 생각됩니다.

　내가 생각하기에는 필시 사문 고타마는 그때
제사의 주최자인 마하비지타왕이었거나 그렇지
않다면 그 제사의 사제자인 궁정제관 바라문이
었을 것입니다.

　고타마시여! 당신께서는 이와 같은 제사를 행
한 뒤, 혹은 행하게 한 뒤 목숨이 다하여서 행복
한 경지인 천상에 태어났다는 것을 밝혀 주지 않
으시렵니까?”

"바라문이여! 나는 이와 같은 제사를 올린 후에 혹은 올리게 한 후에 죽어서 즐거운 천상에 태어났다는 것을 인정한다. 나는 그때 궁정제관인 바라문, 즉 그 제사의 제사장이었다."

"그런데 고타마시여! 이 세 가지와 열여섯 가지의 조건이 완벽하게 갖추어진 완전한 제사보다도 번거롭거나 남을 다치게 하는 일이 없는, 효과와 이익이 더 큰 제사는 달리 없습니까?"

"그보다도 더 큰 효과와 이익이 있는 제사가 또 있다."

"그것은 어떠한 제사이옵니까?"

"바라문이여! 일가의 관습으로써 올려진 제사, 다시 말하면 계율을 지키고 있는 출가자에 대하여 항상 보시를 베푸는 일은 앞서 말한 제사보다도 더 훌륭한 제사이다."

"고타마시여! 어찌하여, 무슨 까닭으로 항상 보시를 베푸는 일가의 관습으로 올려지는 제사가 앞서의 제사보다도 더 훌륭하고 이익과 효과가 크다는 것입니까?"

"바라문이여! 성자〔阿羅漢〕가 되었거나 성자라
는 최고위에 오르는 길에 있는 사람은 앞서 말한
제사에 어울리지 않다.

왜냐하면 성자에게는 채찍질하는 일이나, 목을
조이는 일과 같은 일을 찾아볼 수가 없기 때문이
다. 그러므로 앞서 말한 제사에는 성자가 되었거
나 성자라는 최고위에 오르는 길에 있는 사람이
어울리지 않는다.

그러나 항상 보시하는 일가의 관습으로써 올려
지는 제사[77]에는 그들도 가깝다. 왜냐하면 이 제
사에는 채찍질하는 일이나, 목을 조이는 일 따위
가 없기 때문이다. 그러므로 이와 같은 제사에는
그들이 잘 어울린다. 이런 까닭으로 인해 항상 보
시하는 일가의 관습으로 올려지는 제사는 앞서
말한 세 가지와 열여섯 가지의 조건이 완전한 제
사보다도 더 훌륭하고 이익과 효과가 큰 것이다."

"그렇다면 고타마시여! 세 가지와 열여섯 가지

의 조건이 완전하게 갖추어진 제사보다도 더 훌륭하며 보시를 행하는 일가의 관습으로 올려지는 제사보다도 또한 더 훌륭한 제사는 달리 없겠습니까?"

"바라문이여! 그와 같은 제사가 또 있다. 사방에 있는 승가를 위해 정사(精舍)를 짓는 제사는 앞서 말한 두 가지의 제사보다도 더 훌륭하고 이익과 효과가 큰 것이다."

"그리고 그보다도 더 훌륭하며 이익과 효과가 큰 제사는 달리 없겠습니까?"

"바라문이여! 그와 같은 제사가 또 있다. 마음이 깨끗한 사람이 부처님께 귀의하고 진리의 가르침에 귀의하며, 승단에 귀의하는 일은 더 훌륭한 제사이며 앞서 말한 제사들보다 더 훌륭하고 이익과 효과가 큰 것이다."

"그렇다면 고타마시여! 이보다 더 훌륭하고 이익과 효과가 큰 제사는 달리 없겠습니까?"

"바라문이여! 그보다 더 훌륭한 제사가 있다.

그것은 마음이 깨끗한 사람이 계율의 조항을 잘 받아들이는 제사이다. 계율의 조항이란 어떤 것인가 하면, 살생하지 않고, 훔치지 않으며, 애욕에 물들어 삿된 음행을 저지르지 않고, 거짓말하지 않으며, 게으름의 원인이 되는 곡주나 과실주와 같은 술을 마시지 않는 것을 가리킨다. 이러한 계율의 조항을 받는 일은 앞서 말한 제사들보다도 더 훌륭하고 이익과 효과가 큰 것이다.”

“고타마시여! 이 제사보다도 더 훌륭하고 이익과 효과가 큰 제사는 달리 없겠습니까?”

“바라문이여! 그와 같은 제사가 있다. 〈사문과경〉에서 설해지고 있듯이 비구가 계율을 지키며, 선정의 제일 단계[初禪]를 체득하여 지낸다고 하는 제사는 앞서 말한 제사보다도 더 훌륭하고 이익과 효과가 큰 제사이다. 또한 선정의 제2단계[第二禪], 제3단계[第三禪], 제4단계[第四禪]를 체득하며 지낸다고 하는 제사는 앞서 말한 제사들보다도 더 훌륭하고 이익과 효과가 큰 제사인 것이다. 나아가 비구가 '더 이상 이 미혹한 세상에 서 생을 받는 일이 없다'라고 깨닫는 제사는 앞 서의 어떠한 제사보다도 번거로움이 없고 남을 해치지 않으며, 이익과 효과가 큰 제사인 것이다.

바라문이여! 이것 외에 더 훌륭하고 이익과 효 과가 큰 제사는 아무것도 없다."

쿠다단타의 귀의

이와 같이 설하시자 쿠다단타 바라문은 세존께 아뢰었다.

"고타마시여! 훌륭하십니다. 참으로 훌륭하십 니다. 흡사 넘어진 것을 일으켜 세우고 가려져 있던 것을 열어 주고 길을 잃은 사람에게 길을 가리키듯이 또는 '눈 있는 사람은 사물을 보아라' 라고 말하며 어둠 속에서 등불을 내걸듯 고타마 께서는 많은 방법으로 진리를 밝혀 주셨습니다.

저는 세존 고타마에게 귀의합니다. 진리의 가

르침에 귀의합니다. 승단에 귀의합니다. 부디 저를 재가신자로 거두어 주소서.

오늘부터 저는 목숨이 다하는 날까지 귀의합니다. 각기 7백 마리씩 되는 황소와 암수 송아지, 산양과 수산양을 풀어 주고 목숨을 돌보아 주겠나이다. 그 모두가 푸른 풀을 먹고 차디찬 물을 마시며 청량한 바람을 ���일 수 있도록 하겠나이다.”

그러자 세존께서는 쿠다단타 바라문에게 차례대로 말씀하시었다. 즉 보시와 계율과 천상의 이야기를 설하시고 온갖 욕망의 재앙과 저열함과 더러움, 그리고 그것으로부터의 떠남에 대한 공덕을 차례로 밝혀 주셨다.

세존께서는 쿠다단타 바라문의 마음이 유순하고 유연해지며 편견이 없어지고, 기쁨에 차며 드맑아지는 것을 아시고 모든 부처님이 찬양하는 가르침인 ‘괴로움’과 ‘괴로움의 모임’과 ‘괴로움의 멸함’과 ‘괴로움의 멸함에 이르는 길’을 설하셨다.

흡사 깨끗하여 티끌 하나 없는 헝겊이 순식간

에 염색이 되듯이 쿠다단타 바라문은 '무릇 생겨
난 모든 것은 반드시 없어진다'라는, 번뇌의 티끌
이나 더러움이 없는 진리를 보는 눈[法眼]이 그
자리에서 생겨났다.

쿠다단타 바라문은 진리를 보고 진리를 얻고,
진리를 알고 진리를 깊이 이해하여 의심을 끊고
의심을 없앴으며, 확신을 얻어 스승 이외의 가르
침에는 의존하지 않는 사람이 되어 세존께 아뢰
었다.

"고타마시여! 내일 비구 대중과 함께 저의 집
으로 오셔서 공양을 받아주소서."

세존께서는 말없이 승낙하셨다.

쿠다단타 바라문은 세존께서 승낙하셨음을 알
고 자리에서 일어나 세존께 절을 하고 오른쪽으
로 돌고 나서 떠나갔다.

쿠다단타 바라문은 그날 밤이 지나자 단단하고
부드러운 수많은 음식을 준비하고 나서 세존께
알리러 갔다.

"세존이시여! 공양준비가 되었나이다."

그러자 세존은 오전 중에 옷을 입고 가사와 발우를 들고 비구 대중을 거느리시고 쿠다단타 바라문의 집으로 가시어 준비된 자리에 앉으셨다.

쿠다단타 바라문은 부처님을 비롯한 비구들에게 단단하고 부드러운 음식을 손수 올려 그들을 흡족케 하였다.

세존께서 식사를 마치고 발우에서 손을 떼시자 쿠다단타 바라문은 또 하나의 낮은 곳에 자신의 자리를 마련하여 앉았다.

세존께서는 곁에 앉은 쿠다단타 바라문을 설법으로 가르치고 인도하고 격려하고 기쁨을 준 후에 자리에서 일어나 떠나가셨다.

역주(譯註)와 해설

아함경 역주(譯註)

1) 자이나교단의 우두머리인 나타풋타 : 부처님과 동시대에 존재
   했던 인물로서 자이나교를 이끌었던 사람. 니간다(속박에서 해
   방된 자)라고 불린 자이나교단의 우두머리로 종종 불교경전에
   등장한다. 지금도 자이나교(敎)는 인도 종교의 하나로서 존재하
   고 있다.

2) 네 가지 억제 : 자이나교도는 네 가지의 규칙에 의해서 자기를
   절제한다고 한다. 자이나교의 〈주석서〉에 의하면 모든 물(水)
   을 억제하는 것은 모든 찬물을 거부한다는 것을 의미한다고 한
   다. 그 이유는 찬물에는 많은 생물들이 살아 있기 때문에 그
   물을 사용하지 않는다는 것이다. 여기에서 모든 물이라는 것은
   모든 악을 가리키는 말이다.

3) 단다카숲, … 마탕가숲 : 신화에 의하면 이 숲들은 본래는 도시
   였는데 신들의 노여움에 의해 폐허가 되어버렸다고 《쟈타카》
   에 기술되어 있다.

4) 용왕(나가) : 뱀, 머리가 여러 개[多頭]인 뱀으로 힌두교에서 신
   성시하는 신의 사자. 부처님 수행시 이 뱀이 부처님을 수호하
   였다. 물짐승이나 육지의 모든 짐승 중의 왕으로서 세존을 가
   리킨다.

5) 과거 부처님의 일곱번째 : 비팟싱(비바시), 시킴(시기), 벳사브(비
   사부), 카쿠산다(구류손), 코나가마나(구나함), 카사파(가섭) 부처
   님의 과거의 부처님이며 고타마 부처님이 그 일곱째 부처님이다.

6) 세 가지 지혜[三明] : 과거세계에서의 중생의 삶의 모습을 아는
   힘[숙명통], 모든 중생의 미래 운명을 간파하는 힘[천안통], 괴
   로움이 일어나는 것과 그것을 멸해가는 길에 대해 아는 힘[누
   진통]의 세 가지 능력을 가리킨다.

7) 그 자리에서 … 말았다 : 〈주석서〉에 의하면 그후 나타풋타는
   들것에 실려 파바로 옮겨졌으나 곧 숨을 거두었다고 한다. 또
   한 이 붉은 피를 토해 낸 원인은 심장과 폐를 연결한 혈관이
   터졌던 때문이 아닐까 하는 의견도 있다.

8) 오욕(五欲) : 눈·귀·코·혀·몸의 다섯 가지 감각기관을 통
   해 누리는 다섯 가지 대상으로서 색·소리·냄새·맛·촉감을
   가리킨다.

9) 세 가지 밝은 지혜[明知] : 평범한 사람의 영역을 초월한 세 가
   지의 특별한 능력으로서 과거를 기억해 내는 능력[宿命明]과
   미래를 예견하는 능력[天眼明]과 번뇌를 멸진하는 능력[漏盡
   明]이다.

10) 바셋타와 바라드바자 : 이 두 사람의 청년은 《장부경전》 제13
    경(삼명경)이나 《숫타니파타》 제3, 9〈바셋타〉 등에서는 베다
    를 신봉하는 바라문으로 등장하여 부처님의 가르침을 받은 후
    불교에 귀의해서 재가신자가 되었다. 그런데 이 경에서는 두
    사람이 처음부터 비구를 지망하여 수행하고 있는 사람으로 등
    장한다. 바라드바자라는 성은 예로부터 대표적인 바라문의 성
    (姓)이며 바셋타 또한 불전에서는 대개가 바라문의 성으로 출
    현한다.

11) 광음천(光音天) : 불교의 천계설(天界說)에는 욕계·색계·무색
    계의 세 종류 하늘이 있다. 이 가운데 색계는 열일곱 단계의 하

늘이 있으며 광음천은 그 중 여섯번째 하늘이다. 즉 빛을 소리
로 삼는 하늘이라는 뜻. 이곳에 사는 사람들은 음성이 없고 말
할 때에는 입에서 맑은 빛이 나와 언어가 된다. 본 경에서는 인
류의 시조를 이 하늘(광음천)에서 비롯되었다고 한다.

그리고 세계가 불에 의해 무너져갈 때[壞劫], 욕계에서 범중천
(색계의 첫번째 하늘)까지 소멸하며 그곳에 살고 있던 중생들은
바로 위의 광음천에 다시 태어난다고 한다. 또한 무너진 채 허공
과도 같은 광막한 시기[空劫]를 지나 세계가 다시 생성할 때[成
劫] 중생들은 광음천에서 그 아래 세계로 가서 다시 태어난다는
것이다.

이 경에서 등장하고 있는 범천 역시 불교의 이러한 천계설에서
본다면, 광음천에서 그 아래 하늘인 브라흐마궁전(梵宮)에 최초
로 태어난 존재이며, 후에 태어나는 중생들에 대하여 결과적으
로 세계의 창조주와 같은 성격을 갖게 되는 것이다.

12) 베다 계통의 시문헌(詩文獻) : 베다(veda)는 인도에서 가장 오래
된 신화적 제식문학(祭式文學)의 일대 집대성. 베다란 '지식' 또는
'종교적 지식'을 의미하는데, 현재 남아 있는 베다 문헌은 《리그
베다 Rgveda》《사마 베다 Samaveda》《야주르 베다 Yajurveda》
《아타르바 베다 Atharvaveda》의 4종류가 있다. 이 4종류의 구별
은 고대 인도의 침입 민족인 아리아인(人)의 제식(祭式)을 지낼
때 제관(祭官)의 역할에 따라 구분한 데 유래한다.

《리그 베다》는 제신(諸神)을 제장(祭場)으로 불러들이는 권청
(勸請), 《사마 베다》는 제장에서의 가창(歌唱), 《야주르 베다》는
제사의 진행과 관계가 있고, 마지막으로 《아타르바 베다》는 재
앙 제거, 조복(調伏) 등의 주술(呪術)과 관계 있는 것으로, B.C.

1500〜B.C. 1000년경에 이루어진 것으로 추측되고 있다. 출생·결혼·장래 등 인생에 있어서의 통과의례(通過儀禮), 조상공양이나 신월제(新月祭)·만월제(滿月祭)·계절제(季節祭)·공수제(供獸祭), 또는 신주(神酒)를 신에게 바치는 소마제(祭) 등 사람이 살고 있는 생활의 여러 가지에 걸쳐 제식에 관한 복잡한 규정과, 그에 관한 신화적 의의가 부여되어 있다. 베다는 모두가 그들의 문화와 사상, 생활습관을 바탕으로 한 여러 가지 베다계통의 시문헌의 집대성이다.

13) 깨달음을 향한 길을 이루는 일곱 가지 사항〔七覺支〕: 깨달음을 돕는 일곱 가지. 깨달음의 지혜를 돕는 일곱 가지 수행. 택법각지(擇法覺支 : 가르침 가운데 진실한 것을 가려내어 갖고 거짓된 것을 버림)·정진각지(精進覺支 : 열심히 노력함)·희각지(喜覺支 : 진실한 가르침을 실행하는 기쁨에 머묾)·경안각지(輕安覺支 : 심신을 가뿐히 하고 쾌적하게 함)·사각지(捨覺支 : 대상을 향한 좋고 싫은 마음에서 담담해짐)·정각지(定覺支 : 마음을 한 곳에 집중하여 흐트러지지 않음)·염각지(念覺支 : 생각을 항상 밝게 하여 잊지 않음).

14) 범천 사난 쿠말라 : '사난 쿠말라'는 '항상 어린이와 같은 모습을 한 사람'이라는 뜻. 세계의 생성기에 광음천으로부터 사라져 텅 빈 범궁(梵宮)에 최초로 태어나 범천의 주인, 즉 창조주가 된 자는 그 용모가 언제나 어린 동자와 같기 때문에 이로부터 유래된 이름.

15) 91겁(劫) : 지극히 오랜 시간을 나타내는 단위로써 그 장대함은 종종 비유로써 설명되기도 한다. 예를 들면 사방과 상하가 1요자나씩 되는 철의 성곽에 겨자가루를 가득 뿌려 놓은 뒤에 백

년에 가루 하나씩을 거두어 그 가루가 모두 다한다 해도 아직 '겁'은 끝나지 않았다라고 한다. 그와 같이 한 겁(劫)이란 인간의 머리로는 상상할 수 없는 무한한 시간이다. 그런데 91겁이라고 하니 어느 정도 무한한 시간인지는 독자들이 상상했으면 좋겠다.

16) 현겁(賢劫) : 불교의 우주관에 의하면 우주는 괴겁(壞劫 : 소멸해 가는 시기)·공겁(空劫 : 소멸한 상태가 지속되는 시기)·성겁(成劫 : 생성해가는 시기)·주겁(住劫 : 생성하여 계속 존속하는 시기)의 네 단계를 1주기로 하여 변화를 반복한다. 각각의 단계가 20겁이므로 1주기는 80겁이 된다. '현겁'이란 현재의 주겁을 의미하는데 이 기간에는 천 명의 부처님과 같은 수많은 현명한 이가 배출되는 까닭에 그런 이름이 붙여진 것이다.

17) 도솔천 : 욕계(欲界 : 생사유전하는 미혹한 3계 중에서 첫번째이며 욕망이 지배하는 세계)에 속하는 여섯 하늘 가운데 네번째. 이 하늘에는 장차 부처가 될 보살의 거처가 있다.

18) 10천세계(十千世界) : 불교의 우주관에 의하면 세계의 중심은 수메르산(수미산)이라 불리는 해발 8만 요자나 높이의 산이 있으며 그 주위로 세계가 널리 펼쳐져 있다고 한다. 그 수메르산을 중심으로 한 하나의 세계(수메르세계)가 우주를 추측해 내는 단위가 되어 수메르세계가 천개 모여 있어 1천(一千)세계를 구성한다. 10천세계란 이 1천세계가 열 개 모여서 된 것이다.

19) 사천자(四天子) : 사천왕. 사천왕은 욕계에 속한 여섯 하늘 가운데 제일 처음인 사왕천(四王天)의 주인으로 지국천(持國天), 증장천(增長天), 광목천(廣目天), 다문천(多聞天)이 있으며 각각 동서남북에 위치하여 불법을 수호한다고 한다.

20) 전륜왕(轉輪王) : 윤보(輪寶 : 戰車를 가리킴)를 굴리는 왕이라는
뜻. 고대 인도에서의 이상적인 군주. 특히 무력을 사용하지 않
고 국민을 다스리기 때문에 불교에서는 종종 부처님과 대비되
어 등장하고 있다. 그러나 역사상 실존했던 군주는 아니다.
21) 칼라비카새 : '가릉빈가'로 알려진 새. 원래는 히말라야 산에 사
는 뻐꾸기를 가리키는 것 같으며 공상적인 색채가 농후한, 극
락정토에 사는 아름다운 목소리의 새라고 한다. 정토만다라에
서는 사람의 머리에 새의 몸뚱이를 한 형상으로 표현되고 있
다. 이 역시 이상적인 새로 불전에는 등장한다.
22) 33천 : 욕계에 속하는 여섯 하늘 가운데 두번째. 수메르산(수미
산) 정상에 위치해 있다. 중앙에 제석천이 있고 사방에 여덟 명
씩의 천인들이 있어 이 같은 명칭이 생겼다.
23) 비구의 자격〔具足戒〕: 비구가 지켜야 할 250가지의 계율을 수
지한 자. 최초의 불교교단에서는 20세 이상의 남녀에 한하여
출가를 허락하였으므로 사미와 비구의 구분을 두지 않았다. 그
러나 20세 미만의 출가수행자가 생기게 되자 20세 미만은 사미
(사미니는 20세 미만의 여성 출가자), 20세 이상의 출가자는 '비
구'라고 부르게 되었다. 그러나 이 경전에서는 그러한 구분 없
이 그냥 제자들에 대한 애칭으로(비구여!) 부르고 있는 것 같다.
24) 계의 가르침(바라제목차) : 비구나 비구니가 될 때에 받는 계율
로서 장차 지켜야 할 계의 조문을 가리킨다. 이것을 어길 때에
는 일정한 벌이 가해진다.
25) 쟘부드비파(염부주) : '쟘부나무가 있는 섬'이라는 뜻. 세계의 중
심에 위치해 있다고 여겨지는 수메르산의 사방에 위치한 네 개
의 섬 가운데 남쪽의 섬. 원래 인도를 가리키는데 후에는 우리

가 사는 인간세계(사바세계) 전체를 의미하게 되었다.

26) 숫다바사 하늘 : 정거천(淨居天). 색계(생사윤회하는 미혹한 3계
가운데 두번째. 미묘하고 훌륭한 물질의 세계로써 선정을 닦고 욕
망을 끊는 자들이 살고 있는 세계)에 속하는 열일곱 개의 하늘
가운데 최상층인 다섯 하늘(아비하, 아타바, 수닷사, 수닷싱, 아카
니타 하늘)의 총칭. 이곳은 성인들만이 살고 있는 곳이기 때문
에 숫다바사〔淨居〕 하늘이라고 불리고 있다.

27) 가르침의 바퀴는 …굴러갔습니다 : 부처님이 가르침을 설하신
다는 뜻. 전차(戰車)의 바퀴가 회전해서 적을 쳐부수듯 부처님
이 설한 가르침이 모든 중생의 어리석음을 부순다는 것을 암시
하는 비유적인 표현.

28) 우기(雨期)의 하안거(夏安居) : 7월에서 9월까지 3개월 동안의
우기(雨期)를 가리킴. 이것을 하안거라고도 한다. 이 기간 동안
은 외출하지 않고 수행에 힘쓰는 기간으로 정한다.

29) 세 가지 초인적인 능력〔三明〕 : 앞의 주 9) 참조

30) 무니 : 깊은 산 속이나 숲 속에 머물면서 침묵을 지키며 수행하
는 사람.
성자 : 현자의 의미로 쓰인다.

31) 성문(聲聞) : 부처님의 음성(가르침)을 들은 사람. 불제자의 하나.

32) 분소의 : 쓰레기더미에 버려져 있던 헝겊을 잇대어 만든 옷. 출
가자는 원칙적으로 이것을 재료로 하여 옷을 만들어 입는다.

33) 아홉 가지의 선정 : 초선(初禪)에서 제5선(第五禪)의 다섯 가지
색계선(色界禪)과 공무변처(空無邊處) · 식무변처(識無邊處) · 무
소유처(無所有處) · 비상비비상처(非想非非想處)의 네 가지 무색
계선(無色界禪).

34) 악마 파피야스 : 악마란 본래 죽음의 신을 가리키며 인간을 위
협하여 선한 일을 못하게끔 훼방 놓는 악귀로 이해되고 있다.
파피야스란 마왕의 이름.
35) 오온(五蘊) : 다섯 가지 근간(根幹). 즉 색·느낌[受]·생각
[想]·결합[行]·식별[識]의 다섯 가지로 인간존재의 근본을
이루고 있는 요소를 가리킨다.
36) 네 가지 여의족(如意足) : 바른 뜻·선을 향한 용기·생기 넘치
는 마음·깊은 사색의 힘에 의해 얻어지는 뛰어난 삼매. 이 삼
매를 기반으로 하여 여러 가지 기적을 나타내는 것을 여의족이
라고 한다.
37) 투데야 바라문 : 코살라국의 유력한 바라문의 한 사람. 쉬라바
스티 근교의 투데촌에 살면서 찬다라카바촌과 간다라촌에 망고
숲을 소유하고 있었다.
38) 선정의 제1단계[初禪] : 여기에서 나오는 두 가지의 선정(初禪
과 第二禪)은 색계(色界) 4선정(四禪定) 가운데서 제1·제2단계
이다.
39) 자애로운 마음 : 여기에서 나오는 네 가지의 마음은 자애로움
[慈]·불쌍히 여김[悲]·기뻐함[喜]·나눔[捨]의 네 가지
마음을 가리키며 '사무량심(四無量心)' 혹은 '사범주(四梵住)'라
한다. 이 마음이 살아 있는 모든 것을 향해 무량하게 퍼져 가
는 것이 '숭고한(梵) 경지(住)'이다. 그러나 '범주'는 후대가 되면
서. 이 경에서 볼 수 있듯이 본래의 의미와는 달리 해석되고 있
다. 즉 본래는 형용사로서 사용했던 '범(梵)'인데 '범천(梵天)'과
동일시하여, 이 네 가지 마음은 범천의 세계에 이르는 길이라
고 하고 있다.

40) 세계 : '기초 · 기층(基層) · 근원(根元) · 요소(要素) · 성분(成分) ·
원인 · 본질' 등의 의미.

41) 초기불교에서는 사실 현실적으로 한 세계에서 여러 부처님[多
佛]이 인정되지 않는다. 그러나 대승불교에서는 많은 부처님이
동시에 출현한다고 설한다.

42) 여기에서 시사하고 있는 것이 이른바, '여인오장(女人五障)'설이
다. 즉 여성의 몸으로 부처가 될 수 없다는 사고방식이 통념적
으로 불교에 존재하고 있었기 때문이다. 그러나 후기 대승불교
에서는 여성도 성불(女人成佛)할 수 있다는 적극적 사고방식으
로 확대되었다(법화경). 앞의 이야기는 초기에 여성 출가자를
금지했던 데 기인한다고 이해하면 좋을 것이다.

43) 4장(四章)으로 구성된 것 : 본 경전에서 설한 지혜로운 이가 환
히 알아야 할 네 가지 교리[① 요소적 영역, ② 지각의 근거, ③
조건관계에 의한 생기(生起), ④ 이치로서 가능한 것과 불가능한
것]와의 관계 때문에 이와 같은 경의 이름이 제시되었을 것이
다. 한역에서는 '사품(四品 : 《중아함경》, 법현 역)' 또는 '사전(四
轉 : 현장 역)'이라 한다.

44) 조건(條件) : 여기에서는 간접적 원인 · 보조적 조건을 의미한다.

45) 요건(要件) : 원래는 비구의 수행생활에서 필수불가결한 '자구
(資具)' 즉 '필수품'을 의미한다.

46) 화생(化生) : 불교에서는 모든 생명체가 태어나는 방법을 네 가
지로 나누고 있는데 모태에서 태어난 것〔胎生〕· 알에서 태어
난 것〔卵生〕· 습기 속에서 태어난 것〔濕生〕· 어떤 것에 의지
하지 않고 홀연히 태어난 것〔化生〕이 그것이다.

47) 택법각지(擇法覺支) : 깨달음을 얻기 위해 설정한 일곱 가지 요

건〔七覺支〕 가운데서 하나.

48) 무인론자(無因論者) : 모든 존재나 인간의 행위에 대해서 원인이
나 조건을 부정하는 사람.

49) 무행위론자(無行爲論者) : 모든 행위에 대해 도덕적인 책임을 부
정하는 사람.

50) 염마왕(閻魔王) : 염마(閻魔) 또는 염마(閻魔)로 표기한다. 죽은
사람을 심판하는 저승세계의 왕, 염라대왕.

51) ·죽과의 형벌 : 머리를 갈라 벌겋게 달구어진 철환(鐵丸)을 집어
넣어 골수를 부글부글 끓어오르게 한다.
·패독의 형벌 : 윗입술 목둘레의 살을 찢고 머리를 한 갈래로
묶어 살과 머리를 동시에 벗겨 머리뚜껑을 모래로 문질러 씻어
조개처럼 하얗게 보일 때까지 문지른다.
·귀구의 형벌 : 막대기로 입을 벌려 입 안 깊숙이 등불을 켜거
나, 또는 귀밑에서 입까지 정으로 찔러 입안 가득히 붉은 피가
흘러 나오게 한다.
·화화륜의 형벌 : 온몸을 기름 묻은 헝겊으로 감싸 불을 붙인다.
·구전의 형벌 : 목살갗에서부터 아래로 찢어 복숭아뼈에까지 벗
겨서 늘어뜨린다. 그리고 나서 그 사람을 밧줄에 묶어 당긴다.
그는 자신의 살을 밟아서 스스로 고통을 느끼게 하는 형벌이다.
·등화수의 형벌 : 손을 기름 묻은 수건으로 감싸서 등불을 밝히
듯 태운다.
·피의의 형벌 : 상반신의 살갗을 찢어서 허리에 묶고 허리부터
의 살갗을 찢어서는 복숭아뼈에 묶어 머리부터 하반신까지 바
지를 입도록 한다.
·영양의 형벌 : 두 개의 팔꿈치와 두 개의 무릎에 철환(鐵丸)을

채우고 그 네 곳에 쇠막대기를 쳐서 땅에다 고정시킨 다음, 주
변에 불을 붙인다.

·구육의 형벌 : 코바늘에 걸어 살갗·살·근육을 벗긴다.

·전형의 형벌 : 온 몸을 예리한 작은 도끼로 엽전 모양처럼 단
절한다.

·회즙열의 형벌 : 칼로 몸의 여기저기에 상처를 내어 잿물을 부
어 넣어 살갗·살·근육이 흘러 나와서 뼈만 남게 한다.

·산회의 형벌 : 한쪽 옆구리를 땅에 대고 누워서 두 귀의 구멍
으로 쇠막대기를 찔러 땅에 고정시키고 두 발을 모아서 휘두르
게 한다.

·고포단의 형벌 : 겉살을 벗기고 맷돌로 뼈를 갈아 머리카락으
로 움켜잡아 고포단처럼 싼다.

52) 앙구라 : 길이의 단위. 엄지손가락 정도의 길이이다. 양팔을 쫙
펼친 길이를 1바야마라 하고 또 이것은 4하스타라 한다. 그리
고 1하스타는 24앙구라라 한다. 따라서 1앙구라는 약 1.9cm에
해당한다.

53) 지바카코말라밧챠 : 이름 높은 의사, 왕궁의 의사로서 빔비사라
왕의 주치의였다가 후에 아쟈타삿투왕의 주치의가 되었다. 세
존께서는 사문과경을 이 사람이 소유하고 있는 망고숲에서 설
하셨다.

54) 아쟈타삿투 : 마가다국왕 빔비사라왕의 아들로서 32년이나 왕
위에 있었으나 자신의 아들 우다이 밧다에게 살해당했다.

55) 캇티카월 : 10월 중순에서 11월 중순까지의 달 이름으로 그 15
일째 보름밤을 코무디(백수련이 피는 밤)라고 부른다.

56) 포살일 : 원어는 우포삿타. 같은 지역 안에 살고 있는 비구들이

보름마다 모임을 가지고 그 동안의 자기의 행위를 반성하고 참
회 고백하는데 매달 첫날과 보름날을 정해놓고 있다.

57) 푸라나 카사파 : 고타마 붓다와 동시대 사람으로 많은 대중들의
정신적 지주였던 사람이다. 육사외도(六師外道)의 한 사람. 이후
등장하는 막칼리 고살라, 아자타 케사캄발리, 파쿠다 캇챠야나,
산쟈야 벨랏티풋타, 니간타 나타풋타가 당시 이름을 날렸던 여
섯 교파의 교조들이다.

58) 우다이 밧다 : 자신의 아버지 아쟈타삿투왕을 살해한 뒤 왕위에
올라 16년간 통치하였다. 그러나 그 자신도 자기의 아들에게
살해당하였다. 여기에서 아쟈타삿투왕의 말은 자기에게 다가올
운명을 암시한, 그 자신의 불안과 공포를 나타내는 의미 깊은
말이다.

59) 눈으로 볼 수 있는 과보 : 세속 사람들은 사회적 지위나 경제적
인 부를 노력의 결과로써 얻고 있다. 이런 결과들은 눈으로 볼
수 있는 것인데 출가한 사문들은 정신적인 것 외에 현실적으로
어떤 결과를 얻고 누리는지를 묻는 질문.

60) 중겁(中劫) : 겁(劫, 카파)은 지극히 오랜 시간을 가리키며 그 한
구분을 중겁이라 한다. 세계는 그것이 무너져 가는 기간[壞劫],
공허한 채로 지속되는 기간[空劫], 이루어져 가는 기간[成劫],
이루어진 상태로 지속되는 기간[住劫]의 네 기간이 반복되는데
각 기간이 20중겁이라는 시간을 지나므로 네 기간은 80중겁의
길이가 된다. 이것을 1대겁(大劫)이라 한다. 그 어디에서도 달리
찾아볼 수 없는 아주 긴 시간 단위이다.

61) 나가신(神) : 용왕이라 번역하며 불법수호신이다. 8대용왕이 있
다고 한다.

62) 파투바 : 그 정확한 뜻을 찾기가 어렵다. 앞뒤의 문맥상으로 헤아려 보자면 장소를 나타내는 말로서 '숲'으로 번역할 수가 있겠으나 근거는 없다.

63) 파티목카 : 보름마다 거행되는 비구들의 포살회에서 읽혀지는 교단의 벌칙을 적은 문항.

64) 행운의 여신[吉祥天] : 인도신화에 나오는 라크슈미 또는 슐리를 가리키며 복덕을 담당하는 여신이다.

65) 관정즉위(灌頂卽位) : 왕이 즉위할 때 그 머리 위에 대해의 물을 붓는 의식.

66) 더러움이 흐르는 번뇌[漏] : 여섯 가지 감각기관(눈, 귀, 코, 혀, 몸, 의지)에서 깨끗하지 못한 것을 흘려내는 것, 또는 번뇌 때문에 생사윤회하며 흘러다니는 것을 의미하며 또한 3계에 머물도록 하는 것을 의미하기도 한다.

67) 인자한 아버지이며 어질고 올바른 국왕이었던 사람 : 마가다국의 왕이었던 빔비사라를 가리킨다. 15세에 왕위에 올라 52년간 통치했다고 전해진다. 빔비사라왕은 주위 국가와는 우호관계를 유지하였고 친교를 유지하면서 권력을 키워갔다. 또한 즉위 후 15년 되는 때에 부처님께 귀의해서 죽을 때까지 열렬한 신자가 되었다. 온화한 성격을 지닌 반면 결단력 있는 유능한 국왕이었다. 만년에는 아들인 아쟈타삿투에 의해 폐위된 뒤 유폐되었다가 살해당했다.

68) 암발랏티카동산 : 라쟈그리하와 나란다 사이에 있는 국왕의 정원으로, 문 옆으로 암바(망고)나무가 줄지어 서 있었기 때문에 이러한 이름이 붙여졌다고 한다.

69) 존경할 만한 분… 존귀하신 분 : 부처님의 덕을 기리는 열 가지

의 명칭은 '여래십호(如來十號)'라고 불린다.

70) 세 가지와 열여섯 가지의 조건이 완벽하게 갖추어진 제사 : 베다종교에 있어 제사는 신들에게 살아 있는 제물을 바치기 위한 희생제(犧牲祭)를 의미한다. 불교는 이러한 주술적인 제사의식을 종교적인 것으로 심화시켜서 전혀 다른 해석을 내리고 있다. 다시 말하면 제사의 본질을 '바치는 것'에서 찾아내어 널리 '베풀어 주는 것'을 제사라고 보았다. 그리고 한 걸음 나아가 그 정신적인 면을 중시하여 '베풀어 주는 마음'도 제사라고 부르기에 이르렀다. 여기에서도 제사의 원어 얀냐(yañña, 산스크리트어로는 yajña)는 이러한 정신적인 의미로 쓰여지며 나중에 본문에서도 보이듯이 제사를 올리기 전, 한창 올리고 있을 때, 그리고 제사를 끝마친 뒤라고 하는 세 번의 시간에 후회하는 마음이 없는 것을 가리켜 '세 가지가 완전한 제사'라고 한다. 그런 까닭에 본문에서는 '마음가짐'이라는 단어를 첨가해서 번역하였다.

'조건'의 원어는 파리카라(parikhāra)로써 이 말은 일반적으로는 '생활도구' 다시 말하면 불도수행에 필요한 도구라는 의미로 사용되고 있다. 그러나 여기에서는 제사의식에 필요한 수단, 또는 조건이라는 정도의 의미로 비유적으로 쓰여졌으며 경에서도 후에 볼 수 있듯이 제사에 동의하는 네 가지 집단, 왕의 뛰어난 여덟 가지 성질, 궁정제관이 갖춘 네 가지 훌륭한 성질을 합한 열여섯 가지를 가리킨다.

71) 세 가지 베다 : 《리그 베다》, 《사마 베다》, 《야주르 베다》를 가리킨다. 인도에서 현존하는 가장 오랜 문헌으로 바라문교의 근본성전이다.

72) 베다의 사전(史傳) : 세 가지 베다에 《아타르바 베다》와 사전(이
티하사 itihāsa)을 더하여 다섯 가지 베다라고 하는 경우가 있다.

73) 폭칼라사디 바라문 : 수바가숲에 사는 폭칼리사디 오파만냐라고
도 불린다. 코살라국의 유명한 바라문 가운데 한 사람으로 코살
라국왕 프라세나짓에게서 욱캇타도시를 하사받고 거기에 있는
수바가숲에 머물고 있다. 처음에는 불교에 대해 비판적인 입장을
취했으나 후에 귀의하여 유력한 재가신자의 한 사람이 되었다.

74) 제사의 국자 : 원어는 수쟈(sujā). 베다의 제사의식을 행하는 데
있어서는 갖가지 국자나 숟가락이 사용되고 있다. 모두 목제인
데 각기 재질이나 용도를 달리하고 있다. 수쟈는 녹인 버터를
화로[祭火]에 붓는 데에 사용되는 것으로 팔길이에 움푹 패인
부분은 손의 길이 정도로서 주둥이 모양의 주입구가 붙여져 있
는 것이다.

75) 제단의 깔개 : 제구를 갖추고 공물을 놓은 뒤 신들을 초대해 앉
히기 위해 제단에 펼치는 풀.

76) 후속제(後續祭) : 베다의 제사의식에서 그 주요부분이 끝난 뒤에
올려지는 헌공. 베다의 제사의식에서는 주된 제사의 전후에 헌
공이 거행된다.

77) 일가의 관습으로써 올려지는 제사 : 다음으로 설해지는 '더 훌륭
한 제사'는 얼핏 보아서는 제사로 받아들이기에는 납득이 잘 가
지 않는 것인데 불교는 '베풀어 주는 일'을 제사라고 간주하기
때문에 '정사(精舍)의 기증'과 같은 것이 제사로 인정되며, 나아
가 베푸는 것을 재물의 베풂에 한정하지 않고 불도수행을 이루
어 사람들에게 설법하는 일도 그에 포함되므로 '비구가 알고 보
는 데에 마음을 집중하는' 일도 제사라고 간주하는 것이다.

아함경 해설

　아함(阿含)이라는 말은 부처님의 말씀 가운데 '처음으로 전승된 가르침'이라는 뜻으로 산스크리트어[梵語]로는 아가마(āgama)라고 한다.

　부처님 입멸 후, 부처님의 가르침은 부처님을 직접 모시고 살았던 제자들의 기억 속에 남아 있었다. 그리하여 전통적인 방법, 즉 암송에 의해 전해지고 있었다.

　최초의 조직적 경전 편집은 라자그리하에서 있었다. 부처님의 십대제자 중 상수(上首)제자인 마하가섭을 중심으로 하여 아난다가 경(經)을, 우팔리가 율(律)을 각각 맡아 암송에 의한 대편찬이 이루어졌다. 이것을 제1결집이라 부른다. 팔리의 5부 아함과 한역의 4아함이 이때 결집되었다고 전해진다.

그러나 현존의 아함은 부파전승의 과정 속에서 많은 부분 탈락·첨삭·가감이 행해진 것을 부인할 수 없다. 그러나 비교적 부처님 생존시 육성을 가장 많이 담고 있는 경전은 역시 팔리 5부와 한역 4아함을 드는데 이론의 여지가 없는 것 또한 사실이다.

그러한 부처님의 근본 가르침이 산스크리트어로 씌어져 인도의 북부를 타고 중국으로 전해져 우리나라에 이르렀는데 그것을 한역으로 '아함(阿含)'이라고 하며, 팔리어로 씌어져 인도의 남부지방을 타고 내려가 동남아시아에 이르른 가르침은 '니카야(Nikāya, 部)'라고 한다.

똑같은 부처님의 말씀이긴 해도 그 지역과 문화, 언어의 전승에 따라 '아함'과 '니카야' 사이에는 다소 차이가 있다.

아함경은 장아함, 중아함, 잡아함, 증일아함의 4아함으로 이루어져 있다.

그 중 장아함은 부처님께서 당시 교단 이외의 사람들을 만나 정법을 가르치며 외도의 그릇된 주장을 논파하는 것으로 주 내용이 이루어져 있고, 중아함은 부처님과 여러 비구들의 법담이 주 내용이며, 잡아함은 아주 짧은 길이의 경들이 많이 모여 있으며, 불교의 깊은 교리적인 내용이 차지하고 있다. 특히 이 잡아함에는 참선 수행의 필요성과 방법, 부처님의 수행모습이 상세히 언급된 많은 종류의 경이 수록되어 있다. 한편 증일아함은 부처님의 가르침이 숫자에 의거하여 수록되어 있는 경으로 1에서 11까지의 숫자에 관계된 가르침이 차례로 열거되고 있다.

한편 니카야는 5부로 이루어져 있다. 그 중 장부와 중부는 한역 장아함과 중아함에 해당되며, 상응부니카야는 잡아함에 해당되며 중지부니카야는 증일아함에 각각 해당된다.

내용상으로는 큰 차이가 없다. 그러나 니카야에는 한역 '아함'에는 없는 소부(小部)가 포함되어 있다. 소부에는 특히 우리들에게 친숙한 법구경이나 숫타니파타, 본생담, 우다나, 이티붓타카 등이 들어 있어 한역 아함과는 다른 독특한 전승의 차이를 보이고 있다.

부처님께서 열반에 드신 지 100년쯤 지나서 교단의 분열이 이루어진다. 교단의 분열은 이후 약 20개의 부파가 형성된다. 이 중에서 상좌부는 바로 팔리어로 전해진 니카야를 소의경전으로 채택하였다.

본 민족사판 아함경은 바로 위에서 말한 5부 니카야 가운데에서 일반인들이 꼭 읽어야 할 경과, 비교적 쉬운 내용으로 경전을 통해 불교교리를 직접 알 수 있는 경들을 가려서 엮은 것이다. 제목이 아함경이지만 한역 아함에서 뽑은 것이 아니라, 팔리 니카야에서 뽑은 것이다. 그러나

‘니카야’라는 말이 아직 우리나라 불교인들에게 생소하기 때문에 한역 명칭인 ‘아함’을 사용했다.

‘아가마’는 ‘아함’ ‘니카야’는 ‘부(部)’라고 부른다. 그렇지만 일반독자는 최초로 결집된 불교경전이 남쪽으로 내려가서는 팔리 5부 니카야가 되고, 북쪽으로 넘어가서 한역 4아함이 되었다라고 정리하는 편이 쉬우리라.

본 아함경은 재가인들의 출가와 귀의, 선과 악의 구별, 그리고 일상생활에서 지켜야 할 교훈적인 덕목을 설한 경전을 중심으로 엮었다.

여기에 수록된 경은 ① ‘敎誡싱갈라經’(싱갈라를 가르치다)으로서, 부처님께서 부호의 아들 싱갈라에게 동서남북상하의 여섯 방위를 세속의 인간관계에 대응시켜서, 각각의 위치에 있는 사람들이 지녀야 할 태도와 자세를 세속의 윤리에 입각해 설한 경이다.

② ‘우팔리經’(우팔리의 귀의)은, 자이나교도인

우팔리가 부처님의 가르침에 따라 불제자가 되고 난 후, 이전에 자기가 모시던 스승인 나타풋타에게 세존의 지고함을 여러 가지 비유로써 설명을 하는 경으로, 이때 나타풋타는 자기가 믿었던 재가신도인 우팔리가 부처님을 찬미하자 분통을 이기지 못해 피를 토한다.

③ '라타파라經'(라타파라의 출가)은, '라타파라'라고 하는 부잣집 외아들이 출가하고자 결심하여 부모의 허락을 겨우 얻어내 출가하기까지의 모습이 자세하게 그려지고 있으며, 출가하고 난 뒤 세속의 부모와 국왕을 교화하는 모습이 담겨 있다.

④ '앙굴리마라經'은 우리들이 너무나 잘 아는 '도적 앙굴리마라의 귀의'에 대한 이야기이다. 살생을 예사로 여기며 사람의 손가락을 잘라 목걸이를 하고 다니는 극악한 앙굴리마라가 부처님을 만나면서 지난 과거의 악행을 참회하고 비구가 되는 과정을 생생하게 그리고 있다. 그런데

앙굴리마라는 여기서 그치지 않고 그가 극악한 도둑이었다는 과거 때문에 겪는 모진 수모와 인내, 그가 얻은 깨달음의 경지, 그리고 앙굴리마라의 게송이 함께 실려 있어 많은 공감을 불러일으킨다.

⑤ '법사경'(진리의 상속자)은 비구가 세존의 법의 상속자임을 재천명하는 것을 내용으로 하고 있다. 부처님께서 남기신 음식을 두고 한 사람은 배가 고파 그것을 먹고, 또 한 사람은 자신은 이런 '재물의 상속자'가 아니라 '법의 상속자'라고 말하면서 몹시 허기가 졌음에도 불구하고 음식을 먹지 않는다. 이것을 두고 '비구는 법의 상속자'가 되어야 한다고 가르치는 경이다.

⑥ '기원경'(인간사회의 성립과 기원)은 인도 4성 계급의 제1위인 바라문 출신의 두 비구가 같은 종족사람들의 업신여김을 부처님께 하소연하자 부처님께서 그 비구들에게 계급과 인간사회가 어떻게 생겨났는가 하는 기원을 설명하면서 법

을 추구하는 사문이 바로 제1계급임을 강조하고
있다.

⑦ '대본연경'(과거 부처님의 전기)은 부처님께서
과거세에 나타나셨던 여러 부처님의 이름을 비
구들에게 가르쳐 주면서, 그 중 비팟싱 부처님의
일대기를 자세하게 이야기해 주는 것을 내용으
로 담고 있다.

모든 부처님이 똑같은 과정을 밟아 세상에 태
어나고 출가의 비장한 결심을 하며 진리를 얻은
후에 법륜을 굴리고 세상을 교화하다가 열반에
드시는데, 이 비팟싱 부처님의 일대기를 통해 석
가모니 부처님의 일생도 알 수 있다. 사실은 석
가모니 부처님, 즉 석존의 일대기가 과거불인 비
팟싱 부처님의 일대기로 윤색되어 그것이 다시
현재의 부처님인 석존의 일대기로 재현되고 있는
것이다.

이어서 ⑧부터 ⑪까지는 모두 불제자의 수행
과 전법(傳法)의 모습이 담긴 경을 수록하였다.

먼저 유명한 '푸라나에 대한 전법이야기'가 실린 ⑧ '푸라나經'(푸라나를 가르치다)과 그리고 ⑨ '카사파장로'(가섭比丘)이다. 이 경은 가섭의 훌륭한 두타행을 칭찬하면서 모든 비구도 그와 같이 수행해야 함을 역설하시는 부처님의 말씀과 아울러 아난다와의 언쟁도 담겨 있다.

⑩ '바칼리를 가르치다'는 죽음 직전에 이른 바칼리 비구가 마지막으로 법에 품은 의심들을 부처님이 친히 다가와서 풀어주어 죽음과 함께 성자의 위치에 오른다는 내용이다.

⑪ '비구니와 악마의 대화'는 당시 비구니들의 견고한 지계와 훌륭한 선정의 모습을 보고 악마가 와서 방해하지만 그런 악마의 마음을 꿰뚫어 보고 게송으로 악마를 물리치는 비구니 스님의 진정한 구도의 자세를 볼 수 있다.

이상과 같이 ① ～ ⑪은 주로 부처님께서 설하신 경전 중에서 주로 재가불자들이 지켜야 할 덕목과 규범을 중심으로 엮었다.

니카야에는 이런 일화 같은 내용의 경전뿐만 아니라 인간과 세계의 존재모습을 자세하게 나타내고 있는 교리적인 내용이 상응부와 중지부를 중심으로 엄청난 양과 함께 설해지고 있다.

⑫ ~ ⑳에서는 교리적인 내용을 다소 쉽게 이해할 수 있도록 적당한 인연담과 쉬운 설명이 곁들여진 경들을 중심으로 엮었다.

⑫ '마룽키야經'(독화살의 비유)은 유명한 '독화살의 비유'가 설해진 경이다. 궁극적인 의문에 대해 속시원한 해답을 주지 않는 부처님을 원망하는 마룽키야를 독화살의 비유를 들어 다시 수행에 전념케 한다는 내용으로서, 우리에겐 너무나 잘 알려진 경이다.

⑬ '스바經'(善의 추구)은, 외도의 그릇된 주장을 지적하면서 자·비·희·사의 네 가지 무량한 마음을 지닐 것을 역설하시는 부처님의 가르침이 담겨 있다.

⑭ '다계경'(多界經, 지혜로운 자의 식견)은 계(界)

와 십이처, 십이연기, 업설 등 근본교설에서 접할 수 있는 모든 교리들이 총망라되어 있다.

⑮ '대사십경'(大四十經, 바른 길과 삿된 길)은 바른 견해와 바르지 못한 견해, 바른 생활과 바르지 못한 생활 등에 대하여 설하고 있다.

⑯ '천사경'(天使經, 염마의 신문)은 악업에 따른 지옥의 과보가 현실감 넘치도록 생생하게 그려져 있다.

⑰ '일야현자경'(一夜賢者經, 밤 사이에 어진 사람이 되다)은 냉철한 판단으로 현재의 삶과 일, 그리고 오늘 해야 할 일을 열심히 하라는 인생의 지침과도 같은 명구적인 내용이 설해져 있다.

⑱ '사제분별경'(四諦分別經, 네 가지 성스러운 진리)은 고집멸도(苦集滅道) 사제에 대하여 자세히 분석하고 있다.

⑲ '사문과경'(沙門果經, 출가의 공덕)은 출가하여 사문(스님)이 된 공덕이 가장 뛰어남을 설하고 있는 경전으로서 우리에게도 익숙한 경전이다.

㉠ '쿠다단타經'(진정한 제사)은 짐승을 죽여(살생하여) 제사지내는 잘못된 관습에 대한 석존의 섬세한 가르침이 설해져 있다.

이 한 권으로 짧고 긴 수천의 아함경전을 포괄할 수는 없을 것이다. 그러나 독자들은 아함경에는 주로 어떠한 경전들이 모여 있으며 그 내용은 주로 어떤 내용인지에 대하여 어느 정도는 느낄 수 있을 것이다.

작은경전②

아함경

제1판 1쇄 발행 / 2000년 4월 29일
제1판 7쇄 발행 / 2015년 9월 30일

옮긴이 / 돈 연
펴낸이 / 윤재승
펴낸곳 / 도서출판 민족사

등록 / 1980년 5월 9일(등록 제1-149호)
주소 / 서울시 종로구 수송동 58 두산위브파빌리온 1131호
전화 / (02) 732-2403~4 팩스 / (02) 739-7565
E-mail / minjoksa@chol.com

ISBN 978-89-7009-812-8   04220
ISBN 978-89-7009-810-4   (세트)

값 4,800원